The Complete

Eric

CLAPTON

エリック・クラプトン完全版

責任編集 **和久井光司**

Contents

［データ表記のルールなど］

◎基本的に本国のオリジナル盤のデータを掲載しています。

◎1989年までの作品でメディア表記がないものはLP。90年以降は［CD］［LP］などと記しています。

◎楽器の名称は一部略号を使用しています。

例：ds＝ドラムス、pf＝ピアノ、kbd＝キーボード、per＝パーカッション

◎本文中の人名の表記は実際の発音に近いカナをあてていますので、日本のレコード会社やメディアによる一般的な表記とは異なります。そのため日本盤のタイトルと本文中の表記が違ってしまうことがありますが、ご理解、ご了承をお願いいたします。

例：アレサ→アリサ、デラニー→ディレイニー、デュアン→デュエイン、フェイセス→フェイシズ、マーレイ→マーリー、レオン→リオン　等々。

E.C.Was Here――それが彼の在り方

和久井光司

ミュージシャンの中には自分のレコーディングやライヴに関わるプレイヤーやエンジニアと、気の合うミュージシャン以外とはほとんどつきあわない輩がいる。ときにはプロデューサーやレコード会社のＡ＆Ｒとのあいだにも壁をつくり、おいそれとは踏み込ませないタイプだ。それもわかるのだが、私は逆で、若いころからレコード会社やプロダクションの人間も面白いと思ったし、雑誌の編集者やライターから、銀行の営業マンまで仲良くなった。おそらく人を信用していないのは私の方で、信用できないヤツこそ仲間にしてしまえ、と思っているのかもしれない。もちろん裏切られたことは一度や二度ではないのだが、借金の保証人になって破産するようなことはなかったから、まーいいか、と思っている。

30代の前半、私はある音楽専門学校で非常勤講師をしていて、3年目ぐらいから授業のコマも増えてゼミまで担当するようになった。そうすると職員会議に出席するのも義務になり、生徒募集のためのオリエンテーションにも関わらないといけなかった。それでもその仕事を引き受けたのは学校経営に興味があったからで、先生たちと飲みに行ったりするのも社会勉強のつもりだった。

そんなある日、飲みの席で（レコード会社の制作部長が本職の）ある先生に、「和久井さんは良くも悪くもミュージシャンだなぁ」と言われた。当時はもう自分のバンドや作詞作曲を仕事にしているばかりではなく、本も出していたし、その学校のイヴェント予算でクライヴ・グレッグソン＆クリスティン・コリスターの東京公演をプロモートしたりもしていたから、自分では純粋なミュージシャンではないと思っていたのだ。けれど、レコード会社を切り盛りしている部長から見れば、「儲けを考えずにやっている」ということだったのだろう。

なんだか悔しかったから翌年私は自分の会社をつくって、メジャー・レーベルでプロデュースの仕事を始めた。ギャラをもらってサウンド・プロデュースするだけでなく、予算を預かってスタジオやミュージシャンの手配から弁当の発注までやった。それはそれで面白かったのだが、頭を悩ませることが多いわりには金が残らない。「こんなものか」と思ったから、作詞とか、コーディネイトやジャケットのデザインなんて楽な仕事をするようになり、自分のバンドをやったり、本をつくったりするのをメインの仕事とするようになったのだ。

だからもちろん、プロデューサーやレコード会社の担当まで敵視するようなミュージシャンの気持ちもわかる。追い詰められれば同じバンドのメンバーも信用できなくなり、口もきかなくなる。「誰かのせい」にしておかないとアルバム制作やツアーで自由を奪われたときに、ガス抜きができないのだ。ドラッグや酒に溺れてダメになったヤツも、人間不信に陥って行方をくらましたヤツもいる。私がこんな歳まで音楽を続けてこられたのは、30過ぎのときに「良くも悪くもミュージシャン」と言われたことへの反発からだったように思う。

エリック・クラプトンと私

前むつみさんと話していて思い出したのだが、私が初めてエリック・クラプトンのステージを観たは74年10月31日の武道館だ。初来日の初日である。前さんに「1曲目はチャップリンの〈スマイル〉だったでしょ？」と言われて思い出した。そうだ、わざわざ初日のチケットを取ったのは、前年のディープ・パープルの武道館2日目のチケットを持っていて、前日に起こった暴動のせいで急遽中止というのを経験していたからだった。

パープルは72年の初来日には間に合わず、『ライヴ・イン・ジャパン』を聴いて好きになった。ところが73年の武道館は覇気のない演奏で『ライヴ・イン・ジャパン』を再現しただけでアンコールもなかったから、観客がアリーナの椅子をなぎ倒すなどして大暴れし、会場側から公演中止を命じられてしまったのだ。武道館に入る橋の上でメガホンを持った係員が公演中止を伝える姿はいまでも忘れない。ストーンズのチケットも買って持っていたのに中止になったから、外タレとは相性が悪いんじゃないかと思っていたのだが、74年のフェイシズが露払いとなって、エリックは無事に観ることができた。

中1の夏休みに自分の意思でロックのレコードを買うようになった私は、すぐにクリームの〈ホワイト・ルーム〉や〈サンシャイン・ラヴ〉のシングルをブラバンの先輩に聴かされた。けれど、どこがいいのかまったくわからなかったのだ。ところが、ビートルズのＬＰを持っているという3年生の先輩の家で、『ラバー・ソウル』とプラスティック・オノ・バンドの『ライヴ・ピース・イン・トロント１９６９』を聴かされて、私は後者のバンド・サウンドとヨーコの強烈な叫びに痺れてしまったのである。先輩が「ジョンじゃない方のギターはエリック・クラプトンだよ」と教えてくれたから、数か月後にブラインド・フェイスのアルバムを買った。それは音がモコモコの日本盤だったからちっともいいとは思わなかったのだが、〈キャント・ファインド・マイ・ウェイ・ホーム〉と〈プレゼンス・オブ・ザ・ロード〉は曲が好きだった。自分で最初に買ったクリームは72年の秋に出た『ライヴ・クリームＶｏｌ．２』だったが、同じころ『バングラ・デシュのコンサート』の映画を観たからか、エリックのカッコよさはわかるようになっていた（この年はＮＨＫの『ヤング・ミュージック・ショウ』でクリームの解散コンサートが放映されたが、そのときはやっぱりそれほどいいとは思わなかったのだ）。そして73年の夏、『レイラ』を貸してくれる人が現れたのだが、最初はなんだかダラダラしているな、と思ってあんまり感心しなかったのである。

ところが『レインボウ・コンサート』は発売直後に買って、妙に好きになった。エリックが友だちに助けられて演奏しているのがわかったし、ピート・タウンゼンドらの演奏も粗っぽかったが、〝ベスト〟とは言い難いものを平気で出してしまうところに〝人間味〟を感じた。

私は71年の暮れからボブ・ディランを聴いていたから、最初はよくわからないと思った曲を突然好きになったり、ある瞬間に自分の中のチャクラが開いて「そーゆーことかぁ！」と気づかされることに慣れていたのかもしれないが、エリックは50年かけてもディランのようにはならなかった。申し訳ないが、どれだけレコードを聴いても、ライヴを観ても、全面的に支持する気にはなれない人なのである。

けれども、75年の『安息の地を求めて』はベラボーに好きなアルバムで、いつ選んでも〈無人島に持っていきたい10枚のアルバム〉に入る。エリックのギターの魅力は何と言っても〝間〟だと思っている私には、初来日のステージの弾かなさ具合と、『安息の地を求めて』におけるバンド・サウンドの〝間〟はとくべつなものだ。

だから、おそらく多くのファンは、私をエリックのファンだとは認めないだろう。正直に言えば、思い入れもあまりない。しかし〝人間エリック・クラプトン〟には興味があるし、変にカッコつけることも、周りを固めて盛り上げてもらうこともないまま、60年以上にわたって第一線でやってきたことへのリスペクトはある。

人間は〝正直〟でいるのがいちばん大変だ。仕事となれば打算もはたらく。バンドのメンバー、マネージャー、プロデューサー、レコード会社やプロモーターとの関係が、活動を左右することもあるのに、〝ミュージシャン〟としてのスタンスを守り、〝スター〟であることを売りにしない。「だから人間的だ」とは決して思わないけれど、残してきた作品には常に時々の「エリック・クラプトンがいる」。文字通りE.C.Was Hereなのだ。

本書のところどころに名前が出てくるから、エリックを売った張本人と言っていいマネージャー、ロバート・スティグウッドのことをここで書いておく。自分とは対極にある〝業界人〟に対して〝ミュージシャン〟がどう反抗したか、は、エリックの思考を紐解く鍵だろう。

ロバート・スティグウッド

南オーストラリアのポート・ピリーで1934年1月4日に生まれたロバート・コリン・スティグウッドが英国に現れたのは55年のことで、ハンプシャーはポーツマウスの劇場、ニュー・シアター・ロイヤルで働いたことからエンタメ産業に興味を持ったのだという。

ロンドンでビジネスマンのステファン・コムロジーをパートナーにしたスティグウッドは、60年にロバート・スティグウッド・アソシエイツ・リミテッドを設立。テレビ・ドラマで人気を得ていたジョン・レイトンとマネージメント契約を結び、「歌いたい」というレイトンの望みを叶えるために、独立プロデューサーとしてすでに成功していたジョー・ミークの門を叩くのだ。

スティグウッドとミークが打ち解けることはなかったようだが、61年7月に出したレイトンの3枚目のシングル「ジョニー・リメンバー・ミー」（ミークがプロデュース）が全英1位のヒットになる。レコード業界でも名前を知られるようになったスティグウッドは、相棒のコムロジーがプロデュースしたマイク・サーンの「カム・アウトサイド」を62年にナンバー・ワン・ヒットにし、ミークがプロデュースしていたマイク・ベリーにも関わっていた。しかし63年にビートルズが音楽界を一変させ、ビート・バンドがブームになる。スティグウッドはニューカッスルのカフェ・ア・ゴー・ゴーでアニマルズが抜けた穴を埋めていたジャンコ・パートナーズや、のちにリンディスファーンとなるチャーリー・ハーコート、また、キャット・マザー&ザ・オール・ナイト・ニュー・ボーイズをＥＭＩコロンビアやフランスのバークレイ・レコーズに送り込もうとするのだが失敗。64〜65年ごろはチャック・ベリーやＰ．Ｊ．プロビーの英国ツアーをプロモートして、なんとか事務所をまわしていた。

当時の彼は間違いなく、アンドルー・オールダムを意識していたのだと思う。ファッション・ブランド〈マリー・クワント〉の広報からブライアン・エプスタインのＮＥＭＳエンタープライズを経て、ローリング・ストーンズのマネージャーにおさまり、すぐさまストーンズをデッカに売ったオールダムのように、成功者の名前を利用して音楽ビジネスで儲けようとしていたのだろう。

66年にグレアム・ボンド・オーガニゼーションのマネージャーとなったスティグウッドは、ジョン・メイオールのブルースブレイカーズで〝神〟と呼ばれるまでになっていたエリック・クラプトンと水面化で交渉し、クリームの結成に暗躍。ザ・フーのマネージメント・チームとも結託してポリドール傘下にリアクション・レーベルをつくり、オールダムが起こしたイミディエイトに対抗するような動きを見せている。

67年になると、スティグウッドは同郷のビー・ジーズの売り出しを餌にＮＥＭＳに合併を持ちかけるのだが、ビートルズの猛反対にあってエプスタインが思いとどまった。しかしそれが彼とビートルズの決定的な隔たりとなって、この年8月、エプスタインは命を落とすことになるのだ。エプスタインがサヴィル劇場を買って、連日ロックやソウルのショウを繰り広げるようになった66年まではビートルズもエプスタインの事業拡大を許していたが、スティグウッドが持ちかけた合併には危険な空気を察知していたんだと思う。スティグウッドは同時に、スパイク・ミリガンとエリック・サイクスが54年に設立したコメディの脚本家集団〈アソシエイテッド・ロンドン・スクリプト〉がつくる芝居を英国やアメリカでテレビ・シリーズにする事業もスタートさせていたから、ビートルズは彼らが考える〝音楽〟とスティグウッドの〝商売〟は違うと考えていたのだろう。

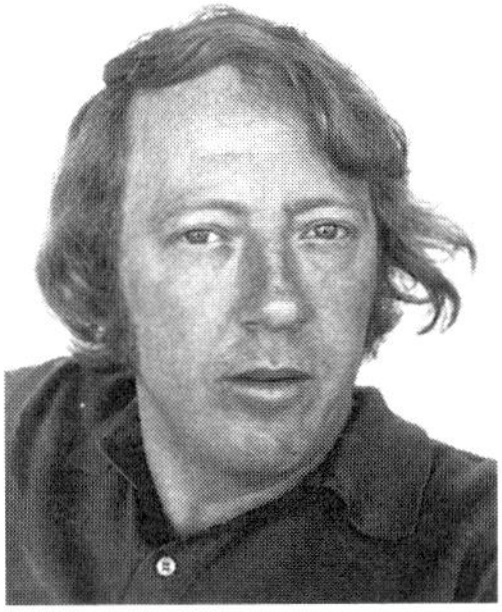
ロバート・スティグウッド 1972年

　実際スティグウッドがレコーディングの現場で陣頭指揮を取ることは少なく、クリームのアメリカでの配給がアトコに決まり、アトランティックの総帥アーメット・アーティガンとパイプができても、それを自身の手柄として英国のポリドールから制作費を巻き上げることしか考えていなかったようだ。フェリックス・パパラルディにクリームのレコーディングを任せてしまうと、喧嘩ばかりしているジャック・ブルースとジンジャー・ベイカーのあいだに入ることもなく、クリームの解散をあっさり許してしまうのだから、のちにRSO（ロバート・スティグウッド・オーガニゼーション）の看板スターとなるエリックも、それほどスティグウッドを信用していたとは思えない。

　68年にブロードウェイ・ミュージカル『ヘアー』と『オー！カルカッタ！』の上演権を買ったスティグウッドは、ロンドンのウエスト・エンドでそれらがヒットしたのを喜んで、70年には自らプロデュースしたロック・ミュージカル『ジーザス・クライスト・スーパースター』を当てて、73年にはそれを映画化している。この路線はビートルズ物語をフィクションにした舞台『ジョン、ポール、ジョージ、リンゴ…アンド・バート』（74年）、ザ・フーの『トミー』の映画化（75年）、ビー・ジーズ中心のサントラとジョン・トラボルタ主演の映画を絡めた『サタデイ・ナイト・フィーヴァー』（77年）、同郷のオリヴィア・ニュートン・ジョンを主役にした『グリース』（78年）と続き、ビー・ジーズとピーター・フランプトン主演の『サージェント・ペパーズ・ロンリー・ハーツ・クラブ・バンド』に至るのだから、ビートルズへの恨みはそうとうなものだったのだろう。その後も映画製作は続き、『タイムズ・スクエア』（80年）、『グリース2』（81年）、『ステイン・アライヴ』（83年）、マドンナ主演の『エヴィータ』（96年：ゴールデン・グローブ賞で、作品賞、主演女優賞、ベスト・ソング賞を獲得）まで続くのだから〝本業はこっち〟という気もしてくる。

　クリームが解散したときに、スティグウッドはコントロールしやすいエリックとビー・ジーズを中心に音楽部門をまわしていこうと考えたらしく、ブラインド・フェイスの結成～米国ツアー、『エリック・クラプトン』の制作から、もちろんデレク&ザ・ドミノスにも関わっている。しかし、エリックがプラスティック・オノ・バンドの一員になったり、ディレイニー&ボニー&フレンズのツアーに参加するのを許したりしたのを見ても、レコード・ビジネスとライヴの現場は早くから切り離していたようで、エリックにとっては「その方がかえって楽」ということだったのではないだろうか。

　スティグウッドがポリトール傘下にＲＳＯレコーズをつくったのは73年のことで、レーベルの赤ベコ・マークは日本のそれに由来。その段階でビジネス面はビル・オーク（当時のイヴォンヌ・エリマンの旦那）に任せている。ＲＳＯレコーズは83年まで続き、エリックの諸作（82年のベストまで）、ビー・ジーズとメンバーのソロ、フレディ・キング、ジ・インプレッションズ、ジーン・クラーク、バーバラ・ディクソン、プレイヤー、ジョン・ステュアート、ジム・キャパルディ、リンダ・クリフォード、ザ・ヘッドボーイズ、アルヴィン・リー、カーティス・メイフィールド、スージー・クアトロ、ロン・カーター、ジョニー・リヴァース、ザ・ロケッツらのアルバムをリリースしているが、スティグウッドが力を入れていたのは『サタデイ・ナイト・フィーヴァー』など映画のサントラで、82年後半以降は『グリース2』『スター・ウォーズ：帝国の逆襲』『ステイン・アライヴ』しかリリースしていない。

　スティグウッドは80年にルパート・マードックと〈アソシエイトR&Rフィルムズ〉を設立したときに、レコード業界からは退くことを考えていたようで、今世紀に入ってからは『サタデイ・ナイト・フィーヴァー』と『グリース』をミュージカルに仕立て直して舞台にかけていた。生涯ゲイだったという彼は２０１６年１月４日にロンドンで亡くなっている。81歳だった。

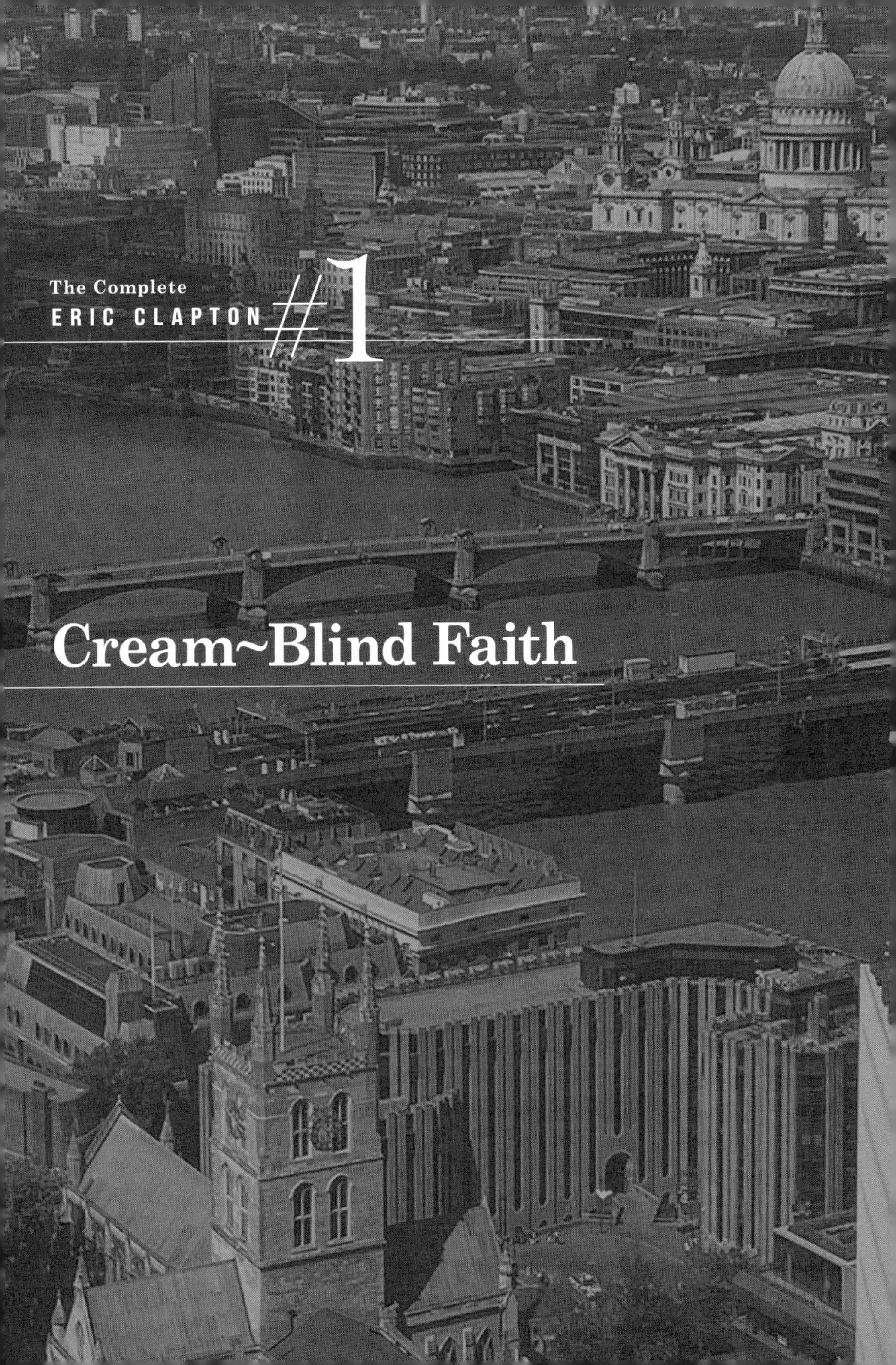

The Complete
ERIC CLAPTON #1

Cream~Blind Faith

エリック・クラプトンとブルース

小川真一

これほどまでにブルースに魅入られた男は他にいない。エリック・クラプトンのキャリアにおいてカヴァーしたブルースの曲の数は、のべ１６０曲以上。セッションやライヴ、それにコンピレーションまで入れれば、さらに数は増す。世界で一番ブルースをカヴァーしたミュージシャンであるのは間違いない。

これはもう殉教者と言ってもいいだろう。ひたすらブルースを追い求め、ほどんどのアルバムにブルースのカヴァーが収められている。中でも、戦前のデルタ・ブルースの巨星、ロバート・ジョンソンへの執着は強く、２００４年には彼の曲ばかりを集めたアルバム『ミー&Mr.ジョンソン』を発表している。最も何回もカヴァーしているのは、ジャズ・ジラム作の「キー・トゥ・ザ・ハイウェイ」、それとほぼ同位で、ロバート・ジョンソンの「クロスロード」が挙げられるだろう。

ブルースに恋い焦がれていった日々

いかにしてクラプトンはブルースに恋い焦がれていったのか。その過程にはとても興味がある。彼が初めて音楽に接した、その幼少期からを追っていくことにしよう。

エリック・パトリック・クラプトンは、１９４５年の３月30日に、イングランド・サリー州、ギルフォード市のリプリーという街に生まれている。ロンドンから車で１時間程度ではあるが、観光名所があるわけでもない退屈な場所だ。

最初の音楽の洗礼はラジオであった。１９５０年代はまだラジオの全盛時代。様々な音楽がこの小さな箱から流れていたが、中でもクラプトンが気にいっていたのが、アンクル・マックが司会を務める番組「チルドレンズ・

フェイヴァリッツ」だ。アンクル・マック（本名はデレク・マカロック）は、BBCラジオのプロデューサー兼司会者。毎週土曜日の朝には、子供向け音楽リクエスト番組「チルドレンズ・フェイヴァリッツ」の司会をしていた。この番組は子供向けと言いながらもなかなか趣味がいい。チルドレン・ソングだけでなく、ヴァーノン・ダルハートのノヴェルティ・ソング「ザ・ランナウェイ・トレイン」や、チャック・ベリーの「メンフィス・テネシー」なども番組内で流していたという。

この番組の中で聞いたのが、ソニー・テリー&ブラウニー・マギーの曲であった。これがエリック・クラプトンの最初のブルース体験だ。彼は自伝の中で曲名を「フーピング・アンド・ホラリング」だとしているが、これは記憶違いで、ソニー・テリーが47年にキャピトル・レコードに吹き込んだ「Whoopin' The Blues」であろう。スピード感に溢れた演奏で、ハーモニカと甲高い声が交互に入るというクラプトンの印象とも合致している。

クラプトンは13歳の時に、自分用のレコード・プレイヤーと初めてのギターを手に入れている。プレイヤーは英国で最も普及していたダンセット（Dansette）社製のもので、一緒にメイベル・カーター（アメリカのカントリー・ミュージックのパイオニア、カーター・ファミリーの一員）を買おうとしたのだが、その店に在庫がなく、代わりにビッグ・ビル・ブルーンジーの『ザ・ブルース』を買って帰ったという話が残っている。

幼き頃のクラプトンの最初のアイドルは、ビッグ・ビル・ブルーンジーでありソニー・テリー&ブラウニー・マギーであったのだ。ジョッシュ・ホワイトの英国公演

SONNY TERRY
Whoopin' The Blues
米・Capitol：40003 (SP)
発売：1947年

UNCLE MAC
Uncle Mac's Nursery Rhymes No. 3
英・His Master's Voice：7EG 8401 (EP)
発売：1947年

JOSH WHITE
A Josh White Program
英・London：LPB 338
発売：1951年

に連れて行ってもらったこともあったのだが、自分の求めているブルースとは違っていると感じたという。

ギターのほうは、ドイツのホイヤー社製のアコースティック・ギターで、ネックが太く、弦高も高く、初心者には弾きにくい楽器であったと思われるが、まずは最初の音楽の翼を手に入れたこととなる。

ギターのことで書いておくと、最初のエレクトリック・ギターは、アメリカのケイ（ＫＡＹ）社で作られたダブル・カッタウェイのセミ・アコースティック・ギター。ギブソンのＥＳ－３３５が欲しかったのだが、価格はケイの10倍であったのだ。エリック・クラプトンが17歳の時に最初に参加したバンド、ザ・ルースターズのステージ写真には、このケイのセミアコを大事そうに抱えている姿が残されている。

ロバート・ジョンソンを体験する

意外なほど早い時期に、ロバート・ジョンソンのブルースを体験している。16歳の時に熱狂的なブルース・マニアの友人と出会い、ジョンソンのアルバムを聞かせてもらったのだ。クラプトンはすぐさまジョンソンの奏法を身につけたかというと、そんなことはなく、まるで歯が立たなかったという。今でこそ、教則本があったりＹｏｕＴｕｂｅに解説動画があったりするのだが、60年代初頭の英国においては、まったく情報が無かった。

オープン・チューニングという技法があることも、低音部と高域とを行き来する独特の奏法も、理解できなかっただろう。ロバート・ジョンソンを聞くという体験ですら、まだ一部のブルース・ファンだけの特権であったのだ。この時にエリック・クラプトンたちが手にしたのは、英フィリップスからリリースされていた編集盤ではなかっただろうか。

ロバート・ジョンソンを耳にして以降、クラプトンのブルース熱に拍車がかかる。ブルース・マニアの友人とロンドンのレコード店を回ったり、ブルースがかかるクラブでリトル・ウォルターやジョン・リー・フッカーなどを聞くようになる。マディ・ウォーターズを介してスライド・ギターの魔力を覚え、ハウリン・ウルフのアルバムでヒューバート・サムリンのアグレッシヴなギター・プレイを知ることとなるのだ。

雑役兵（ヤードバーズ）に入団する

先に書いたように、エリック・クラプトンは17歳の時にザ・ルースターズに参加する。ロンドン近郊のニューモールデンにあったパブで、トム・マクギネスと知り合いグループへの加入を持ちかけられるのだ。マクギネスはその後、マンフレッド・マン、マクギネス・フリントと渡り歩くが、当時はバディ・ホリー風の眼鏡をかけた青年であった。

　このバンドで活動している時に、フレディ・キングの「ハイダウェイ」と出会う。この出会いは、ギタリストとしてのクラプトンの大きな転機になったはずだ。彼自身の言葉を借りれば「宇宙人に出会ったような衝撃」だったそうだが、このインストゥルメンタル・ナンバーをコピーすることが、クラプトンの大きな目標となった。トリッキーなブレイクや、大胆なリズム・チェンジなどがあり、すぐには習得できなかったと思うが、その数年後のジョン・メイオールとのセッションでは、見事に自分のものにしている。

　7回ほどしかライヴをしなかったというケーシー・ジョーンズ・アンド・ジ・エンジニアーズを経て、ヤードバーズに加入する。メンバーは、クラプトン（ギター）、キース・レルフ（ヴォーカル／ハーモニカ）、クリス・ドレヤ（ギター）、ポール・サムウェル・スミス（ベース）、ジム・マッカーティ（ドラムス）の5人だ。ヤードバーズの存在理由は「ブルースの伝統を表現すること」、だとエリック・クラプトンは信じていた。

BIG BILL BROONZY
The Blues
英・Mercury：MMB 12003
発売：1958年

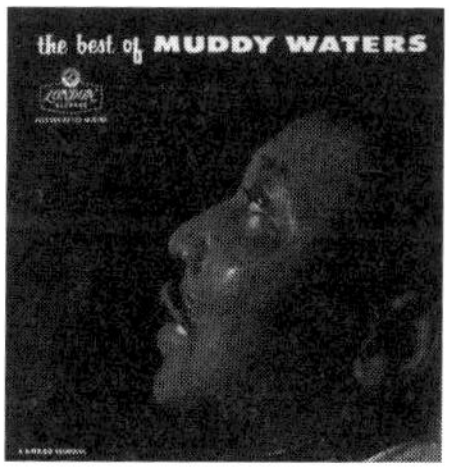

MUDDY WATERS
The Best Of Muddy Waters
英・London：LTZ-M 15152
発売：1960年

ROBERT JOHNSON
Robert Johnson 1936 1937
英・Philips：BBL 7539
発売：1962年

彼らの最初の大きな仕事は、ソニー・ボーイ・ウィリアムソンⅡの英国ツアーに同行することだった。ソニー・ボーイ・ウィリアムソンの別名はライス・ミラーで、「グッド・モーニング、スクールガール」を録音したサニーボーイ・ウィリアムソンと区別するために、名前の後に〝2世〟が付けられている。

　ヤードバーズとソニー・ボーイ・ウィリアムソンⅡのライヴ盤が残されているが、エリック・クラプトンのプレイは、いい意味でも悪い意味でも〝的確〟に終始している。決して悪い演奏ではないのだが、自身を表現するには至ってはいない。テクニック的なことでいえば、まだアンプを使ってギターをドライヴする手法を身に着けてはいない。当時の彼は、このストイックさが正当派のブルースには必要であると思っていた節があるのだ。

　ついで、初期のクラプトンのプレイについて書いておこう。ブルースには間合いがある。簡単に言えば、2小節の歌の部分があり、それに合いの手を入れるようにフレーズを挟んでいく。ソロを弾く場合も、一度息を止め渾身の力でフレーズを弾き、ひと呼吸おいてから次のフレーズへと移る。このブルースならではの間合いが、初期のクラプトンは会得できていなかった。つまりは、間合いも呼吸もなく弾き過ぎてしまうのだ。

　この間合いこそが、ブルースとブルース・ロックとの異差である。畳み込むように弾き倒すことにより、ブルースをロックへと昇華させていった。それがクラプトンがジャック・ブルース、ジンジャー・ベイカーと共に結成したクリームであり、この方法論こそがクラプトンの発明品であった。

　ヤードバーズを抜けるきっかけとなったのが、ブルースとはかけ離れたポップな曲調の「フォー・ユア・ラヴ」を録音したことだ。もちろんこの事実に相違はないと思うが、それ以上に、同曲のプロモーション・ヴィデオで騎士やマスケット銃兵のコスチュームを着させられたことが、嫌でしかたがなかったのではないだろうか。

「フォー・ユア・ラヴ」のシングルのB面には、クラプトンをメインとしたインストゥルメンタル曲「ゴット・トゥ・ハリー」がカップリングされていた。この曲はジョルジオ・ゴメルスキーの鼻歌がヒントになったという理由で、作曲のクレジットはゴメルスキーのペンネームであるオスカー・ラスプーチンの名が記されている。曲を聞けばお判りのように、たわいもないAのキーのブルースで、ギターのフレーズはブッカー・T&ザ・MG'sの「グリーンオニオン」でのスティーヴ・クロッパーのギター・フレーズが借用されている。この曲のリリースを最後に、エリック・クラプトンはヤードバーズを去っていくことになる。

クラプトンは神である

ヤードバーズを退団し、しばしの浪人生活を送った後に、クラプトンはジョン・メイオールのブルースブレイカーズに参加する。これと前後して、ロンドンの街角に、「Clapton is God」という落書きが現れるようになった。これがクラプトン伝説の始まりであるとされているのだが、これにはオチがある。

マネージャーであったジョルジオ・ゴメルスキーが、友人で写真家のヘイミッシュ・グライムズを使って描かせたという説だ。ゴメルスキーは、ヤードバーズ時代にも知り合いの女性に頼んでバンドを待ち伏せさせたり、芸能界的な広報手段をとるのが得意だったのだ。

そんなこととは関係なく、クラプトンのブルースに対する殉教はさらに突き進んでいく。ジョン・メイオール・ウィズ・エリック・クラプトンの名義でリリースされた66年のアルバム『ブルース・ブレイカーズ』には、その純朴と言っていいほどのブルース愛が刻み込まれているのだ。そしてそれは、ジャック・ブルースらと結成したクリームというまったく別の突破口を得て、発散されていくこととなる。

JIMMY REED
Just Jimmy Reed
英・Stateside：SL 10055
発売：1963年

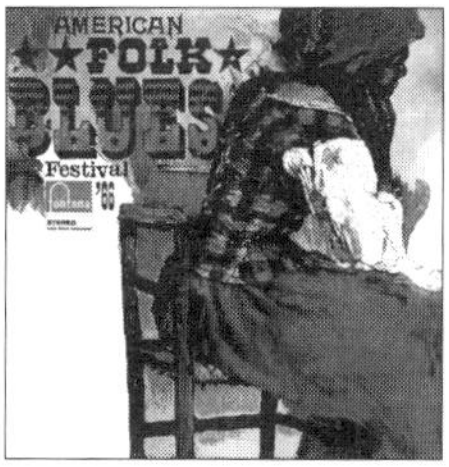

VARIOUS ARTISTS
American Folk Blues Festival '66
英・Fontana：TL5389
発売：1966年

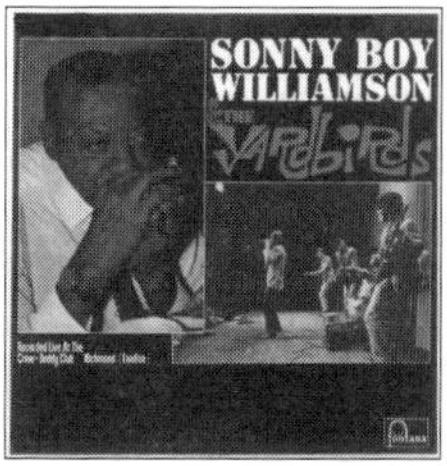

SONNY BOY WILLIAMSON & THE YARDBIRDS
Sonny Boy Williamson & The Yardbirds
英・Fontana：TL 5277
発売：1965年

YARDBIRDS
Five Live Yardbirds

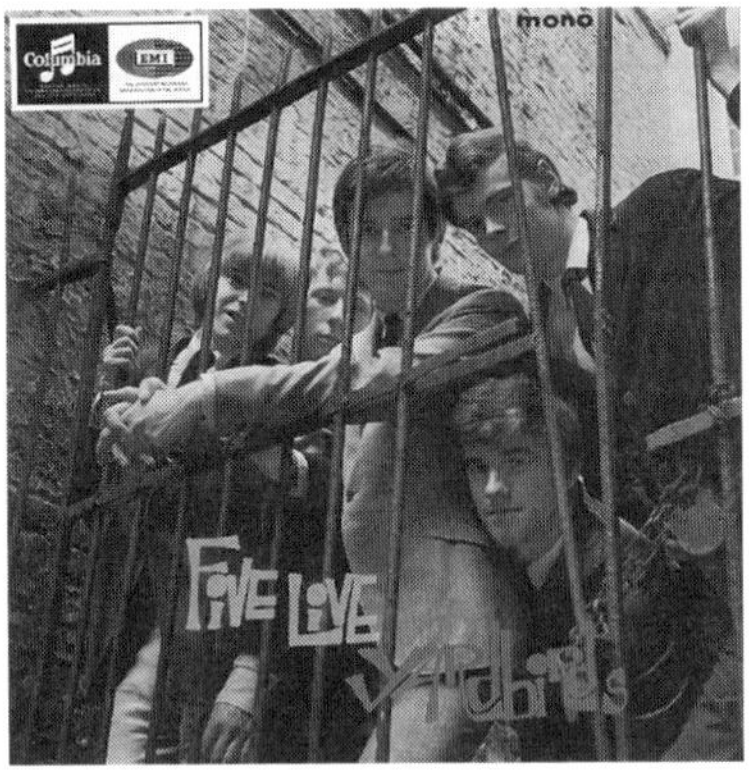

英・Columbia：33SX 1677
発売：1964年12月4日

[A]
1. Too Much Monkey Business
2. I Got Love If You Want It
3. Smokestack Lightnin'
4. Good Morning Little Schoolgirl
5. Respectable

[B]
1. Five Long Years
2. Pretty Girl
3. Louise
4. I'm A Man
5. Here' Tis

メンバー：Keith Relf, Eric Clapton, Paul Samwell-Smith, Chris Dreja, Jim McCarty
プロデューサー：Giorgio Gomelsky
エンジニア：Phillip Wood

64年の3月にロンドンのマーキー・クラブで録音。MCのヘイミッシュ・グライムズによって「エリック〝スローハンド〟クラプトン」と紹介されることでも有名なライヴ盤だ。ここではザ・ヤードバーズのブルース修得度に焦点を当ててみていくことにしよう。

ハウリン・ウルフをカヴァーした「スモークスタック・ライトニング」は、リズム・ギターを加えたことでオリジナルのルーズさが損なわれてしまったのは残念。それでもキース・レルフによるブルース・ハープ（ハーモニカ）の間奏は聞き応えがある。このレルフのハープに呼応して、クラプトンのギターが熱気を帯びながら炸裂していく。こういった展開はヤードバーズ独自のものであり、彼らのヴァイタルな部分を存分に感じさせてくれる。最もブルース・バンドらしさを見せているのが「ファイヴ・ロング・イヤーズ」だ。マディ・ウォーターズのヴァージョンを意識したと思われるのだが、ギター・ソロでの揺れ動くような雰囲気とか、ブルースが醸し出す独特の〝もつれ〟を自分のものにしている。ハーフ・ベンドを用いながら、ミストーンをも恐れず果敢に挑戦していく。このケレン味に充ちた演奏こそが、若き日のクラプトンの持ち味ではなかったのだろうか。もっともこれは、英国産のブルース・バンドに対しての評価であるのだが。

小川

JOHN MAYALL with ERIC CLAPTON
Blues Breakers

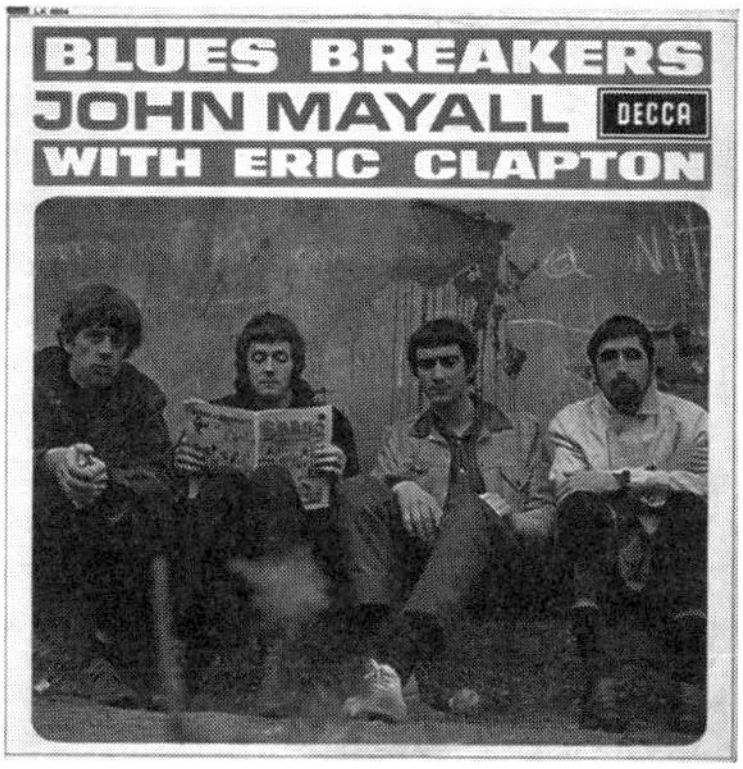

英・Decca：LK 4804 (mono) / SKL 4804 (stereo)
発売：1966年7月22日

[A] 1. All Your Love / 2. Hideaway / 3. Little Girl / 4. Another Man / 5. Double Crossing Time / 6. What'd I Say
[B] 1. Key To Love / 2. Parchman Farm / 3. Have You Heard / 4. Ramblin' On My Mind / 5. Steppin' Out / 6. It Ain't Right

メンバー：John Mayall, Eric Clapton, John McVie, Hughie Flint
プロデューサー：Mike Vernon
エンジニア：Gus Dudgeon
参加ミュージシャン：Jack Bruce, Geoff Krivit (g)

2001 American reissue CD
米・Dream：422 882 967-2［CD］
Bonus Tracks
13. Lonely Years
14. Bernard Jenkins

2006 40th anniversary Deluxe Edition
欧・Decca：984 180-1［CD］
[1] 1-12. Original Album In Mono / 13-24. Original Album In Stereo
[2] 1. Crawling Up A Hill / 2. Crocodile Walk / 3. Bye Bye Bird / 4. I'm Your Witchdoctor / 5. Telephone Blues / 6. Bernard Jenkins / 7. Lonely Years / 8. Cheatin' Woman / 9. Nowhere To Turn / 10. I'm Your Witchdoctor / 11. On Top Of The World (Tk 2) / 12. Key To Love / 13. On Top Of The World / 14. They Call It Stormy Monday / 15. Intro Into Maudie / 16. It Hurts To Be In Love / 17. Have You Ever Loved A Woman / 18. Bye Bye Bird / 19. Hoochie Coochie Man

若き日のエリック・クラプトンが、英国ブルース界の大先輩であるジョン・メイオールの元で真摯にブルースに向かい合った66年制作のアルバム。というのが世間の評価であると思うが、そんな事はどうでもよく、ここでのクラプトンが画期的だったのは、ギブソンのレスポールを大容量のマーシャル・アンプに繋いだことだ。その甘美で伸びやかな音色こそが革命的であった。ブルースに対する殉教とサウンドの変革は相反する。この密やかなる野望こそがエリック・クラプトンではなかったかと思う。フレディー・キング作の「ハイダウェイ」でのドライヴ感は、本家に勝っている。本場のブルースマンにも出来なかったことをクラプトンは成し遂げたのだ。

残念な部分もある。オーティス・ラッシュの「オール・ユア・ラヴ」を取りあげているが、手本にしたヴァージョンがあまりよくなかった。この時点でラッシュがコブラ・レーベルに残した名演（59年録音）を聞いていれば、クラプトンのテイクはさらに凄まじくなったはずだ。強力なサウンドを味方に付けずに、ヴォーカルでブルースに立ち向かった「ランブリン・オン・マイ・マインド」には、なにか悲壮感のようなものが漂っている。ここがクラプトンの本当の出発点であり、長く続いていくブルースへの旅路が、この先に横たわっているのだ。

小川

クリーム結成からブラインド・フェイスへ

犬伏 功

ヤードバーズの音楽的嗜好と相容れなくなったエリック・クラプトンはジョン・メイオールの誘いを受け、ブルースブレイカーズのスター・プレイヤーとなった。一方で、酒癖の悪さから一時、謹慎処分を受けていたジョン・マクヴィーの代役を務めたジャック・ブルースとの親交も深まり、クラプトンは66年になると新たな一歩を踏み出そうとしていた。

　そんなクラプトンを高く評価していたのは、意外にもブルースではなくジンジャー・ベイカーだった。ベイカーはブルースブレイカーズのギグに足を運び、クラプトンとの交流を深めていたが、ベイカーはドラッグの深みに落ちていくグレアム・ボンドから離れ、新たなバンドの構想を練っている最中だった。

　そんな折、米エレクトラが企画したブルーズ系の企画盤『ホワッツ・シェイキン』に英国のアーティストを参加させるため、ロンドンでバンドを探していたトム・ダウドから、ポール・ジョーンズを経由した参加の打診をクラプトンは快諾。これまでも〈スティーヴ・アングロ〉の変名でマイク・ヴァーノンの録音に参加し、クラプトンとも交流のあったスティーヴ・ウィンウッドや、クラプトンの友人でピアニストのベン・パーマーらが参加した即席のスタジオ・バンド〈パワーハウス〉が結成され、66年3月にスタジオで3曲が収録されたが、ここでクラプトンは再びブルースとの共演を果たしていた。

　その後、ベイカーは自身の新バンド構想にクラプトンを誘ったが、クラプトンが提示した唯一の参加条件は「ブルースをベーシストに」というものだった。しかし、この提案にベイカーは困惑した。ベイカーとブルースはグレアム・ボンド・オーガニゼイション時代にトラブルを頻繁に起こし、ステージ上で殴り合ったこともあるほどの〝犬猿の仲〟だったのだ。それでも、すでに英国でギター・ヒーローとしての地位を確立していたクラプトンの意見を無下にすることはできず、ベイカーとブルースは過去の確執を収め、新たな挑戦に乗り出すことを決意した。世間ではメイオールの最新アルバム『ブルースブレイカーズ・ウィズ・エリック・クラプトン』が大きな話題となったが、その頃、既にクラプトンはベイカー、ブルースとともに新バンドのリハーサルが始まっていた。

　各々の契約上の問題を避けるため新バンドの活動は当初、秘密裏に進められた。その影響もあってか、最初のレコーディングはやや地味なロンドンの〈チョーク・ファーム・スタジオ〉で開始された。マネジメントは、グレアム・ボンド時代と同様にベイカーとブルースが慣れ親しんだロバート・スティグウッドに委ねられたが、録音はプロデューサー不在のままであり、彼らの初期作品に綿密なプロダクションの恩恵が感じられない部分があるのはそのためだった。

　66年7月29日、マンチェスターの〈ツイステッド・ホイール〉公演が新バンドにとって初のステージとなったが、これは2日後に出演を控えた〈第6回ナショナル・ジャズ・アンド・ブルース・フェスティヴァル〉に向けたウォームアップ・ギグの意味合いが強く、31日のフェスティヴァルこそが真の〝お披露目〟の場となった。24ページに掲載したニュー・ミュージカル・エクスプレスの当時の広告にクリームの名はなく、これが出稿された時点でまだバンド名すら決まっていなかった。〝スーパー・グループ〟として後に名を馳せる彼らにしては、実に慌ただしいデビューだった。彼らはこの公演を経て、66年10月にシングル「ラッピング・ペーパー」でレコード・デビューを果たし、同年12月には初のアルバム『フレッシュ・クリーム』がリリースされた。収録された10曲のうち、バンドのオリジナルは5曲のみだったが、10代の頃に奨学金を得て作曲を学んだジャック・ブルースの個性が、楽曲とヴォーカルの両面で際立つ作品となった。

　バンドにとって大きな転機となったのは、67年3月にスタートした北米ツアーだった。そこで、スティグウッドと関係が深かった米アトランティック・レコードのアーメット・アーティガンと出会い、それを機に以降のスタジオ・レコーディングは米国主導で行われるようにな

BOB WALLIS
New Orleans Jam Session Vol. 1
英・77 Records：77 EP/10［7″］発売：1957
ジンジャー・ベイカー最古の録音のひとつ

NANCY SPAIN, ALEXIS KORNER&HIS BAND
Blaydon Races / Up-Town
英・Lyntone：LYN 298/LYN 299［7″］Hatubai：1962年
ジャック・ブルース初の録音作品

THE GRAHAM BOND ORGANIZATION
St. James Infirmary / Wade In The Water
米・Ascot：ASCOT 2211［7″］発売：1966年4月
B面はジャック・ブルース脱退後のベイカー参加曲

った。その最初の成果となったのが、同年10月にリリースされたセカンド・アルバム『ディズラエリ・ギアーズ』（当時の邦題は『カラフル・クリーム』）だった。のちにマウンテンを結成するフェリックス・パパラルディによる明快なプロデュースは、クリームを最新のロック・バンドへと昇華させる原動力となり、彼らは英国よりも米国でより高い人気を得るバンドとなった。

『ディズラエリ・ギアーズ』以降、クリームの活動の中心はアメリカへと移り、彼らはビル・グレアムが運営するフィルモアにおいても最大の人気アクトとなった。続く3作目のアルバム『ホイールズ・オブ・ファイア』（当時の邦題は『クリームの素晴らしき世界』）では、2枚組のうち1枚がスタジオ録音、もう1枚は米国ツアーでのライヴ録音となっており、ライヴ・サイドでバンドの圧倒的な演奏力を示しつつ、スタジオ・サイドではストリングスやホーンを導入、ブルースとピート・ブラウンによる楽曲に加えて、ベイカーも豊かな作曲能力を発揮した。結果、アルバムは米国で1位を獲得しクリームの新たな可能性を示す作品となったが、バンドの成功とは裏腹にメンバー間の関係は悪化の一途を辿っていた。かつて〝犬猿の仲〟といわれたベイカーとブルースの対立が再び激化、その都度クラプトンが板挟みとなった。これを解消するため、クラプトンは友人のウィンウッドをバンドに迎えることも考えたが、それが実現することはなかった。そして、クリームは68年5月の米国ツアー中に解散を決定。7月の米英ツアーを経て、10月には"Goodbye Tour"が行われ、11月に正式な解散となった。解散後、アーメット・アーティガンの説得により最後のアルバム『グッバイ・クリーム』が制作された。ラスト・シングルとなった「バッジ」を軸に、最後のツアーでの録音が組み合わされる形で構成された。当初はスタジオとライヴによる2枚組のアルバムとして計画されたが、それを満たすだけの録音素材は残されていなかった。

　クリーム解散後、トラフィックの中で絶対的存在だったウィンウッドと、バンドに組み入れられた経緯に納得できていなかったデイヴ・メイスンの確執は解決せず、活動が行き詰まっていたことから、ウィンウッドがクラプトンと合流しリハーサルが開始された。ブルーズの解釈や長尺演奏に飽きていたクラプトンにとって、それは新鮮な体験となり、そこにベイカーが加わったことで新バンドの構想は一気に進展していった。最後にファミリーのリック・グレッチが加入し、人間関係のもつれで消滅したクリームでの反省もあってか、バンドは〈ブラインド・フェイス〉（盲目的な信頼）と名付けられた。

　クラプトンはウィンウッドの高い才能こそがバンドの要だと考えていたが、世間は彼らに〝クリームの再来〟を期待した。69年8月にリリースされた唯一のアルバムは英米両国1位を獲得したが、ツアーでは準備不足から慢性的な楽曲不足にも悩まされ、結果的にクリームやトラフィックの楽曲を演奏せざるを得なくなった。観客はそれを喜んだもののクラプトンは幻滅し、次第にツアーの前座を務めていたディレイニー&ボニーとの活動に時間を割くようになった。その結果、ブラインド・フェイスは自然消滅したが、ベイカーはこの流れを活かし、自身のバンド〈エアー・フォース〉を結成、初のリーダー・バンドでの活動を謳歌した。

JACK BRUCE
I'm Gettin' Tired (Of Drinkin' And Gamblin' Etcetera) / Rootin' Tootin'
英・Polydor：BM 56036［7″］
発売：1965年12月
クリーム結成前に発売されたブルース初のソロ・シングル

CAROLINE MUNRO
Tar And Cement (Il Ragazzo Della Via Gluck) / The Sporting Life
英・Columbia：DB 8189［7″］
発売：1967年5月12日
ボンド・ガールを務めた女優のシングルで、バックをクリームとスティーヴ・ハウが担当

GRAHAM BOND
Solid Bond
英・Warner：WS3001
発売：1970年5月29日
ベイカー、ブルースが共演した最古の録音（63年）を収録

THE 6th NATIONAL JAZZ & BLUES FESTIVAL

sponsored by THE EVENING NEWS
has moved from Richmond and is now in

WINDSOR

Royal Windsor Racecourse, Maidenhead Road (A.308)

FRIDAY, JULY 29

8.00-11.30 TICKETS 10/-

THE YARDBIRDS ★ SPENCER DAVIS
The Soul Agents ● Mark Barry ● Geno Washington and the **RAM JAM BAND**

SATURDAY, JULY 30

2.30-5.30 TICKETS 5/-

CHRIS BARBER ★ ALEX WELSH
Colin Kingwell's Jazz Bandits ● Kid Martyn's Ragtime Band featuring direct from New Orleans **LOUIS NELSON**

All Day Tickets 12/6

7.00-11.30 TICKETS 10/-

THE SMALL FACES ★ THE WHO
Chris Farlowe and the Thunderbirds ● Gary Farr and the T-Bones ● Julian Covey and the Machine ● Jimmy James and **THE VAGABONDS**

SUNDAY, JULY 31

2.30-5.30 TICKETS 5/-

DICK MORRISSEY ★ STAN TRACEY
Big Band with Kenny Baker, Eddie Blair, Keith Christie, Ronnie Scott, Bobby Wellins, etc.
ERNESTINE ANDERSON (U.S.A.)

All Day Tickets 12/6

7.00-11.30 TICKETS 10/-

GEORGIE FAME ★ THE ACTION
The Move ● The Alan Bown Set ● Harry South Orchestra featuring Tubby Hayes, also The Blue Flames
ERIC CLAPTON ● JACK BRUCE ● GINGER BAKER

WEEKEND (Sat. & Sun.) TICKETS 20/- IN ADVANCE ONLY
From: Marquee, 90 Wardour Street, London, W.1. (GER 2375)
Ricky Tick Club, Windsor (60173), Keith Prowse branches

★WANTED PARTY ORGANISERS! Organise a party to travel by coach, car, scooter or rail and receive a free backstage pass to meet the stars!!

PARTY TICKET RATES / INFORMATION / MARQUEE (GER 2375)

ニュー・ミュージカル・エクスプレスの66年6月24日号に掲載された、第6回ナショナル・ジャズ・アンド・ブルーズ・フェスティヴァルの広告。まだクリームの名はなく、3人の名前だけが並べられている。

VARIOUS ARTISTS
What's Shakin'

英・Elektra：EKL 4002
発売：1966年5月

［A］
1. Good Time Music – The Lovin' Spoonful
2. Almost Grown – The Lovin' Spoonful
3. Spoonful – The Paul Butterfield Blues Band
4. Off The Wall – The Paul Butterfield Blues Band
5. Can't Keep From Crying Sometimes – Al Kooper
6. I Want To Know – Eric Clapton And The Powerhouse
7. Crossroads – Eric Clapton And The Powerhouse

［B］
1. Lovin' Cup – The Paul Butterfield Blues Band
2. Good Morning Little Schoolgirl – The Paul Butterfield Blues Band
3. Steppin' Out – Eric Clapton And The Powerhouse
4. I'm In Love Again – Tom Rush
5. Don't Bank On It Baby – The Lovin' Spoonful
6. Searchin' – The Lovin' Spoonful
7. One More Mile – The Paul Butterfield Blues Band

Eric Clapton And The Powerhouse：Steve Winwood, Jack Bruce, Pete York, Ben Palmer, Paul Jones

プロデューサー：Paul Rothchild, Mark Abramson, Jac Holzman, Joe Boyd

　フォーク系のレーベルだった米エレクトラが時代の流れを受けて〝電化〟へと舵を切ったオムニバス。もともとはラヴィン・スプーンフルとポール・バタフィールド・ブルース・バンドを売り出すことが目的だったようだが、ラヴィン・スプーンフルは本作の録音直後にカーマ・スートラと契約してエレクトラを離れている。そんな中で唯一の英国勢となったのがパワー・ハウスだった。ロンドン滞在中のジョー・ボイドがポール・ジョーンズに声をかけ、同じくマンフレッド・マンに籍があったジャック・ブルースと、ブルースブレイカーズに復帰したばかりのエリック・クラプトン、スペンサー・デイヴィス・グループからのスティーヴ・ウィンウッドとピート・ヨークに、セッション・ピアニストのベン・パーマーが集まって録音されたものだ。

　ブルースは謹慎処分となったジョン・マクヴィーの代役としてクラプトンとブルースブレイカーズのステージをともにしたことがあったが、スタジオでの共演はこれが初めて。収録されたのは3曲である。「クロスロード」はギター・ソロもなくあっさり終わるものの、「ステッピン・アウト」ではクラプトンとブルースがともにソロを披露し、〝クリームの雛形〟と言うべきプレイを聴かせる。レス・ポールの粘りがある音がこの時期のクラプトンらしいので、あんがい重要だと思う。　**犬伏**

Fresh Cream
フレッシュ・クリーム

英・Reaction：593001（mono）/594001（stereo）
発売：1966年12月9日

[A]
1. N.S.U.
2. Sleepy Time Time
3. Dreaming
4. Sweet Wine
5. Spoonful

[B]
1. Cat's Squirrel
2. Four Until Late
3. Rollin' And Tumblin'
4. I'm So Glad
5. Toad

プロデューサー：Robert Stigwood
エンジニア：John Timperley

米・Atco：33-206（mono）/SD 33-206（stereo）
発売：1967年1月

[A]
1. I Feel Free
2. N.S.U.
3. Sleepy Time Time
4. Dreaming
5. Sweet Wine

[B] 英盤と同じ

スウェーデン・Polydor：623 031
発売：1966年

[A]
6. Wrapping Paper

[B]
3. The Coffee Song

66年7月から9月にかけてロンドンのチャーク・ファーム・スタジオとメイフェア・スタジオで録音。ロバート・スティグウッド・オーガニゼーションの名前がジャケ裏にデカデカと載っているが、スティグウッドが現場にいたとは思えない。メンバーのセルフ・プロデュースと言えるはずだ。

10月にファースト・シングル「ラッピング・ペイパー」が出て、これが英国で34位、アルバムは6位のヒットになるが、ほぼ同時に出たセカンド・シングル「アイ・フィール・フリー」が11位まで上がったのが大きかった。英国初版にこの曲は未収録だったが、米盤ではA①となり、アルバムはビルボード39位まで上がっている。

ジャック・ブルースが曲づくりに歌にと奮闘しているし、トリオのバンドとしては破格の迫力だけれど、後半はカヴァー中心のせいもあって〝ブルース・ロック〟の域を出ていない。英国初版の曲目だとポップさに欠けるから余計にそういう印象なのだ。

クラウス・フォアマン（ハンブルク時代からのビートルズの友人で、中期マンフレッド・マンのベーシスト、画家としては『リヴォルヴァー』のジャケットで知られる）に会ったときに、アップル制作の諸作でセッションマンとしての道が拓けた、というハナシになり、ジャッキー・ロマックスのレコーディングで初めてエリックに会ったという思い出語りにつながった。

クラウスはビートルズの勧めで64年にロンドンに出て、ベーシストとなった。最初のバンドはビッグ・スリーにいたパディ・チェンバース（g）と、キングサイズ・テイラー＆ザ・ドミノスにいたギブソン・ケンプ（ds）との〝パディ、クラウス＆ギブソン〟。つまり、リヴァプールの実力派と組まされたバンドで、65年7月に‘I Wanna Know’(Pye：7N 15906)、66年2月に‘No Good Without You Baby’(7N 17060)、5月に‘Hey Teresa’(7N 17112)という3枚のシングルを出しただけで解散している。

クラウスはエリックに、「実はクリームって、君たちのバンドを参考にした部分もあったんだよ」と言われて驚いたそうだ。「レコードはポップだったが、俺たちのステージは大音量で有名だったから、エリックは噂を聞いてどこかで観たのかもしれない」とクラウスは言っていたが、現在“Beyond The British Invasion：60's Beat Vol.1”“同 Vol.2”と“Motown Covered：Classic Pop Soul”というオムニバスで聴けるクラウスたちの音は興味深い。とくにマーヴィン・ゲイ65年1月のシングル‘No Good Without You Baby’のカヴァーにある〝弾み感〟は「アイ・フィール・フリー」に近かったりするのだ。この曲を英国で最初に取り上げたのはロン・ウッドがいたザ・バーズで、彼らのシングルは65年10月にデッカから出ている。しかし洗練度と弾み感は明らかにクラウスたちの方が上だから、クリームは両者を聴き比べたりしたのではないかと思ってしまう。パディ、クラウス＆ギブソンはNEMS、ザ・バーズは65年秋からRSO所属になるから、近いところにいたバンドでもある。

ジャックは知識もあったから学理的にポップ・チューンをハード・ロック化する研究をしたのではないかと思えるし、そう考えると、「アイ・フィール・フリー」で一歩進んだことが妙に納得できてしまうのだ。

100ページからの塩野さんの論考で整理されたが、当時の日本でのリリースは欧米とかなりタイムラグがあったため、クリームの日本での評価が決定的になったのは69年2月にバラ売りされた『クリームの素晴らしき世界』のライヴ盤からだった。おかげで〝長いアドリブが売りのハード・ロック・バンド〟ということになってしまったから、スタジオ録音における進化はろくに語られてこなかったんだと思う。歴史のアップデイトが必要だ。**和久井**

Disraeli Gears
カラフル・クリーム

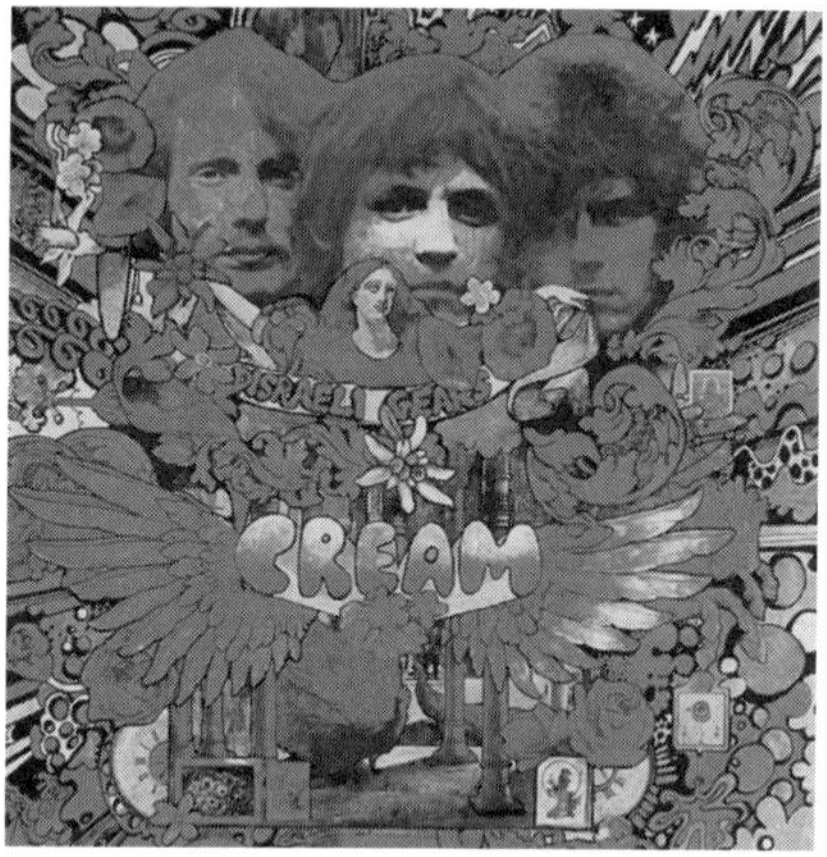

英・Reaction：593003（mono）/594003（stereo）
発売：1967年11月2日
米・Atco：33-232（mono）/SD-33232（stereo）
発売：1967年12月

[A] 1. Strange Brew / 2. Sunshine Of Your Love / 3. World Of Pain / 4. Dance The Night Away / 5. Blue Condition

[B] 1. Tales Of Brave Ulysses / 2. Swlabr / 3. We're Going Wrong / 4. Outside Woman Blues / 5. Take It Back / 6. Mother's Lament

プロデューサー：Felix Pappalardi
エンジニア：Tom Dowd

Disraeli Gears [Deluxe Edition]
欧・Polydor：0602498193129［CD］
発売：2004年

[1] Stereo Version
1.-11. Same as "Disraeli Gears" / 12. Lawdy Mama (Version 2) / 13. Blue Condition (Alternate Ver) / 14. We're Going Wrong (Demo) / 15. Hey Now Princess (Demo) / 16. SWLABR (Demo) / 17. Weird Of Hermiston (Demo) / 18. The Clearout (Demo)

[2] Mono Version
1.-11.Same as "Disraeli Gears" / 12. Lawdy Mama (Version 1) / 13. Blue Condition (Alternate Ver)
BBC Recordings：
14. Strange Brew / 15. Tales Of Brave Ulysses / 16. We're Going Wrong / 17. Born Under A Bad Sign / 18. Outside Woman Blues / 19. Take It Back 20. Politician / 21. SWLABR / 22. Steppin' Out

リイシュー・プロデューサー：Bill Levenson

アメリカの資本が動いたのは大きかった。アトランティックのアーメット・アーティガンがサブ・レーベルのアトコで白人のロックを売ろうと思ったのは、ソニー&シェールの「アイ・ガット・ユー・ベイブ」（65年7月）が米英で1位になり、ラスカルズの「グッド・ラヴィン」（66年2月）や、バッファロー・スプリングフィールドの「フォー・ホワット・イッツ・ワース」（67年1月）といった新しい時代を象徴するようなヒットが続いたからだろう。黒人音楽専門のレーベルとしてジャズやソウルを売っていたアトランティックが、初の白人シンガー、ボビー・ダーリンを売り出したのは58年のことだが、ジャズ・シンガーともロック・シンガーとも呼べない彼の成功を〝ミクスチャー〟と捉えていたはずのアーティガンは、ブルー・アイド・ソウルを確立させたラスカルズや、フォーク・ロックにグルーヴを加味したようなバッファロー・スプリングフィールドを迎えたことを喜び、英国バンドをブリティッシュ・インヴェイジョンの時代とは別のやり方でアメリカに浸透させることを考えたのだ。

そしてクリームに白羽の矢が立ち、アーティガンは自らプロデュースを買って出て、67年4月にニューヨークのアトランティック・スタジオで本作のレコーディングが始まったのである。

エンジニアはトム・ダウド。彼とクリームの相性はよかったが、アーティガンは方向性を決めかねたようで、フェリックス・パパラルディがプロデュースとアレンジを担当することになった。ニューヨークのブロンクスで39年に生まれたパパラルディは、リチャード&ミミ・ファリーニャ、ティム・ハーディン、フレッド・ニール、ヤングブラッズらの録音にアレンジャーとして参加し、フォーク系のシンガーやグループにジャズやソウルの味付けをしていたのが評価されたのだろう。

レスリー・ウエストと組んだマウンテンや、我が国のクリエイションのプロデュースで、クリーム以後はより〝ハード・ロック〟のイメージを強くしていった人だが、唯一のソロ作となった79年の〝Don't Worry, Ma〟を聴けば、R&Bやソウルに精通し、ジャンルを超えたオリジナル曲を書く人だということが理解できる。

ここでは妻で作詞家のゲイル・コリンズと共に「ストレンジ・ブルー」の曲づくりにも参加し、夫婦のオリジナル曲「苦しみの世界」をプレゼント。ジャックにファルセットで歌わせたのも効いて、前作には色濃かった〝ブルース・ベースのハード・ロック〟を払拭するのに成功している。レコーディングは5月まで続いたが、その最中にラスカルズの「グルーヴィン」が全米1位になっているから、ソウルっぽいグルーヴ感を加味することでアーティガンのお眼鏡に叶おうとしたのかもしれない。ここからは6月に先行シングルとして出た「ストレンジ・ブルー」が英国で17位まで上がったが、アルバムのリリースまでに充分なプロモーションをしたおかげか、本作は米4位、英5位というヒットを記録している。

タイトルは、ローディーのミック・ターナーが自転車の変速機Derailler Gearsを間違ってDesraeli Gearsと言ったことに端を発した造語で、19世紀の英国の首相ベンジャミン・ディズラエリと、Coolの意味があるギアーズをくっつけた面白さが評価されてのことだった。マーティン・シャープによるジャケットのアートワークは、タイトルによく合っていると思う。

２００４年にリリースされたデラックス・エディションCDには、アルバムのステレオ、モノラルの両ヴァージョンと、「ローディ・ママ」の初期テイクや、「ブルー・コンディション」のオルタネイト・ヴァージョンと、デモ５曲、ＢＢＣライヴ10曲を収録して〝67年のクリーム〟の全貌を明らかにしている。リマスターもよくできているので、買うならこれがいい。

和久井

Wheels Of Fire
クリームの素晴らしき世界

英・Polydor：582 031/2 (mono) / 583 031/2 (stereo)
発売：1968年8月9日
米・Atco：SD 2-700 (stereo)
発売：1968年6月14日

In The Studio
[A]
1. White Room / 2. Sitting On Top Of The World / 3. Passing The Time / 4. As You Said
[B]
1. Pressed Rat And Warthog / 2. Politician / 3. Those Were The Days / 4. Born Under A Bad Sign / 5. Deserted Cities Of The Heart

Live At The Fillmore
[C]
1. Crossroads / 2. Spoonful
[D]
1. Traintime / 2. Toad

プロデューサー：Felix Pappalardi
エンジニア：Tom Dowd, Adrian Barber
参加ミュージシャン：Felix Pappalardi (viola, bells, organ, trumpet, tonette)

クリームの素晴らしき世界+4［初回限定盤］
日・Polydor：UICY-40038/9［CD］
発売：2013年12月18日

Bonus Tracks
[1]
10. Anyone For Tennis / 11. Falstaff Beer Commercial
[2]
5. N.S.U. / 6. Sunshine Of Your Love

　スタジオ録音、ライヴ録音の2枚組は全米1位、全英3位を記録、すぐにWheels Of Fire（In the Studio）、同（Live at the Fillmore）のタイトルでバラ売りもされた。スタジオ盤に収録された9曲は、67年7〜8月にロンドンのIBCスタジオ、9〜10月、68年1〜2月にニューヨークのアトランティック・スタジオで録音されたもので、プロデューサーのパパラルディもヴィオラ、オルガン、トランペット、ベルなどで演奏に加わっている。エンジニアはトム・ダウド、サブにエイドリアン・バーバーがついた。

『ライヴ・アット・ザ・フィルモア』に収録された4曲のうち、実際にサンフランシスコのフィルモアで録音されたのは「トード（いやな奴）」（68年3月7日のセカンド・ショウ）のみで、C面の2曲は3月10日のウィンターランド（ファースト・ショウ）、D面の「トレインタイム」は3月8日のウィンターランド（ファースト・ショウ）での録音である。こちらのレコーディングはミックスも含めてバーバーが担当した。

　ジャック・ブルースが作詞をピート・ブラウンに頼んでつくった「ホワイト・ルーム」「お前の言うように」「政治家」「疲れ果てた街」の出来はい

いが、ジンジャー・ベイカーの「時は過ぎて」「ねずみといのしし」「ゾーズ・ワー・ザ・デイズ」からはジャックに寄り添おうとする姿勢があまり感じられない。エリックはカヴァー2曲でイニシアチヴをとっているが、ジャックとジンジャーの確執がすでに濃厚だったからか、一歩引いた感じがある。それでも「ホワイト・ルーム」後半のワウ・ワウを使ったギター・ソロは強烈で（この時代においては革命的だったことを想像すべき）、クリームの代表曲と言えばこれ、ということになったのである。

　もともとエリックを売りたかったスティグウッドにすれば困った状況だったから、サンフランシスコのライヴ録音からエリックのギターをフィーチャーした「クロスロード」と「スプーンフル」を片面に持ってきて、言い訳のようにブルースのハーモニカとヴォーカルが売りの「列車時刻」と、ジンジャーのドラム・ソロ曲「いやな奴」を最終面に並べたのだろう。

　ライヴ・サイドについてはパパラルディはノー・タッチだから、相反するものをあえてくっつけた2枚組ということになったわけだが、それが〝新しい〟と受け取られる時代だったが故のヒット、評価だったと言っていい。実際72年に初めて聴いた私にはスタジオ・サイドのバラバラな印象や、16分15秒の「いやな奴」なんて苦行に等しかった。そうすると「クロスロード」と「スプーンフル」（16分43秒）が目玉となるわけだが、T・レックスやデイヴィッド・ボウイに痺れていた中2には長いギター・ソロなんて我慢ならず、先輩たちのクリーム信仰にはまるっきり反発してしまったのである（それでも『ライヴ・クリームⅡ』を買ったのだから、なんとかその魅力を〝わかりたかった〟んだと思う）。

　日本では69年2月に、最初からバラ売りの形でリリースされたため、ライヴ盤のエリックのギターばかりが話題になったのだが、グループサウンズ・ブームが収束に向かい、本格的なロック・バンドが登場し始めた時期だったわけだから、〝ライヴで長いアドリブを聴かせるのがロック〟だと思われたのは仕方なかった。もちろん米英にもそういう解釈はあったし、サイケデリック・ロックからアート・ロックへとトレンドが流れていく中で、クリームの〝新しさ〟が象徴となったのも理解はできる。けれども、こういう〝踊れないロック〟をアートと言うなら、ピート・ブラウンのバタード・オーナメンツやピブロクトの方が面白いと知ってしまった私には、ここでクリームが決めてしまった〝ハード・ロックのスタイル〟が私には邪魔だった。**和久井**

Goodbye
グッバイ・クリーム

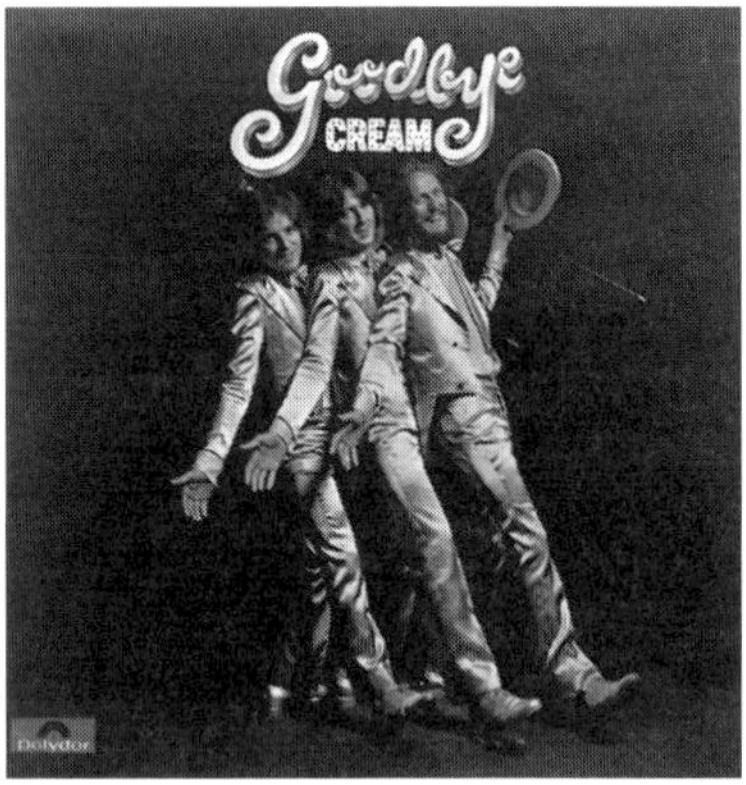

英・Polydor：583 053
発売：1969年2月5日
米・Atco：SD 7001
発売：1969年2月5日

[A]
1. I'm So Glad
2. Politician

[B]
1. Sitting On Top Of The World
2. Badge
3. Doing That Scrapyard Thing
4. What A Bringdown

プロデューサー：Felix Pappalardi
エンジニア：Bill Halverson, Adrian Barber, Damon Lyon-Shaw
参加ミュージシャン：George Harrison (g), Felix Pappalardi (kbd, b)

1986 Reissue CD
欧・RSO：823 660-2
Bonus Track
7. Anyone For Tennis (Previously Unreleased)

68年5月のツアー中に解散が決まったため、翌月には10～11月のツアーでクリームの活動は終了、ラスト・アルバムとして前作同様のスタジオ／ライヴの2枚組が企画されたが、一枚ものののアルバムをつくるのが精一杯だった。スタジオ録音はエリックがジョージ・ハリスンと共作した「バッジ」、ブルース／ブラウン作の「スクラップヤード」、ベイカー作の「ホワット・ア・ブリングダウン」の3曲しかなかったため、10月19日にロサンゼルスのザ・フォーラムでライヴ録音された「アイム・ソー・グラッド」「政治家」「トップ・オブ・ザ・ワールド」を入れて何とかアルバムの体裁を保ったのだった。アルバムは英1位、米2位、シングル・カットされた「バッジ」は英14位、米60位という成績を残したが、評判はよくなかった。

CDのボーナス・トラックとなった「エニイワン・フォー・テニス」はエリックが漫画家のマーティン・シャープとつくったリチャード・ラッシュ監督の映画『七人の無法者』のテーマ曲で、当時はそのサントラ盤でしか聴くことができなかったナンバーだ。

目玉となった「バッジ」はジョージが譜面にBridge（サビ）と書いたのをエリックが読み間違えたことからタイトルが決まった曲だが、2分45秒というシングル・サイズがもったいないとも思える佳曲である。

和久井

Live Cream
ライヴ・クリーム

英・Polydor：2383 016
発売：1970年4月

[A]
1. N.S.U./2. Sleepy Time Time/
3. Lawdy Mama

[B]
1. Sweet Wine/2. Rollin' And
Tumblin'

プロデューサー：Felix Pappalardi, Ahmet Ertegun, Robert Stigwood
エンジニア：Tom Dowd, Bill Halverson, Adrian Barber

「ローリン・アンド・タンブリン」は68年3月8日のフィルモア、「スリーピィ・タイム」は3月9日、「N.S.U.」と「スウィート・ワイン」は68年3月10日のウィンターランドのライヴ。「ロウディ・ママ」は67年5月にニューヨークのアトランティック・スタジオで録音されたもので、「ストレンジ・ブルー」のインスト・ヴァージョン（ただのオケ）である。

3人のプレイのいいところを掬い上げようとしたのかもしれないが、アルバムとしての面白みには欠けているし、15分を超える「スウィート・ワイン」にはつきあいきれないとさえ思う。CDでは曲順が変えられ、「ローディ・ママ」が最後に持ってこられたものの、〝残り汁〟という印象は払拭されなかった。

これを〝腐っても鯛〟と思えるかどうかはリスナーに委ねられた格好なんだけれど、スティグウッドの愛情が感じられない点は否めない。それでも英4位、米15位を記録した。　和久井

Live Cream Volume II
ライヴ・クリーム Vol.2

英・Polydor：2383 119
発売：1972年3月2日

[A]
1. Deserted Cities Of The Heart
2. White Room
3. Politician
4. Tales Of Brave Ulysses

[B]
1. Sunshine Of Your Love
2. Steppin' Out

プロデューサー：Felix Pappalardi
エンジニア：Tom Dowd, Bill Halverson

忘れたころにリリースされたライヴ・アルバムだが、ジンジャー・ベイカーのレパートリーを外したことで、クリームの大衆性にスポットが当てられたのはよかったと思う。「サンシャイン・ラヴ」は68年3月9日、「英雄ユリシーズ」と「ステッピン・アウト」（初版では「ハイダウェイ」と表記）は10日のウィンターランド、「荒れ果てた街」「ホワイト・ルーム」「政治家」は10月4日のオークランド、コロシアム・アリーナで収録されたものだ。グッバイ・ツアーからの3曲（いずれもブルース／ブラウン作）をアタマに並べたのも効いて、前作よりまとまっている。B面の2曲ではエリックのギターに耳がいくから、13分半を超える「ステッピン・アウト」も苦にならない。98年のリマスターCDでは音質の向上がはかられた。

英15位、米27位。日本ではNHK『ヤング・ミュージック・ショウ』放映後のリリースだったため、売れた一枚だ。　**和久井**

Those Were The Days
ゾーズ・ワー・ザ・デイズ～クリーム・ボックス

米・Polydor/Chronicles：31453-9000-2［CD］
発売：1997年9月23日

[1] In The Studio
1. Wrapping Paper (Single) / 2-12. "Fresh Cream" / 13. Lawdy Mama (Version 1) / 14-24. "Disraeli Gears"
[2] In the Studio
1-9. "Wheels of Fire" / 10. Anyone For Tennis (Single)
Studio tracks from Goodbye
11. Badge / 12. Doing The Scrapyard Thing / 13. What A Bringdown
Miscellaneous Tracks
14. The Coffee Song / 15. Lawdy Mama (Version 2) / 16. You Make Me Feel (Demo) / 17. We're Going Wrong (Demo) / 18. Hey Now Princess (Demo) / 19. Swlabr (Demo) / 20. Weird Of Hermiston (Demo) / 21. The Clearout (Demo) / 22. Falstaff Beer Commercial
[3] Live
1. N.S.U. / 2. Sleepy Time Time / 3. Rollin' And Tumblin' / 4. Crossroads / 5. Spoonful / 6. Tales Of Brave Ulysses / 7. Sunshine Of Your Love / 8. Sweet Wine
[4] Live
1. White Room / 2. Politician / 3. I'm So Glad / 4. Sitting On Top Of The World / 5. Stepping Out / 6. Traintime / 7. Toad / 8. Deserted Cities Of The Heart / 9. Sunshine Of Your Love

コンピレーション・プロデューサー：Joanna Bennetts

60～70年代にリリースした全ての作品（モノ・ミックス、シングル・エディットは除く）に、貴重な未発表テイクを追加した、クリームのキャリアが一望できるCD4枚組ボックス。

当時の最新リマスターで底上げされた低音域や、空間を広げたことで見えてきたヴォーカルのリヴァーブ成分の当て具合など、アナログとは違った魅力が存分に味わえる。

ディスク1～2はスタジオでのレコーディング作品、3～4にはライヴ録音がまとめられ、どちらも混在していた『クリームの素晴らしき世界』や『グッバイ・クリーム』の並びしか許せないオールド・ファンには申し訳ないが、ほぼ年代順に収められたことで、短期間で凄まじい発展を遂げたグループの成長ぶりが、より分かりやすくなっている。

ディスク1で唯一の未発表が、トラディショナル曲を改変した「ローディー・ママ」で、この曲をフェリックス・パパラルディが持ち帰り、翌日「ストレンジ・ブルー」に華麗に生まれ変わらせたエピソードはあまりに有名（アレンジを加えたのは『ライヴ・クリーム』に収録された方のテイクだとする説もあり、ボクもそうだと思う）。

クラプトンは自伝の中で、「元のグル

ーヴを壊さずにポップ・ソングを作り出したという事実には尊敬の念を持っていた」「私がその曲にアルバート・キング・スタイルのギター・ソロを入れるのを認めることによって、巧みに私の承認を得た」と語っており、続けて収められたこの2曲を聞くと、プロデューサーという仕事の重要さが理解できるはずだ。実際、この発言にはプロデュースの極意がつまっており、主役のアーティストと、クライアントであるレコード会社の双方を、たった一日で納得させたパパラルディの手腕は大したもの。以降、正式にクリームのプロデューサーの座におさまったのも当然のことだろう。

本作の目玉といえるのが、ディスク2の最後に収録された未発表デモ7曲。

バンド結成後まもない時期の録音「ユー・メイク・ミー・フィール」は、命題だったブルースのポップ化に挑戦するも、やや中途半端な印象だ。

残りは『カラフル・クリーム』制作時のテイクで、どの曲にも試行錯誤のあとが窺える。「間違いそうだ」はギター・ソロに閃きが見られ、一瞬ノリも引き締まるけれど、採用ヴァージョンには遠く及ばない。「スーラバー」も勢いだけといった感じか。

ジャック・ブルースのソロ作『クエスチョン・オブ・タイム』(89年)で再演された「ヘイ・ナウ・プリンセス」のデモは、お互いの音を無視したセッションで、彼ららしい。珍しくエリックのアーミング奏法が聞ける。「ウィアード・オブ・ハーミルトン」「ザ・クリアアウト」についても、のちのジャックのアルバムで取り上げられているので、聴き比べるのも一興だ。

個人的に大好きなのが、ビールのCM向けに依頼された「ファルスタッフ・ビール・コマーシャル」で、やっつけ仕事っぷりが最高なんである。自己パロディーを嬉々として演じる姿に、英国流ユーモアが発揮されているような気がして、購入時はコレばっかり聞いていた記憶がある。

大量放出されるのでは、と噂された未発表ライヴ音源は、2枚のディスク中、たったの3曲。しかも既発テイクのヴァージョン違い(「N・S・U」「いやな奴」)と、TV番組『グレン・キャンベル・ショー』出演時の「サンシャイン・ラヴ」という、残念な結果に。

既発のライヴ・テイクを、68年3月のウィンター・ランド公演に絞って並べ直したディスク3が、当時のセット・リストを追体験できる仕組みになっていたりと、いろいろと趣向を凝らしてはいるのだが、ライヴに関してはもっと新しいブツを、リマスタリングした良い音で聞きたかったというのが、ファンの本音だった。

森山

BBC Sessions
BBC・ライヴ

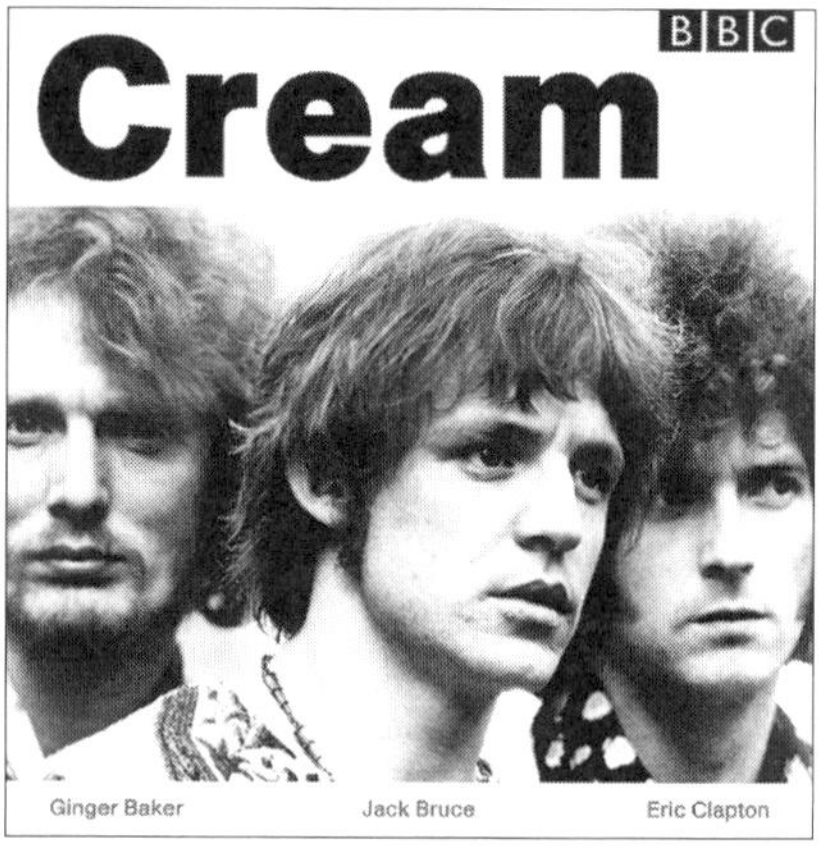

英・Polydor：076 048-2［CD］
発売：2003年4月14日

11/8/66
1. Sweet Wine
2. Eric Clapton Interview 1
3. Wrapping Paper
4. Rollin' And Tumblin'
5. Steppin' Out

11/28/66
6. Crossroads

12/9/66
7. Cat's Squirrel
8. Traintime
9. I'm So Glad
10. Lawdy Mama

1/10/67
11. Eric Clapton Interview 2
12. I Feel Free
13. N.S.U.
14. Four Until Late

5/30/67
15. Strange Brew
16. Eric Clapton Interview 3
17. Tales Of Brave Ulysses
18. We're Going Wrong

10/24/67
19. Eric Clapton Interview 4
20. Born Under A Bad Sign
21. Outside Woman Blues
22. Take It Back
23. Sunshine Of Your Love

1/9/68
24. Politician
25. SWLABR
26. Steppin' Out

プロデューサー：Bill Bebb, Bernie Andrews, Jeff Griffin, Bev Phillips

　クリームが66～68年にBBC用に行ったセッションは全部で8回、そのうち、テープの現存しないデビュー前の初出演時（66年10月21日収録、11月21日放送）を除く、7回分のセッションから選りすぐられた22曲と、当時のクラプトンのインタビュー4つを収録した、ファン垂涎のコンピレーション盤。

　ライヴとは銘打っていても、BBC所属エンジニア監督のもと、局内のスタジオでレコーディングされたもので、どの曲にも若干のオーヴァー・ダブが行われている。メンバー3人でベーシック・トラックを録音したあとで、ヴォーカルやコーラス、上モノのギターやハーモニカを被せていたようだ。同じくBBCに多くの音源を残したレッド・ツェッペリンも〝ヴォーカルはすべて後から乗せていた〟と、ジミー・ペイジ自身が証言してるので、間違いないだろう。

　記録の残る最初の収録は66年11月8日（放送は12日）で、本作では1～5曲目にあたるが、ここでの「ステッピン・アウト」は必聴だ。似非ファンキーなブルースブレイカーズ時代とも、『ライヴ・クリーム・Vol.2』の長尺インプロとも違う、コンパクトな仕上がりで、メンバーの呼吸も珍しく揃っている。

66年11月28日に収録されたテイク（12／30放送）で、唯一ピック・アップされた「クロスロード」もシンプルで潔いけれど、残念ながら録音が今ひとつで、この日からの採用テイクが少ないのは、ブートっぽい音質のせいかもしれない。

逆に、ドラムの粒立ち、ヴォーカルの音像など、ほどよいミックス・バランスを楽しめるのが、7〜10曲目にあたる66年12月9日収録分（放送は67／1／9）で、他に類を見ないアンサンブルの骨格が浮き彫りになっている。タイトル通りジンジャー流トレイン・ビートで暴走する「列車時刻」や、ひと足先にクラプトンのアンソロジー・ボックスで聴くことのできた「ローディー・ママ」のシャッフル感は、彼ら独自のものだろう。

ここからは67年の録音。注目は1月14日放送分（10日収録）の「フォー・アンティル・レイト」で、人気者としての余裕が感じられるリラックスした演奏は『フレッシュ・クリーム』ヴァージョンとは雲泥の差だ。なによりクラプトンのヴォーカルが素晴らしく、のちにシンガーとして花開く才能の片鱗、いや、もうこの時点で完成していたのでは、と思わせる堂々とした歌いっぷりに驚かされる。

5月30日の収録（6／3放送）ではアメリカでレコーディングしてきたばかりの「ストレンジ・ブルー」や「間違いそうだ」を発売前にプレイ。確認作業のような決めフレーズの連発がほほえましい。

「悪い星の下に」から「サンシャイン・ラヴ」までは10月24日（29日放送）にレコーディングされている。この日のテイクはギターがかなりソリッドな印象。ベース音もブリブリで、グリスのたびにドキリとさせられる。個体を変えたのか、社内エンジニアの力量なのか、作品中もっとも〝ロック〟な録音だ。メーターは赤に振り切っていたに違いない。

68年1月14日放送回（収録は9日）は、出来立てホヤホヤだった「政治家」を初披露。ファンキーな雰囲気で、リフの野暮ったさが気にならない。正規リリース版より好きかも？

ラスト2曲「スーラバー」「ステッピン・アウト」では、よく言えば疾走感、悪く言えばヤケッぱちの、激しいバトルが繰り広げられている。お互いのソロ・パートなんか聞いちゃいない。

放送時間の関係もあり、得意のインター・プレイを封じられた状態を、デビュー当時は割り切って楽しんでいた様子も感じられたのが、スターになるにつれて我慢できなくなっていたのだろうか、この回が最後のＢＢＣ出演となった。

森山

Royal Albert Hall London May 2-3-5-6, 2005
ユニオン・ライヴ05

米・Reprise Records：49416-2［CD］
発売：2005年10月4日

［1］
1. I'm So Glad
2. Spoonful
3. Outside Woman Blues
4. Pressed Rat & Warthog
5. Sleepy Time Time
6. N.S.U.
7. Badge
8. Politician
9. Sweet Wine
10. Rollin' And Tumblin'
11. Stormy Monday
12. Deserted Cities Of The Heart

［2］
1. Born Under A Bad Sign
2. We're Going Wrong
3. Crossroads
4. White Room
5. Toad
6. Sunshine Of Your Love
7. Sleepy Time Time (Alternate)

プロデューサー：Simon Climie
エンジニア：Alan Douglas

　奥泉光の傑作ミステリー『シューマンの指』の中で、主人公の天才ピアニストがグレン・グールドについて意見を求められた際のセリフで〝あんまり聴かないけど、はっきりいって嫌いですね。グールド本人も嫌いだけど、グールドが好きだっていう人たちが、一番嫌いかな〟というのがあって、クラシック音楽はよく知らないけれど、グールドをローリング・ストーンズやエリック・クラプトンに置き換えることで、なんとなく腑に落ちた記憶がある。

　ボク自身、クラプトンは嫌いじゃないどころか、高校の頃はクリームのコピーをしていたし（ベースやったけど）、デラボニやドミノスはもちろん、『安息の地を求めて』『ノー・リーズン・トゥ・クライ』は今でも頻繁に聞いている。それなのに、自分からクラプトン好きを公言したことがないのには、「ブルースってのはさぁ～」みたいに飲み屋で話しかけてくる人や、ギターのヘッドをタバコで焦がしてしまうようなタイプのミュージシャンと仲良く話せる気がしないからで、これからもこっそり応援していこうと思う。

　突然この話を持ち出したのは、あらためて本作を聞き返したときに、いかにも自称ロック・ファンの人が好みそうなクラプトン・サウンドだなぁ、と感じたからだ。

クリームの36年ぶりとなる再結成ライヴは、完全にクラプトン・サイドの主導で開催されたもので、長年かけて作り上げた〝イケオジ・ギタリスト〟像の延長線上に仕込まれたビッグ・イベントだった。

２００５年５月２、３、５、６日の四日間、ロイヤル・アルバート・ホールで行われたコンサートでは、同じセット・リストで毎日19曲が演奏され、延べ３万人を越える人々を熱狂の渦に巻き込んでいる。

ボーナス扱いの「スリーピー・タイム」を含めた収録曲の内訳は以下のとおり。５月３日公演から「ホワイト・ルーム」「サンシャイン・ラヴ」といった有名曲を含む７曲、５日のショーからは「ストーミー・マンデイ」と「いやな奴」の２曲、残りの10曲が楽日だった６日の演奏から、それぞれピック・アップされた。

肝臓の移植手術を終えたジャック・ブルース、腰痛を抱えていたというジンジャー・ベイカー、肝心のクラプトンも直前までインフルエンザに感染中だったと自伝の中で告白しているように、メンバー全員が満身創痍だったはずだが、それを微塵も感じさせない渾身のプレイには、素直に拍手を送りたい。しかも全員60歳オーバーなのだから驚きだ。

「N.S.U.」中間部のモダンな展開への導入や、テンポ・チェンジの多い「荒れ果てた街」での一糸乱れぬタイミングは、以前には見られなかったもので、リハーサルが入念に行われていたことがわかる。

当然ジャックのヴォーカル曲の方が多いし、ジンジャーの語りやドラム・ソロもフィーチャーされ、表向き全員が主役扱いされているものの、先にも述べたように、クラプトン色が濃厚すぎるのが気になる。

メインを食う勢いのコーラス・パートでの熱唱、「クロスロード」では重要リフを崩しまくり、「ストーミー・マンデー」に至ってはソロ・ライヴ気分でイキり倒してくれた。

リハでは、レスポールや３３５も用意していたというが、結局は弾きやすいシグネイチャー・モデルに戻したそうで、いくら音色をいじっても近年のストラト・サウンドの枠内なのが、信者には嬉しいかもしれないが、個人的にはお腹いっぱいだ。

それはさておき、映像版を見てもあきらかなように、ジャックもジンジャーも終始笑顔で、本当に共演を楽しんでいるのが伝わってくるし、今となっては、存命のうちに再び顔を合わせて音を出せた奇跡の瞬間を、後世に残してくれたメンバーに感謝したい。**森山**

Goodbye Tour Live 1968

欧・Polydor / UMC：779 529-9［CD］
発売：2020年3月6日

[1] Oakland Coliseum (October 4, 1968)
1. White Room / 2. Politician / 3. Crossroads / 4. Sunshine Of Your Love / 5. Spoonful / 6. Deserted Cities Of The Heart / 7. Passing The Time / 8. I'm So Glad
[2] Los Angeles Forum (October 19, 1968)
1. Introduction By Buddy Miles / 2. White Room / 3. Politician / 4. I'm So Glad / 5. Sitting On Top Of The World / 6. Crossroads / 7. Sunshine Of Your Love / 8. Traintime / 9. Toad / 10. Spoonful
[3] San Diego Sports Arena (October 20, 1968)
1. White Room / 2. Politician / 3. I'm So Glad / 4. Sitting On Top Of The World / 5. Sunshine Of Your Love / 6. Crossroads / 7. Traintime / 8. Toad / 9. Spoonful
[4] Royal Albert Hall (November 26, 1968)
1. White Room / 2. Politician / 3. I'm So Glad / 4. Sitting On Top Of The World / 5. Crossroads / 6. Toad / 7. Spoonful / 8. Sunshine Of Your Love / 9. Steppin' Out
コンパイル・プロデューサー：Bill Levenson
エンジニア：Kevin Reeves, Jason NeSmitn (CD4)

こういう発掘盤や拡大版のリリースは、よっぽど注意していないと見逃してしまう。自分がコレクションの対象にしているシンガーやバンドなら定期的に市場をチェックしたりもするが、まさかクリームの、歴史を覆すような音源がひっそり蔵出しされているなんて思わなかったから、本書の構成を決めているときに発見して、慌てて探したのである。載せないわけにはいかないし、聴いてみないと扱う大きさが決められないと思ったからだ。

届いたCD4枚組を聴いて、心底驚いた。クリームのフェアウェル・ツアーは68年10月4日から11月4日までアメリカの19会場／22公演と、11月25、26日のロイヤル・アルバート・ホール2公演の、計24公演だったわけだが、映像も残っているロイヤル・アルバート・ホールのライヴ9曲と、『ライヴ・クリーム』『同・Vol・2』などに分散された10月4日のオークランド・コロシアムと、10月19日のLAフォーラムの7曲しか世に出ていなかったのだ。ここではディスク1に10月4日、ディスク2に10月19日、ディスク4に11月26日のフル・セット（映像版からのリマスター）が収録されているのだが、問題は1曲も発表されたことがなかった10月20日、サンディエゴ・スポーツ・アリーナでのフル・セット9曲の蔵出しで、これがとんでもなくワイルドでありながら、極めて整合性の高い演奏なのだ。

前日のLAフォーラムは曲によって出来がバラバラで、通して聴けば〝ひどい〟と言わざるをえないパフォーマンスなのだが、20日のサンディエゴはみんなでクスリを増量したのが効いて、個々が火の出るようなプレイをしながらリズムが一糸乱れないという奇跡のステージを繰り広げている。

まるで〝超テクニカルになったMC5〟みたいなクリームがありえたことは歴史に刻まれていなかったから、想像をはるかに超えてくる演奏に興奮させられるのだ。

「ホワイト・ルーム」でハモリが雑なのは、ジャック・ブルースに〝合わせる気がなかった〟からだろうし、ジンジャー・ベイカーは明らかに〝怒っている〟のだが、曲を追うごとにふたりの息が合っていって、ブルースのハーモニカとヴォーカル、ジンジャーのドラムだけで聴かせる「列車時刻」で、ついにそれが沸点に達するのである。同じバンドで歴史に残ったのが運命だったかのような一体感は、この場面にエリックが不要だったことを残酷なまでに物語っているから、〝これを発表するのはヤバい〟ということになったのかもしれない。

リズム・セクションがそうだとエリックのプレイがとんでもないことになるのは当然で、ギター・ソロもいわゆるソロではなく、〝仕掛けあい〟に聴こえるのだ。

3人ともこの日はともかく反応が素晴らしいから、出す音、出す音が有機的に絡み合っていく。トリオのロック・バンドのリアル・ライヴでこれほどのものは聴いた記憶がないと思えるから、単体での公式リリースに期待したい（非公式版は出ているのだが）。

結局クリームはパパラルディの力を借りた『ディズラエリ・ギアーズ』でスタジオ・レコーディングにおけるクリエイティヴィティを見せただけで、ライヴではジャズ・トリオのようにそれぞれの技量を競い合った印象しかなかった。私はそこが引っかかって、どうしてもこのバンドが好きになれなかったのだが、68年10月20日のサンディエゴでは〝エゴを貫き通した先にあったバンド・サウンドの頂点〟にまで足並みを揃えて昇り詰めている。

私は簡単に〝奇跡〟とか〝天才〟とか言うヤツが大嫌いだが、ここに屹立しているのはクリームが起こした正真正銘の奇跡だと思う。この4枚組はすでに廃盤で、入手は難しくなっているのだけれど、クリームに反発を覚えてきた人にこそ聴いてほしい。 **和久井**

1986 Reissue CD

欧・RSO：825 094-2
Bonus Tracks
 7. Exchange and Mart
 8. Spending All My Days

Blind Faith［Deluxe Edition］
スーパー・ジャイアンツ+9

欧・Polydor：314 549 529-2［CD］
発売：2001年1月9日

［1］
 1. Had To Cry Today
 2. Can't Find My Way Home
 3. Well All Right
 4. Presence Of The Lord
 5. Sea Of Joy
 6. Do What You Like
 7. Sleeping In The Ground
 8. Can't Find My Way Home (Electric Version)
 9. Acoustic Jam
10. Time Winds
11. Sleeping In The Ground (Slow Blues Version)
［2］
 1. Jam No. 1: "Very Long & Good Jam"
 2. Jam No. 2: "Slow Jam #1"
 3. Jam No. 3: "Change Of Address Jam"
 4. Jam No. 4: "Slow Jam #2"
リイシュー・プロデューサー：Bill Levenson

BLIND FAITH
Blind Faith
スーパー・ジャイアンツ

英・Polydor：583 059
発売：1969年8月22日

［A］ 1. Had To Cry Today / 2. Can't Find My Way Home / 3. Well All Right / 4. Presence Of The Lord
［B］ 1. Sea Of Joy / 2. Do What You Like
プロデューサー：Jimmy Miller
エンジニア：George Chkiantz, Keith Harwood, Andy Johns, Alan O'Duffy
参加ミュージシャン：Steve Winwood (kbd, vo, b), Ric Grech (b, violin), Ginger Baker (ds, per), Guy Warren (per)

米・Atco：SD 33-304
発売：1969年8月9日

アイランド・レコーズの社長クリス・ブラックウェルと、トラフィックを動かしていたマフ・ウィンウッド（スティーヴの兄）は、バンドの空中分解で行き場を失ったスターに何をさせるか考えていたのだろう。そこに元クリームのふたりからバンド結成の話が来れば乗るのは当然だ。スティグウッドとアーメット・アーティガンのパイプを考えれば、のちのビジネスのためにもやっておいた方が得だ。

　こうして69年2月、ブラインド・フェイスが動き出す。当初はベーシストがいなかったが、ファミリーをプロデュースしていたジミー・ミラーに相談するとリック・グレッチを貸してくれた。ミラーも無名のベーシストを出す程度で〝スーパー・グループ〟に加担できるなら、まったく損はないと踏んだのだと思う。

　新曲づくりを目的としたジャム・セッションが始まると、ブラックウェルはアイランドの事務所移転を知らせるプロモーション・シングルのために、ラフなセッションの録音を命じ、まずバンド名も曲名もない‘Change Of Adress From 23 June 1969’という片面だけのプロモ・シングル（インスト）がメディアに配られた。この音源は２００１年版ＣＤのボーナス・トラックになっている。

　スティグウッドは6月7日にハイド・パークでフリー・コンサートを開き、10万人の観客にブラインド・フェイスを見せた。その後スカンジナビアへ短期ツアーに出つつアルバムを完成させ、7月12日にマジソン・スクエア・ガーデンで始まったＵＳツアーは8月24日のハワイ公演まで続く。前座はフリー、テイスト、ディレイニー&ボニーらだったが、1時間程度しか演奏できない急造のバンドは時に見劣りさえしたため、エリックはデラボニに接近していくのだ。

　アルバムは米英で1位になり、ボブ・シードマンが撮影した少女のヌード・ジャケットも話題になったが、批判も多く、アメリカではすぐにメンバー写真のデザインに変更されている。

　アルバムの内容についても、ウィンウッドの「キャント・ファインド・マイ・ウェイ・ホーム」と、エリックの「プレゼンス・オブ・ザ・ロード」に好評が集中することになり、バンドとしての〝支針〟を見つけられないまま9月には解散を決めるのだった。

　サウンド・プロデュースはジミー・ミラーに任され、アンディ・ジョンズがエンジニアリングを担当したこともあって英国初版の轟音ぶりはストーンズ的でもあるが、アウトテイクやジャムが大量に入ったデラックス・エディションＣＤが手軽でいい。

和久井

ジャック・ブルース

犬伏 功

本名ジョン・サイモン・アッシャー・ブルース。43年5月14日スコットランド生まれ。両親ともに音楽家で、その影響を受けて十代の頃にベースの演奏を始めている。奨学金を得てスコットランド王立音楽院に入学し、作曲とチェロを学んだ。その後ベーシストとしていくつかのバンドを渡り歩くのだが、当時の英国ではアレクシス・コーナーを中心とするブルース／R&Bのシーンが盛り上がっていて、多くのジャズ・ミュージシャンがそれを支えていた。ジャックはシリル・デイヴィスが脱けたブルース・インコーポレーテッドに参加し、初めてレコーディングを経験。この時期のインコーポレーテッドには、サックスからオルガンに転向したグレアム・ボンド、ドラマーのジンジャー・ベイカー、サックス奏者ディック・ヘクトール・スミスが在籍していた。

ある日、ボンド個人にライヴのオファーが入ると、彼はブルースとベイカーを連れて現場へ向かう。そこで予想以上のギャラを受け取ったボンドは「博打で当たったようなもの」と大喜び。コーナーに「3人とも脱退する」と伝え、二人の承諾なしに自身のバンドに引き入れたのだ。そんな経緯で誕生したグレアム・ボンド・オーガニゼーションだったが、ブルースはベイカーとソリが合わず、ときにはステージで殴り合いをするほどだったという。そしてブルースは先にバンドを脱退。初のソロ・シングルを発売する一方で、数々の作品にスタジオ・ミュージシャンとして参加し、66年にはマンフレッド・マンの正式メンバーとなっている。

その後はクリームの活動を経てソロに転身し、69年9月に初アルバム『ソングス・フォー・ア・テイラー』をリリース。ポリドールから計3枚のソロ・アルバムを発表したあと、72年にマウンテンの残党とウェスト・ブル

ース&レイングを結成して3枚のアルバムを残す。また76年にはサイモン・フィリップス、トニー・ハイマスと新プロジェクトの活動を開始してアルバム『ハウズ・トリックス』をリリースしたがセールスは奮わず、次作『ジェット・セット・ジュエル』はお蔵入りとなってしまったのだ（2003年に発掘盤がリリース）。

81年にはソロ名義のアルバム『アイヴ・オールウェイズ・ウォンテッド・トゥ・ドゥ・ディス』を発表するのだが、薬物依存が深刻化し、83年にはメジャー契約が切れてしまう。以後は欧州のマイナー・レーベルからの作品が続いたが、89年にエピックと契約を結んで前線に復帰。『ア・クエスチョン・オブ・タイム』では久々にベイカーとの共演を果たした。

93年に開催された生誕50周年ライヴで、ベイカー、ゲイリー・ムーアとともにクリームのナンバーを演奏したのがきっかけとなって、BBMとしてのアルバム『アラウンド・ザ・ネクスト・ドリーム』が生まれた。しかしベイカーとの関係が再び悪化してバンドは解散。95年の『モンクジャック』から始まったバーニー・ウォレルとのバンドは今世紀に入っても続いてたが、03年に癌が発見されたため休養。肝臓移植とリハビリを経て復帰した。

05年にはクラプトン、ベイカーとともにクリームを再結成。ロイヤル・アルバート・ホールでのショウはライヴ・アルバムとしてリリースされた。その後も病気をかかえながら活動を続け、10年には自伝を刊行。11年に生誕60周年ライヴが開催され、14年には10年ぶりとなるソロ・アルバムがリリースされたが、同年10月25日、長年患っていた肝臓疾患のため亡くなっている。

Songs For A Tailor

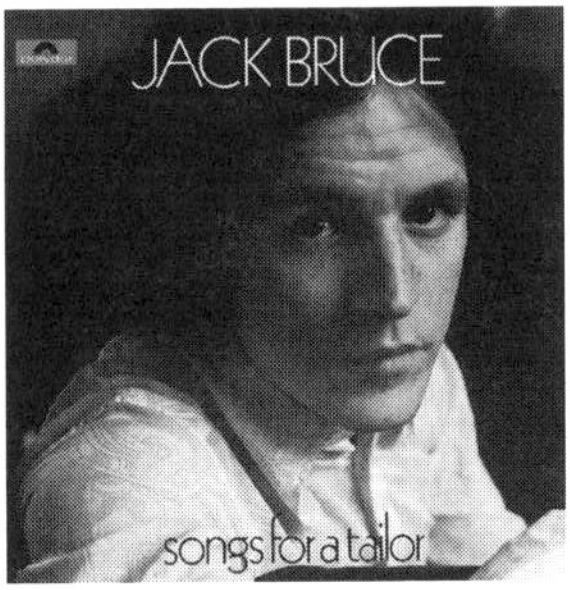

英・Polydor：33SX 1677
発売：1969年8月29日

[A] 1. Never Tell Your Mother She's Out Of Tune / 2. Theme For An Imaginary Western / 3. Tickets To Water Falls / 4. Weird Of Hermiston
[B] 1. The Ministry Of Bag / 2. He The Richmond / 3. Boston Ball Game, 1967 / 4. To Isengard / 5. The Clearout

2003 Polydor / Universal CD
Bonus Tracks (Demo & Alt)
11. Ministry Of Bag / 12. Weird Of Hermiston / 13. The Clearout / 14. Ministry Of Bag

クリームの衣装デザイナー、故ジャニー・フランクリンに捧げられたジャック・ブルースのファースト・ソロ。歌とベースはもちろん、すべてのキーボードもジャックがプレイしている。

ほとんどの曲でドラムスを担当したジョン・ハイズマン（グラハム・ボンド・オーガニゼイション〜コロシアム）は、前へ前へとハシリ気味のベースのタイミングを見計らいながら、2拍4拍のビートをしっかり出している。ジンジャー・ベイカーとのアンサンブルとは全然違うのが興味深い。

全編の歌詞を提供したピート・ブラウンとのコンビにも磨きがかかっているのも聴きどころ。抽象的な言葉は文脈よりもイメージを重視した結果だろうが、浮遊感の強いメロディとの相性が抜群だ。のちにセルフ・カヴァーされる「ウィアード・オブ・ハーミストン」「ヒー・ザ・リッチモンド」が含まれいるのを見ても、本人にとって思い出深い作品なのだろう。**森山**

Things We Like

英・Polydor：2343-033
発売：1970年

[A] 1. Over The Cliff / 2. Statues / 3. Sam's Sack / Rill's Thrills / 4. Born To Be Blue
[B] 1. Hckhh Blues / 2. Ballad For Arthur / 3. Things We Like

プロデューサー：Jack Bruce
参加ミュージシャン：John McLaughlin (g), Jon Hiseman (ds), Dick Heckstall-Smith (sax)

2003 Reissue CD
Bonus Track
欧・Polydor：065 604-2［CD］
8. Ageing Jack Bruce, Three, From Scotland, England

クリーム在籍時の68年8月にギターのジョン・マクラフリン、サックスのディック・ヘックストール＝スミス、ドラムのジョン・ハイズマンとともに、短時間で録音した、ヴォーカルなしのジャズ・アルバム。

主役のジャックはアップライト・ベースを使用、王立スコットランド音楽アカデミーに在籍していた十代のころに作られたテーマ／スケッチを発展させたものが大半を占めるそうで、（プレイも含めて）あまりの早熟ぶりに舌を巻いてしまう。

ヘクストール＝スミスのたたみかけるようなアドリブや、「ボーン・トゥー・ビー・ブルー」でのメロウなアプローチは、ジョン・コルトレーンを彷彿させるが、英国人ならではの湿り気が残っているのがミソ。テナーとアルトの同時演奏もお手のもので、作品に彩りを与えている。「HCKHHブルース」でブーストしたエレキ・ギターを一心不乱にかき鳴らすマクラフリン、痺れるぜ。**森山**

Harmony Row

英・Polydor：2310-107
発売：1971年7月

[A] 1. Can You Follow / 2. Escape To The Royal Wood (On Ice) / 3. You Burned The Tables On Me / 4. There's A Forest / 5. Morning Story / 6. Folk Song

[B] 1. Smiles And Grins / 2. Post War / 3. A Letter Of Thanks / 4. Victoria Sage / 5. The Consul At Sunset

2003 Reissue CD
Bonus Tracks
12〜16. Unreleased

ソングライター、アレンジャーとしての才が遺憾なく発揮された傑作だと思う。

ギターと打楽器以外をブルース自身がプレイ、多重録音を駆使して理想を追い求めたことで、クリーム時代には成しえなかった類の、緻密で幻想的なサウンド・スケープを作り出している。「フォーク・ソング」における神秘的なムードは、『聖なる館』あたりのレッド・ツェッペリンも参考にしたはずだ。

作者の意向を邪魔することなく、適材適所でギターを持ち替えてサポートする、クリス・スペディングの演奏も聞きものだ。

惜しむらくはヴォーカルの弱さだが、ジャック・ブルース関連作はインタープレイ中心の取っつきにくいアルバムも多いので、この辺りから聴いてみることをオススメしたい。

なお、アルバム・タイトルは、ジャック本人が幼少期を過ごしたグラスゴーの長屋街に由来。ジャケット写真も当地で撮影されている。

森山

WEST, BRUCE & LAING
Why Dontcha

米・Columbia / Windfall Records：KC 31929
発売：1972年11月

[A] 1. Why Dontcha / 2. Out Into The Fields / 3. The Doctor / 4. Turn Me Over / 5. Third Degree

[B] 1. Shake Ma Thing (Rollin Jack) / 2. While You Sleep / 3. Pleasure / 4. Love Is Worth The Blues / 5. Pollution Woman

プロデューサー：West, Bruce and Laing, Andy Johns
エンジニア：Andy Johns

ジャック・ブルースが、マウンテンのレズリー・ウエスト、コーキー・レイングと結成したスーパー・トリオの第1作。

ハード・ロッキンなタイトル曲で幕を開ける本作がクリームより何倍もヘヴィーに聴こえるのは、ウエストのギターの音色もさることながら、レイングの叩き出す重いビートのせいだろう。ブルース・ナンバーの「サード・ディグリー」（エディ・ボイド作）を聴くとクリームとの差は明らかで、スネアの着地点、フィル・インのタメ具合など、英米でのリズム解釈の違いがわかる。ジャックによるピアノの刻みがスクエアすぎて、お子ちゃまに感じられるほどだ。

曲の出来不出来はまちまちながら、ジャックがこれまでのキャリアで養ってきた現場でのノウハウ（特にコーラスの多重録音が素晴らしい）と、エンジニア／プロデューサーのアンディ・ジョンズによる優れた仕事のおかげで、まとまりのある作品に仕上がっている。

森山

WEST, BRUCE & LAING
Whatever Turns You On

米・Columbia / Windfall：65314
発売：1973年6月
プロデューサー：West, Bruce and Laing, Andy Johns

〝第2のクリーム〟と期待された米英混合トリオによるセカンドは、ハード・ロック然としていた前作よりはるかにヴァラエティに富んでいて、堂々の完成度。アメリカン・ロック寄りの「バック・ファイア」、ザ・バンドを思わせるメロディアスな名曲「シフティング・サンド」、シンプルなブルース調の「ダーティ・シューズ」など、聴きどころが多い。

音質も向上していて、バス・ドラムの生々しさは特筆モノだ。

プロモーション不足に加え、本人たちもドラッグでボロボロの状態だったのが影響したのかセールスは奮わなかったが、もっと日の目を見ていいアルバム。今後の再評価を熱望する。

森山

WEST, BRUCE & LAING
Live 'N' Kickin'

米・Columbia / Windfall：KC 32899
発売：1974年4月
プロデューサー：West, Bruce and Laing, Bob d'Orleans

本作リリースの直前に解散が発表されたため、最終作となったライヴ盤。ドラッグに端を発した仲違いから、信頼関係が崩れ始めているのが容易に想像できるほど焦点がボケボケ。自分勝手な演奏はマスターベーションの域を出ていない。

長尺曲が並ぶ構成も退屈で、選曲にも疑問が残る。ストーンズのカヴァー（というより歌詞を引用）「プレイ・ウィズ・ファイア」も企画倒れである。

かろうじてバンド・マジックが機能したのはクリームの「政治家」。観客の盛り上がりに乗せられて、なんとか集中力を保てた様子だ。「パワー・ハウス・ソッド」における重弦奏法多用のソロもベーシストには楽しめるだろうが。

森山

Out Of The Storm

米・RSO：SO 4805
発売：1974年11月
プロデューサー：Jack Bruce, Andy Johns
エンジニア：Andy Johns, Austin

ウエスト、ブルース＆レイング消滅後、久しぶりのソロ名義での作品。

テクニックを見せびらかすような派手な曲は鳴りをひそめ、スロウ〜ミドル・テンポを軸としたアルバムで、膨大なジャックのディスコグラフィーの中で、もっとも内省的な作品と言える。

制作のアンディ・ジョズが薦めた腕利きの米国人セッション・プレイヤー、スティーヴ・ハンター、ジム・ゴードン、ジム・ケルトナーらを迎えて、短期間でレコーディングされている。

複雑なコード・ワーク、巧みなリズム・チェンジは、録音当時、参加メンバーの多くが大量の薬物を摂取していたという噂を打ち消していく。

森山

THE JACK BRUCE BAND
Live '75

欧・Polydor：065 607-2［CD］
発売：2003年5月27日
プロデューサー： Mark Powell

約30年の時を経て日の目を見た、75年6月のマンチェスター・ライヴ。『アウト・オブ・ザ・ストーム』に伴うツアーの際の録音で、ストーンズ脱退後のミック・テイラー、ジャズ・ピアニストのカーラ・ブレイ、のちにナックのメンバーとなるブルース・ゲイリー、ジャックと同郷の鍵盤奏者ロニー・リーヒを従えたバンドのパフォーマンスである。

仕事に徹し、それぞれの得意なプレイを封印している感じが濃厚だが、「チケッツ・トゥー・オーターフォール」におけるカーラのピアノとロニーのストリングス音色によるメロトロンのツイン・キーボードは兼ね合いもみごと。本作の目玉と言える。

森山

THE JACK BRUCE BAND
How's Tricks

英・RSO：2394 180
発売：1977年
プロデューサー： Bill Halverson

こちらもジャック・ブルース・バンドとしての作品だが、上記のライヴ盤からはメンバーの総入れ替えが行われている。屈指のセッション・マンとして名を馳せるギターのヒュー・バーンズ、のちにジェフ・ベックと行動をともにするキーボードのトニー・ハイマス、言わずと知れた名ドラマー、サイモン・フィリップスという布陣で、76年に録音された。

フュージョン的なアプローチも覗く大人向けのアルバムで、落ち着いたジャックのヴォーカルにも余裕が感じられる。

演奏が上手すぎて雑味が少ないのは難点だが、トニー提供の「サムシング・トゥー・リヴ・フォー」では肩の力が抜けて、いい味を出している。

森山

Jet Set Jewel

欧・Polydor：065 609-2［CD］
発売：2003年5月5日
プロデューサー： Dennis MacKay
エンジニア： Stephen Short

『ハウズ・トリックス』と同メンバーで78年に録音されながら、ロバート・スティグウッドから、発売を拒否された幻のアルバム。03年にリマスタリングされ、ようやくリリースされた。

お蔵入りの理由は〝売る気がない〟だったそう。確かにザッパ風の「プリーズ」などでは小難しいパートが散見できるものの、旺盛な実験精神は捨て難く、メロディアスな佳曲も多い。つまり、本人たちはヒットを狙っていたと思うのだが……。『サタデー・ナイト・フィーヴァー』で巨万の富を得ていたスティグウッドなら昔馴染みのアルバムを出すぐらいは容易なことなので、未発売騒動は関係のこじれと見るのが正解だろう。

森山

JACK BRUCE&FRIENDS
I've Always Wanted To Do This

米・Epic：JE 36827
発売：1980年12月
プロデューサー：Jack Bruce, Stephen Galfas, Clem Clempson...etc

ジャック・ブルース&フレンズ名義で発表された唯一の作品。主役と同格扱いで参加メンバーの名前を記載、裏ジャケには横並びで微笑むバンド・ショットが大きくあしらわれている。

　タイトルからも気合が入っていたのはわかるが、中身は肩透かし。ドゥービー・ブラザーズ崩れの「ランニング・バック」や、ライト・メロウな「ダンシング・オン・エア」など、時流に乗り遅れまいと背伸び（?）したナンバーが目立つ。

　ただ、フレットレス・ベースとピアノが流麗に進行を導く「ウインド・アンド・ザ・シー」では、各人の個性が上手く溶け合っている。この方向で何曲か作ってほしかった。

森山

Automatic

独・Intercord：INT 145.069
発売：1983年1月
プロデューサー：Jack Bruce, Ike Nossel

人間に嫌気がさしたのか、ジャックが次に選んだ共演者はコンピューターだった。

　フェアライトによる打ち込みを大々的に採用した83年発表の問題作は、ドイツのマイナー・レーベルからリリース。ある時期には生演奏至上主義者から黙殺されていた本盤も、いま聴くと新鮮に響いてくるから不思議だ。

　ベースをほぼ生でダビングするという英断はさすがで、歌のグルーヴと相まって、独創的なサウンドを築き上げている。

　AIの急速な発展もあっての最新レコーディング手法では、どのパートを手弾きに差し替えるかがセンスの分かれ目だが、ここでの判断は未来を予見したかのよう。的確な判断に驚かされる。

森山

A Question Of Time

米・Epic：EK 45279［CD］
発売：1989年10月3日
プロデューサー：Jack Bruce, Joe Blaney
エンジニア：Joe Blaney

ソロ名義としては約10年ぶりとなるメジャー・レーベル作品。オープニングの「ライフ・オン・アース」で凄まじいソロを聴かせるヴァーノン・リード（リヴィング・カラー）、旧知のトニー・ウィリアムズやアラン・ホールズワースら、豪華なゲストを迎えて制作された。

　しかし、いちばんのトピックはジンジャー・ベイカーの参加。一緒になるとお互いに無駄にエンジンがかかるのか、それぞれが勝手に暴走するのがカワイイ。

　アルバート・コリンズ参加の「ブルース・ユー・キャント・ルーズ」（ウィリー・ディクソン作）の気怠いムードや、ストレンジなタイトル曲など、緩急を織り交ぜた構成も魅力のひとつ。

森山

Somethin Els

独・CMP Records：CMP CD 1001［CD］
発売：1993年2月23日
プロデューサー：Jack Bruce, Kurt Renker, Walter Quintus
エンジニア：Walter Quintus

クラプトンとの共演3曲を含むCMPレコーズ移籍第一弾。うち2曲は89年に発売されたソロ・ベスト『ウィルパワー』に収録されたものと同テイクで、いずれも手癖のリードをダビングした程度。ご祝儀程度のプレイと言える。

しかし、ここで初出となったマギー・ライリーとのデュエット「シップス・イン・ザ・ナイト」では、クラプトンのギャン泣きフレーズが炸裂。音色といいタイミングといい日本人好みの〝神プレイ〟が堪能できる。

エリック・サティにインスパイアされたという「FM」や、ベースを重ねてオケを組み立てた「チャイルド・ソング」もチャレンジングな試みだった。

森山

Cities Of The Heart

独・CMP Records：CMP CD 1005［CD］
発売：1994年3月
プロデューサー：Jack Bruce, Kurt Renker, Walter Quintus
エンジニア：Cedric Beatly, David Calvin

50歳を記念して93年11月にドイツのケルンで2日間にわたって行われたバースデー・ライヴの実況録音盤。

ジンジャー・ベイカー、ディック・ハックストール＝スミスといった活動初期からの仲間や、バーニー・ウォレル、サイモン・フィリップスなど共演経験の多い凄腕ミュージシャンら、約20名のプレイヤーがお祝いに駆けつけた。

聞き物はBBM結成直前のジンジャー、ゲイリー・ムーアとのセッションで、クリーム・ナンバーを嬉々として披露している。メタリックな音色で先輩を立てながらも、しっかりとリードをキメるゲイリーが微笑ましい。14年にはDVDも付いた拡大版がリリースされた。

森山

Monkjack

独・CMP Records：CMP CD 1010［CD］
発売：1995年9月18日
プロデューサー：Jack Bruce, Kurt Renker, Walter Quintus
エンジニア：Walter Quintus

孤高のジャズ・ピアニスト、セロニアス・モンクに捧げられたというソロ通算11作目のオリジナル・アルバム。

参加メンバーは、歌とピアノのジャックと、オルガンのバーニー・ウォーレルのみ。過去作からのリテイクも含め、全編を通して暗めのトーンで統一されている。

モンクの奔放なプレイとは違った、決め打ちの演奏（絡みから推測するに書き譜だろう）も多く、ジャズの即興演奏とともに、十代の頃に学んだクラシック音楽からの影響も色濃く出たようだ。

余計な装飾のない分、コアな部分が浮き彫りとなった本作は、ジャック・ブルースという音楽家の本質を知るには恰好の一枚だろう。

森山

Shadows In The Air

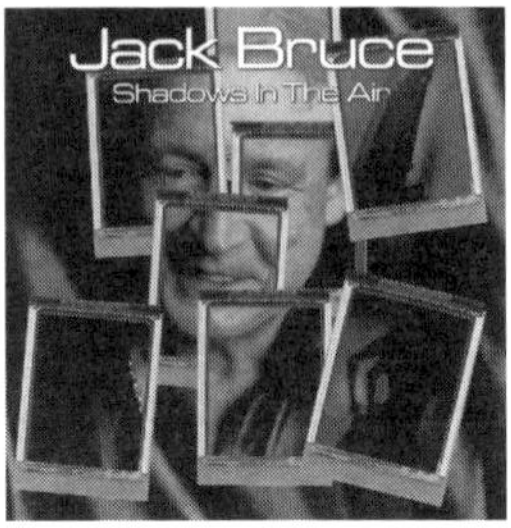

欧・Sanctuary：SANCD084［CD］
発売：2001年7月10日
プロデューサー：Jack Bruce, Kip Hanrahan
エンジニア：Dick Kondas, Jon Fausty

80年代から幾度となくコラボレートしてきたキップ・ハンラハンをプロデューサーに迎えた意欲作。

ラテン音楽からの影響を公言しており、多くの曲でコンガやティンバレスといったパーカッションを多用、「ホワイト・ルーム」などクリーム時代のナンバーにも南米エッセンスが散りばめられている。

複雑なビートの「ディレクション・ホーム」、タンゴ・ミーツ・サティなピアノ曲「ミロンガ」、ほとんどプライマスな変態プレイが楽しめる「ミスター・フレッシュ」など挑戦的なトラックが並ぶが、それ以上に攻めているのが歌で、メロディの概念を取っぱらったヴォーカル・ラインが斬新だ。 **森山**

More Jack Than God

英・Sanctuary：SANCD211［CD］
発売：2003年8月5日
プロデューサー：Jack Bruce, Kip Hanrahan
エンジニア：Dick Kondas, Jon Fausty

ラテン・パーカッションの使用、クリーム時代の有名曲のリメイク、キップ・ハンラハンによるプロデュースと、多くの点で前作『シャドウズ・イン・ジ・エア』を踏襲した12作目のソロ。

曲のクオリティや演奏の緊迫感といった部分ではやや後退した感もあるが、録音の素晴らしさがそれらをカヴァーしている。エンジニアリングを担当したのは前作に続いてジョン・ファウスティ。ロック・ファンには馴染みのない名前だが、ラテン音楽界では伝説的な人物で、グラミー賞も複数回受賞している巨匠だ。打楽器のクリーン具合や、空間を支配する驚異的な奥行き感は、ぜひともスピーカーで味わってほしい。 **森山**

HR-BIGBAND feat. JACK BRUCE
HR-Bigband Featuring Jack Bruce

独・hr-musik.de：hrmj 038-07［CD］
発売：2007年
プロデューサー：Olaf Stötzler
エンジニア：Rainer Schulz, Rainer Schwarz

06年フランクフルトで行われたジャズ・フェスティヴァルでの、ＨＲビッグ・バンドとの共演ライヴ。ジャックのソロ・キャリアを見渡した選曲に加え、クリームの代表曲も演奏されている。

ヨルグ・アキム・ケラー編曲／指揮によるホーン・セクションのアグレッシヴな演奏が素晴らしい。それに刺激されてか、ジャックも驚異のパフォーマンスを見せてくれた。

ＭＶＰはドラムのダニー・ゴットリーブだろう。重厚なアンサンブルに負けじと激しいプレイを繰り広げているのが凄い。多くのセッションで鍛えた彼がロックしてくれたおかげで、企画モノに終わらない緊迫の瞬間が生まれている。 **森山**

JACK BRUCE & THE CUICOLAND EXPRESS
Live At The MilkyWay, 2001

欧・Flaccid Parrot：FPRCD1［CD］
発売：2010年
プロデューサー：Jack Bruce, Kip Hanrahan

01年10月にオランダのメルクウェグで行われたライヴの模様を収めた2枚組。

当時ジャック・ブルースが探求していたラテンの要素を詰め込んだ連作『シャドウズ・イン・ジ・エア』『モア・ザン・ジャック』のコンセプトを実演用に落とし込んだ、新グループによる怒涛のパフォーマンスが楽しめる。

ギターのヴァーノン・リードが八面六臂の活躍で、ワウを使ったパーカッシヴな刻みや、「ハートクェイク」の火花散るソロなど、リヴィング・カラーでのプレイとは違った表情をみせてくれる。

スタジオ盤でも試みた「ホワイト・ルーム」のラテン・カヴァーも血肉化された感があり、聴きごたえバツグンだ。**森山**

JACK BRUCE & HIS BIG BLUES BAND
Live 2012［Limited Edition］

英・Concert Live：CLCD41［CD］
発売：2012年9月
プロデューサー：Margrit Seyffer

イングランドのミルトン・キーンズでの実況録音盤。名義に〝ビッグ〟とあるが、それほど大人数でもなく、通常のバンドにトランペット、テナー・サックス、トロンボーンを加えた8人編成。CDの盤面には２０１２年3月18日と記載されているが、その日は機材のトラブルでレコーディングできず、実際には翌19日の演奏が収録されている。

リハーサル期間が短かったのか、ホーン隊とのアンサンブルがうまく噛み合わない場面が目立つ。本人のベースも（ライン録り？）いつになく音が細いし、ピッチも甘い。晩年のプレイが長尺で記録されているという意味では貴重だが、熱心なファン向けの作品か。**森山**

Silver Rails［Deluxe Edition］

英・Esoteric Antenna：SANCD211［CD＋DVD］
発売：2014年3月24日
プロデューサー：Rob Cass
エンジニア：Paul Pritchard

遺作となってしまった03年3月リリースのスタジオ・アルバム。

死期を悟っていたのだろうか、全キャリアを網羅するような音楽的ボキャブラリーに溢れた傑作だ。ゲストも多彩で、ウリ・ジョン・ロート、ロビン・トロワーといった旧知のスター・ギタリスト、晩年に親交を深めていたキーボードのジョン・メデスキなど、著名なプレイヤーが熱演を繰り広げている。

長年のパートナーだったピート・ブラウンはここでも多くの詩を提供、生涯を振りかえった「リーチ・フォー・ザ・ナイト」が染みる。クリームに回帰したような「ヒドゥン・シティーズ」や「ラスティー・レディー」も感慨深い。**森山**

ジンジャー・ベイカー

犬伏 功

39年8月19日にロンドン西部のルイシャムでレンガ職人の父とタバコ屋で働く母のあいだに生まれた。本名はピーター・エドワード・ベイカー。学生時代はサッカー選手として活躍し、ウールウィッチの航空訓練隊（ATC）に入隊。しかし15歳になるとフィル・シーメンに師事し、ジャズ・ドラムの手ほどきを受ける。そして57年にボブ・ウォリスのバンドに加わってプロのミュージシャンとして活動開始。このころ髪の色にちなんだ〝ジンジャー〟というニックネームを芸名とし、レコードにも〈ジンジャー・ベイカー〉とクレジットされるようになった。

その後、アレクシス・コーナー率いるブルース・インコーポレーテッドに参加。そこで、グレアム・ボンド、ジャック・ブルースと出会い、ギタリストのジョン・マクラフリンを加えた〈グレアム・ボンド・カルテット〉を結成し、ダフィ・パワーのバック・バンドとしてレコーディングに参加するのだが、その後マクラフリンが脱退。代わりにブルース・インコーポレーテッドの同僚だったサックス奏者ディック・ヘクトール＝スミスが加わって〈グレアム・ボンド・オーガニゼーション〉となり、英デッカからレコード・デビューを果たすのだ。バンドはオーストラリア出身のプロモーター、ロバート・スティグウッドのマネジメントのもとで2枚のアルバムを発表したが、相性が悪かったブルースが脱退。ベイカーはしばらくボンドとの活動を続けたが、ブルースブレイカーズでのエリック・クラプトンの才能に触れ、彼と新たなバンドを構想。クラプトンが「ブルースをベーシストにするなら」という条件を出したことから、〝犬猿の仲〟と言われたブルースを加えたクリームが結成された。クリーム、ブラインド・フェイスのあと、ベイカーは、かつてのリーダーだったボンド、スティーヴ・ウィンウッド、リック・グレッチらを迎え、初のリーダー・バンド〈ジンジャー・ベイカーズ・エア・フォース〉を結成。その後はフェラ・クティとの共演を機にアフリカ音楽に傾倒し、71年にはナイジェリアのラゴスでスタジオ建設を計画。ポール・マッカートニーとウイングスがラゴスで『バンド・オン・ザ・ラン』を録音した際には、さまざまな面でサポートしている。

74年には元スリーマン・アーミーのガーヴィッツ兄弟と久々のロック・トリオ〈ベイカー・ガーヴィッツ・アーミー〉を結成。3枚のアルバムをリリースしたが、マネージャーの死によって立ち行かなくなってバンドは解散。ラゴスのスタジオも倒産してしまうのだ。そんな不運のあと、ベイカーはジャズ・ドラマーに回帰して心機一転、さまざまなプロジェクトでアルバム制作を続けた。そして93年には、ゲイリー・ムーア、ジャック・ブルースと〈BBM〉を結成。その後しばらくは大きな話題がなかったが、05年のクリーム再結成で久々に世界の注目を集めた。のちにこの再結成は、ジャックの病気の治療代を集めるために企画され、彼のカムバックを応援することになったのが明らかにされている。

しかし08年、銀行員の女性に6万ドルを超える詐欺被害を受けるという事件が起こる。女性は有罪となり、ベイカーは「茶番だ」と一蹴。私生活でもそのタフネスぶりを見せつけたのは英国ではちょっとした話題だった。

その後は自ら〝ジャズ・ドラマー〟と称して譲らず、晩年まで旺盛なアルバム・リリースを続けた。

09年には自伝『ヘルレイザー』を出版。12年には彼の生涯を追った映画『ビーウェア・ミスター・ベイカー』も公開されている。そして14年には久々のソロ・アルバム『ホワイ？』をリリースしたが、長年の喫煙や薬物使用の影響で健康状態は悪化。19年9月25日、惜しまれつつこの世を去った。

GINGER BAKER'S AIR FORCE
Ginger Baker's Air Force

英・Polydor：2662 001
発売：1970年3月30日

[A] 1. Da Da Man / 2. Early In The Morning
[B] 1. Don't Care / 2. Toad
[C] 1. Aiko Biaye / 2. Man Of Constant Sorrow
[D] 1. Do What You Like / 2. Doin' It
プロデューサー：Ginger Baker, Jimmy Miller
エンジニア：Andrew Johns
参加ミュージシャン：Steve Winwood (org, b), Denny Laine (g, vo)...etc

紆余曲折を経て遂に実現したジンジャー・ベイカーのリーダー・アルバム。クラプトンを除くブラインド・フェイスの3人に、トラフィックのクリス・ウッドと彼の妻になるジャネット・ジェイコブズと、古巣のリーダーだったグレアム・ボンド、ボールズで活動中だったデニー・レインに、ジャマイカ出身のサックス奏者ハロルド・マクネア、英国ブルースの黎明期にも活躍したジャズ・ドラマーのフィル・シーメン、ナイジェリア出身のドラム／パーカッション奏者レミ・カバカという〝大所帯〟で70年1月15日にロイヤル・アルバート・ホールで行ったライヴをLP2枚に収めている。

ベイカーのアフロ・ビートへの傾倒が顕著で、反復する土着的リズムはスピリチュアルですらある。しかしグルーヴの手触りはグレアム・ボンド・オーガニゼーション時代にも通じるので、意外にも彼の本質やルーツが随所に透けて見えるようなアルバムになった。

GINGER BAKER'S AIR FORCE
Air Force 2

英・Polydor：2383 029
発売：1970年12月10日

[A] 1. Let Me Ride / 2. Sweet Wine / 3. Do U No Hu Yor Phrenz R ? / 4. We Free Kings
[B] 1. I Don't Want To Go On Without You / 2. Toady / 3. 12 Gates Of The City
プロデューサー：Ginger Baker, Rick Grech, Denny Laine, Graham Bond
エンジニア：Roy Baker, George Chkiantz

セカンド・アルバムは、エア・フォース唯一のスタジオ作品。セッション初期の収録曲を除いてグレアム・ボンド以外のメンバーが入れ替わっていて、のちにプロデューサーとしても活躍するギタリストのケニー・クラドック、スキップ・ビファティのベーシストだったコリン・ギブソン、元アラン・プライス・セットのサックス奏者スティーヴ・グレゴリーらが名を連ねた。演奏はライヴよりシャープなので、引き締まった感がある。

ベイカーは前作でも過去のナンバーを取り上げていたが、本作でもベイカーがジャック・ブルースの妻ジャネットとともに書いた「スウィート・ワイン」をスケール感溢れるアレンジに仕上て直している。デニー・レインがムーディー・ブルース時代の持ち歌で再びヴォーカルを担当しているのも聴きどころだ。本作は英米伊とその他の国では収録曲が異なっていたが、現行のCDではそのすべてを聴けるようになった。

FELA RANSOME - KUTI&THE AFRICA '70 with GINGER BAKER
Live!

英・Regal Zonophone：SLRZ 1023
発売：1971年8月30日

[A] 1. Let's Start / 2. Black Man's Cry
[B] 1. Ye Ye De Smell / 2. Egbe Mi O
プロデューサー：Jeff Jarratt
参加ミュージシャン：Fela Kuti (vo, org, per), Igo Chiko (sax), Tony Allen (ds), Tunde Williams (trumpet), Eddie Faychum (trumpet), Lekan Animashaun (sax), Peter Animashaun (g), Maurice Ekpo (b)...etc

〝アフリカン・ドラム〟の師となったフェラ・クティの録音にベイカーが客演したもので、タイトルに反して純粋なライヴではない。実は71年7月にロンドンのアビー・ロード・スタジオで録音されたスタジオ・ライヴなのである。

本作でベイカーはクティのバンド〈アフリカ'70〉に加わり、「イェ・イェ・スメル」「エグベ・ミ・オ」の2曲に参加。アップ・テンポの前者はハイハットとスネア・ドラムを主体としたプレイなので、ベイカーの本領が発揮されているとは言い難いが、曲の最後でタムタムを多用したソロが登場、演奏の主導権を握りにかかる。一方後者では土着的なプレイを曲全体で披露し、圧倒的存在感のクティとみごとに対峙している。CD化に際して加えられた「ドラム・ソロ（ライヴ・アット・ベルリン・ジャズ・フェスティヴァル1978）」ではベイカーとトニー・アレンによるドラムの応酬（16分22秒）が聴ける。

Stratavarious

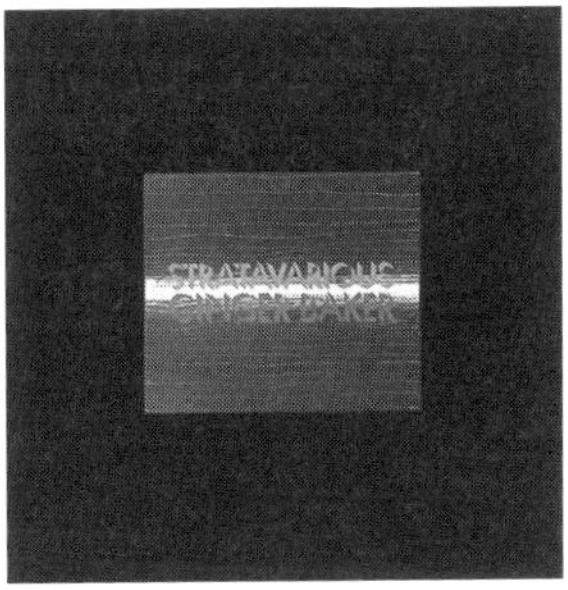

英・Polydor：2383 133
発売：1972年7月

[A] 1. Ariwo / 2. Tiwa (It's Our Own)
[B] 1. Blood Brothers 69 / 2. Coda
プロデューサー：Ginger Baker
エンジニア：Damon Lyon-Shaw
参加ミュージシャン：Fela Kuti (kbd, vo, cho), Bobby Tench (b, g, vo), Guy Warren (ds), Alhaji JK Brimar (per, cho), Dusty (cho), Remi(cho), Sandra (cho)

フェラ・クティのアルバムへの客演を経てリリースされた、ジンジャー・ベイカーのみの名前が冠された初のアルバム。当時ジェフ・ベック・グループのメンバーだったボブ・テンチがギター、ベース、ヴォーカルで参加したが、契約上の問題から〝ボビー・ガス〟という変名でクレジットされている。

ベイカーがナイジェリアでのスタジオ建設を始める前のロンドン録音で、クティが参加しているもののベイカー以外の何者でもないドラムが堪能できるアルバムとなった。クティの色が明確に出た「ティワ」のような曲があると思えば、ジェフ・ベック・グループがソウルに接近したようなテンチ作の「ジュ・ジュ」や、強烈な音圧のドラム・ソロ「ブラッド・ブラザーズ'69」からアフロ・アンビエントと呼びたくなる「コーダ」まで、やりたいことを片っ端から詰め込んだようなアルバムに仕上がっている。ベイカー好きにはたまらないはずだ。

BAKER GURVITZ ARMY
Baker Gurvitz Army

英・Vertigo：9103 201
発売：1975年1月
プロデューサー：Ginger Baker, Adrian Gurvitz, Paul Gurvitz

元ガン〜スリー・マン・アーミーのポールとエイドリアンのガーヴィッツ兄弟に、ジンジャー・ベイカーが合体した久々のロック・アルバム。ザ・フーのランポート・スタジオでの録音で、エンジニアは〝サイ〟ラングストン。英国ロックの意外な繋がりが面白い作品である。

ゲストは加えているものの基本は3人。本作以降のベイカーはジャック・ブルース同様に、まるでクリームの呪縛の如くロック・トリオに関わっていく。ベイカーのアフロ・ビート色が反映さがらも、音の質感は70年代のハード・ロックそのもので、ベイカーのプレイはフュージョンに近い。まさに〝時代の音〟を体現したアルバムだった。

BAKER GURVITZ ARMY
Elysian Encounter

英・Mountain：TOPS 101
発売：1975年
プロデューサー：Ginger Baker, Adrian Gurvitz, Paul Gurvitz

ポールとエイドリアンのガーヴィッツ兄弟によるベイカー・ガーヴィッツ・アーミーのセカンド・アルバムで、前作同様に75年に録音、発売された。しかしヴォーカルの大半をミスター・スニップスことスティーヴン・パーソンズに委ね、キーボード奏者にはピーター・レマーが迎えられている。

前作では些か煮え切らないところがあったアフロ・ビートとハード・ロックの融合も本作でそれなりの成果を上げており、楽曲の質も前作を上回っている。ベイカーは4曲をガーヴィッツ兄弟と共作しているのだが、なかでも「ザ・キー」には曲そのものにアフリカ音楽からの影響が色濃く現れている。

BAKER GURVITZ ARMY
Hearts On Fire

英・Mountain：TOPS 111
発売：1976年
プロデューサー：Eddy Offord
エンジニア：Eddie Offord

ベイカー・ガーヴィッツ・アーミーの3枚目にして最後のアルバム。本作はガーヴィッツ兄弟とジンジャー・ベイカーに、前作から加わったミスター・スニップスの4人を基本に、曲ごとのゲストを迎える形でレコーディングされた。全曲のヴォーカルはスニップスである。

ベイカーが書いたのはタイトル曲「ハーツ・オン・ファイアー」1曲のみだが、ほかの曲もそれと同様の、ギター・リフを中心とした古典的なハード・ロック・ナンバーだ。バンド編成が定まって安定した様子が窺えるが、残念ながらマネージャーの急死によってバンドは解散を余儀なくされてしまう。95年には未発表ライヴ"Freedom"がCD化となった。

GINGER BAKER & FRIENDS
Eleven Sides Of Baker

英・Mountain：TOPC 5005
発売：1977年
プロデューサー：Ginger Baker
エンジニア：Cyrano

ベイカー・ガーヴィッツ・アーミー解散後にリリースされたアルバムは、豪華なメンツによって録音されたエア・フォースのファーストを彷彿させる作品に仕上がっている。フェラ・クティとの共作とソニー・ロリンズのカヴァーを除いて、ジンジャー・ベイカーとミスター・スニップスのいずれか、あるいは両者によって書き下ろされたナンバーで、いずれの曲もスニップスがリード・ヴォーカルを務めている。

ベイカーがこれまでにつくってきた音楽の集大成の如く、幅広く、ヴァラエティに富んだ内容になっているのが本作の魅力。クリス・スペディングやリック・グレッチの参加も目を引く。

GINGER BAKER'S NUTTERS
Live

オーストリア・COP Records：33-101
発売：1981年
プロデューサー：Roy Ward, Wolfgang Traußmuth

80年からホークウィンドの一員として活動していたベイカーは、予定されていたツアーが中止なったことから、ホークウィンドのキース・ヘイル、バーレスクの中心メンバーだったイアン・トリマーとビリー・ジェンキンスらとともに自身のバンドを編成。新曲を書いてイタリアにツアーに出た。本作はその後行われた80年10月のオーストリア、ヴィーゼン公演と、81年5月のロンドン、マーキー・クラブ公演での演奏を収めたものだ。

ホークウィンドの流れを組んだ編成だけに、演奏はプログレッシヴ・ロックそのもの。24年にはマーキー公演がＣＤにＤＶＤを加えた形で復刻され、映像も楽しめるようになった。

BAKERANDBAND
From Humble Oranges

欧・CGD/Ariola：204 654-320
発売：1981年
プロデューサー：Steve James
エンジニア：Steve James, Pino Vicari

82年に欧州（英国を除く）でリリースされたスタジオ・アルバムで、ジンジャー・ベイカーにギターのダグ・ブロッキー、ベースのカール・ヒルを加えたトリオ編成による〈ベイカーアンドバンド〉名義による唯一の作品。正式メンバーは3人のみだが、録音にはサックス奏者のクリス・ジェントも加わっている。

アルバム・カヴァーを見てもわかるように〝トリオ〟が強調されているため、かつてのクリームを期待させるが、音は後期クリームにいたずらなサイケ風味を加えたようなもので、お世辞にもベイカーの個性が発揮されたとは言い難い。音質が完全に〝80年代〟の手触りなのも興醒めしてしまうポイントだ。

Horses And Trees

米・Celluloid：CELL 6126
発売：1986年1月6日
プロデューサー：Bill Laswell
エンジニア：Rob Stevens, Jason Corsaro, Robert Musso

ＰＩＬをはじめとした数々の客演を挟んで86年にリリースされた久々のソロ・アルバムで、ビル・ラズウェルや元ファンカデリックのバーニー・ウォレルら、アメリカを拠点とするミュージシャンを中心に制作されたインスト集。セネガル出身のアイブ・ディエンやインド出身のラクシュミナラヤナ・シャンカルも参加して、ジャズからワールド・ミュージック、ダンス・ビートまで取り込んだ前向きなアルバムに仕上げている。

決して自身の過去作の焼き直しに陥ることなく、新しい音楽を生み出そうとする意欲に溢れた素晴らしい作品だが、音作りは80年代そのものなのが残念。カヴァーは大竹伸朗が手がけた。

African Force

独・ITM Records：ITM 1417［CD］
発売：1987年
プロデューサー：Jan Kazda
エンジニア：Ansgar Ballhorn

アルバム・タイトルからしてジンジャー・ベイカーの〝本領発揮〟を窺わせるアフリカン・フォース名義のアルバム。ガーナ出身のフランシス・メンサーらをドイツのミュージシャンが支える形で録音されている。

収録曲の大半はインストゥルメンタルで前半がスタジオ、後半がライヴ録音という構成。本作ではタムタムやフロアタムを多用した土の香り漂うベイカーのプレイがしっかり捉えられているが、80年代の作品のような加工に走った音ではなく、いずれの楽器もナチュラルな音像で収められている。数あるベイカーの作品中で、最も〝アフリカン・ドラム〟を体現したアルバムだろう。

Middle Passage

欧・Axiom：260879［CD］
発売：1990年
プロデューサー：Bill Laswell
エンジニア：Martin Bisi, Robert Musso, Oz Fritz

86年の『ホーシズ・アンド・トゥリーズ』に続いてリリースされたジンジャー・ベイカー&マテリアル名義のアルバムで、ビル・ラズウェルや元ファンカデリックのバーニー・ウォレルら、ニューヨークを拠点とするミュージシャンによる録音であることには変わりはない。ベイカーが客演したＰＩＬとの繋がりだと思しきジャー・ウォブルの参加が本作に与えた影響は絶大で、アルバム全体にダブの色が窺える作品となった。

前作から一転、ナチュラルな音像となったが、作品全体にクラブ・ミュージックの香りが漂っている。その先鋭性には驚かされたが、オールド・ファンには意味がわからなかったようだ。

GINGER BAKER with JENS JOHANSSON & JONAS HELLBORG
Unseen Rain

独・Day Eight Music：DEMCD 028［CD］
発売：1992年
プロデューサー：Jonas Hellborg

元シルヴァー・マウンテン、イングヴェイ・マルムスティーンのバンドでも活躍したスウェーデン人ピアニスト、イェンス・ヨハンソンと、同じくスウェーデン出身のベーシストでジンジャー・ベイカーとは90年の『ミドル・パッセージ』でも共演していたヨナス・エルボーグ。このふたりと組んだトリオ編成のジャズ・アルバムが本作だ。

ベイカーのソロ名義ではあるが、アコースティックを主体としながらも三者のインタープレイが存分に堪能できる強力な一枚に仕上がっている。23年にはベイカー、エルボーグ、バーニー・ウォレルによる未発表音源が発掘されているが、これも必聴である。

MATERIAL
Live In Japan

日・Jimco Records：JICK-89225［CD］
発売：1993年4月11日
プロデューサー：Bill Laswell
エンジニア：Oz Fritz

86年の『ホーシズ・アンド・トゥリーズ』、90年の『ミドル・パッセージ』はともにビル・ラズウェルを中心とするマテリアルがバックを務めたものだったが、マテリアルが92年に行った来日公演にはベイカーも帯同し、逆にバンドを支える役割を果たしている。

本作はその日本公演を記録したライヴ盤で、8月2、5、7日に行われた新宿、京都、今治の公演からラズウェルがベスト・トラックを選んでまとめられたものだ。ショウ自体はかつてニューヨークのノー・ウェイヴ・シーンのど真ん中にいたマテリアルらしいパフォーマンスだが、ベイカーの個性もしっかり捉えられているから共演の意味はあったと思う。

BBM
Around The Next Dream

英・Virgin：CDV 2745［CD］
発売：1994年5月17日
プロデューサー：Ian Taylor, BBM
エンジニア：Ian Taylor

以前からジャック・ブルースと交流があったゲイリー・ムーアは、ケルンで開催されたブルースの50歳を祝うコンサートに出演、ジンジャー・ベイカー、ブルースとともにクリームのナンバーを演奏した。本作はその後実現した〈ＢＢＭ〉によるアルバムで。発売当時は〝クリームの再来〟として大きな話題を呼び、全英チャート9位というヒットを記録した。

クリーム同様ブルースが大半の曲でヴォーカルをとり、彼とベイカーはクリーム時代を彷彿させるプレイを披露。そこに粘りとブルージーな歪みが際立つムーアのギターがみごとに切り込んでいく。しかし、残念ながら、本作が唯一のアルバムとなってしまった。

GINGER BAKER TRIO
Going Back Home

米・Atlantic：82652-2［CD］
発売：1994年9月20日
プロデューサー：Chip Stern
エンジニア：Malcolm Cecil

BBM消滅後に発表された久々のリーダー・アルバム。本作もトリオによるもので、ギターのビル・フリゼール、ベースのチャーリー・ヘイデンと、〝ジャズ〟と言い切れる作品に仕上げている。

リラックスしたムードの中、おそらくスタジオ・ライヴの形で録音されたのだろうが、何よりもベイカーの〝押し〟の強いドラムが際立っているのがいい。一方で、フリゼールのギターはエレキ・インストのような軽妙な味わいからプログレ的なアプローチまで多彩で、本作の主軸を担っている。ロック・ファンにもお勧めできる逸品だが、これはあまり聴かれていないかもしれない。ジャンルの壁を感じてしまう一枚だ。

GINGER BAKER&THE DJQ20 with SPECIAL GUEST JAMES CARTER
Coward Of The County

米・Atlantic：83168-2［CD］
発売：1999年
プロデューサー：Ginger Baker, Ron Miles

「ジャズ」と一口に言っても、そのスタイルは千差万別だ。前作『ゴーイング・バック・ホーム』はフリゼールのプログレ的嗜好によって非常に尖った作品に仕上がっていたが、デンヴァー・ジャズ・クインテット・トゥ・オクテットにジェイムズ・カーターが加わった本作はみごとなまでにモーダルなジャズ作品となった。これこそ、「俺はジャズ・ドラマー」と公言して譲らないベイカー本来の姿か。

1曲目にはアレクシス・コーナーのジャズ志向に嫌気がさして袂を分かったブルース・インコーポレイテッドの一方、シリル・デイヴィスの名が冠されているが、そこにベイカーはどのような思いを込めたのだろう？ 訊いてみたかった。

Why?

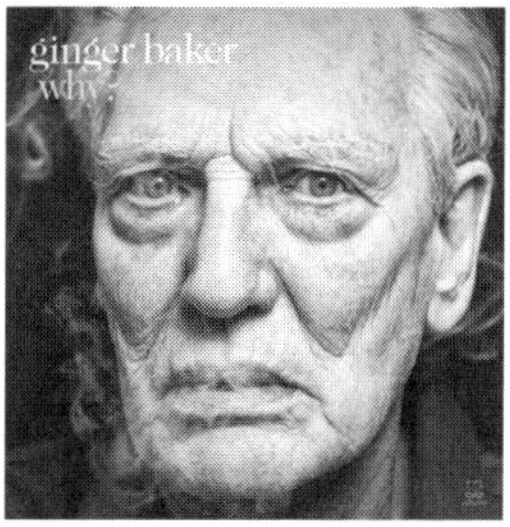

米・Motéma：MTM148［CD］
発売：2014年5月27日
プロデューサー：Ginger Baker, Alec Dankworth
エンジニア：José Tomaz Gomes

ジンジャー・ベイカーの単独名義としては16年ぶりとなるリーダー・アルバムは、サックス奏者ピー・ウィー・エリス、英国人ジャズ・ベーシストのアレック・ダンクワース、ガーナ出身のパーカッション奏者アバス・ニイ・ドドゥというシンプルな編成。ベイカーの新旧ナンバーとカヴァー曲で構成されている。

もろにジャズだった前作とは異なり、ここではベイカーが愛したアフロ・ビートにも積極的に取り組まれていて、タイトル曲は初期のレパートリーだった「アーリー・イン・ザ・モーニング」へのオマージュとなっている。まさに彼の集大成ともいえる一枚であり、奇しくもこれが生涯最後のアルバムとなった。

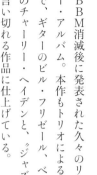

The Complete
ERIC CLAPTON #2

Delaney & Bonnie ~ Derek & The Dominos

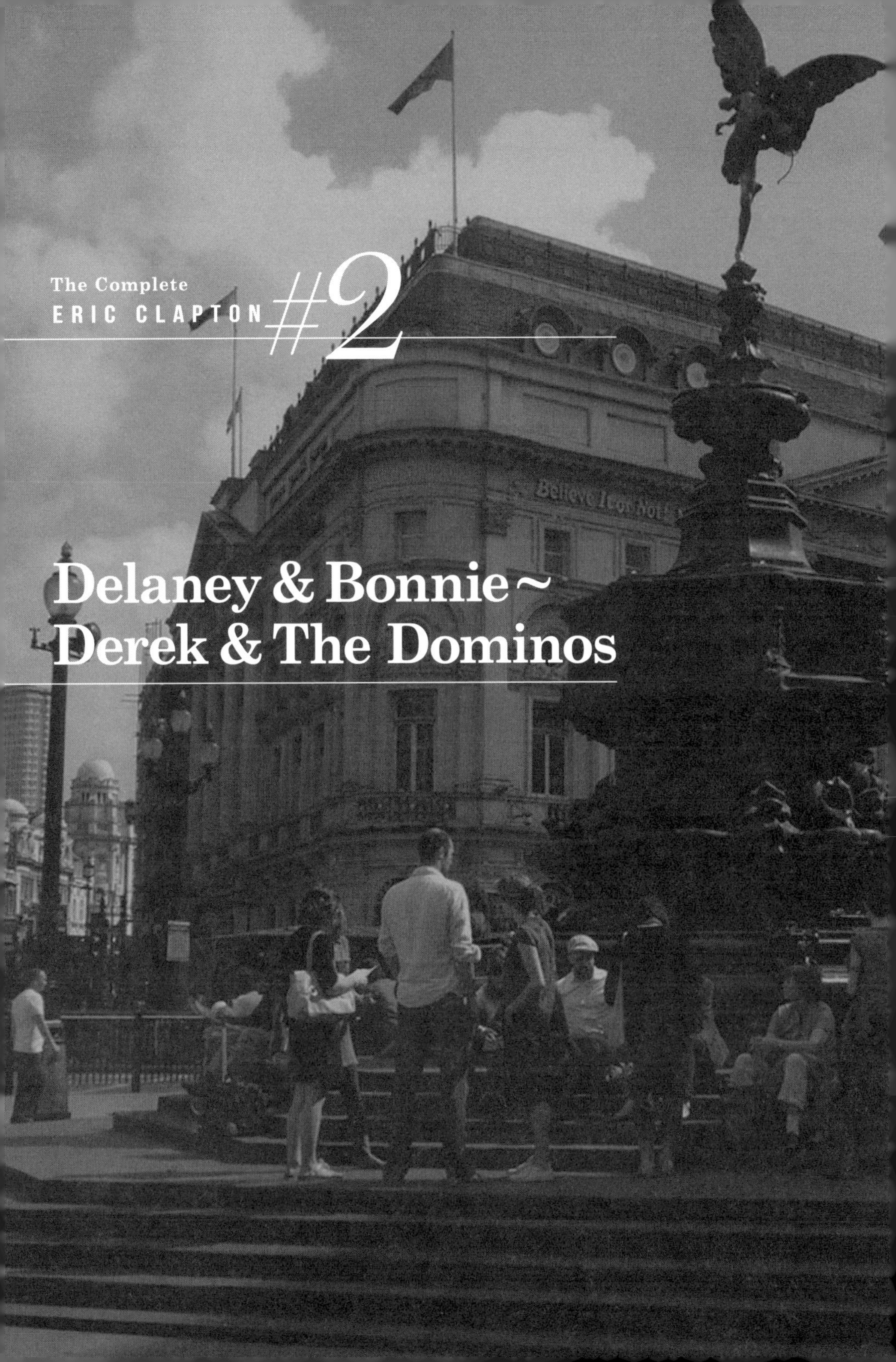

ディレイニー&ボニーからデレク&ザ・ドミノスへ

小川真一

ずっと疑問に思っていたことがある。

エリック・クラプトンはクリームを解散し、スティーヴ・ウィンウッドらとブラインド・フェイスを組むが、それも1年足らずで分裂。ディレイニー&ボニーに興味を持ち、ディレイニー&ボニー&フレンズの一員として行動を共にするようになる。そのメンバーであったカール・レイドル、ボビー・ウィットロック、ジム・ゴードンとデレク・アンド・ザ・ドミノスを結成。これはクラプトンの南部志向、スワンプ・ロックへの急接近になるのだが、この自身の人生を変えるほどの大きな転機が、意外なほど短い期間に起きたのではないかという疑問だ。

物語は69年の夏に唐突に始まり、71年の半ばには終焉を迎えてしまう。この間に、ジョン・レノンのプラスティック・オノ・バンドへの参加、ジョージ・ハリスンの「バングラ・デシュのためのコンサート」への出演など大きなイヴェントがあった。様々なものが嵐のように行き交い、大きな渦をなしていった。まさに激動の時期だ。

では具体的に時系列を追っていこう。

ディレイニー&ボニーとの出会い

69年の夏の初めに、友人のアラン・パリサーから1枚のアセテート盤が送られてきた。アルバムの中身は発売前の『オリジナル・ディレイニー&ボニー』だった。パリサーはアメリカ人の音楽プロデューサーで、67年のモントレー・ポップ・フェスティヴァルの仕掛け人のひとりだったとされる。当時はデラボニのマネージャーをしていたが、彼はアセテート盤をジョージ・ハリスンやデイヴ・メイスンにも送っていて、英国でスワンプ・ロックを広めた功労者とも呼べる存在だ。

すぐにディレイニー&ボニーのサウンドに魅せられたクラプトンは、69年7月から始まったブラインド・フェイスのアメリカ公演のオープニング・アクトに彼らを起用する。デラボニの後にステージに立つのは、とても辛いことだったとクラプトンは語っている。その理由は、彼らのほうが格段に演奏力が優れているからだそうだ。こういった素直さというか、自分が気に入ったものに対する盲信的なリスペクトを持つのが、クラプトンの良さである。その結果、ブラインド・フェイスへの関心が薄れ、デラボニへと心が奪われていく。

ブラインド・フェイスのアメリカ・ツアーの終了後の9月に、クラプトンはロスのエレクトラ・サウンド・レコーダーズでデラボニのレコーディングにゲストとして参加する。この時に録音されたのが「グルーピー（スーパースター）」で、69年12月のディレイニー&ボニーのシングル「カミン・ホーム」のB面に収録された。

ディレイニー&ボニー&フレンズ始動

ディレイニー&ボニー&フレンズのメンバーは渡英し、クラプトンの自宅でリハを重ねた。ツアーに先立つ11月20日に、デイヴ・メイスンを交えたアコースティックなセットでBBCの番組「ザ・プライス・オブ・フェイム」に出演している。これが公への初お披露目となった。

フレンズは11月の後半からドイツ、英国、デンマーク、スウェーデンとツアーして周り、英国でのライヴの一部が『オン・ツアー・ウィズ・エリック・クラプトン』としてリリースされた。年が開けた70年の2月からは北米大陸に場所を移し、カナダ、ニューヨークのフィルモア・イースト、ボストン、フィラデルフィア、デトロイト、シカゴ、サンフランシスコのフィルモア・ウエストなどで公演したが、これらは合計30日以上に渡る大規模なワールド・ツアーとなった。

クラプトンがデラボニ&フレンズに積極的に関わった理由は、ゲストという形で参加し気楽に演奏できたことにある。これは、スーパーグループであったブラインド・フェイスのように、自分の責任においてバンドをまとめなければいけないという重圧から逃れたかったこともあっただろう。それよりも一番は、彼らが持っていたラフで自由な雰囲気に魅了されたからだ。

ディレイニー・ブラムレットのギターやヴォーカルからも大きな刺激を受けた。ブルースやゴスペル、リズム&ブルース、カントリー・ミュージックなどのアメリカの南部的な音楽要素を、いかにして自分たちのサウンドの中に取り入れるか、その方法と実践をディレイニーとボニーとその仲間たちから学んでいった。

初めてのソロ・アルバムが完成

忙しいツアーとレコーディング・セッションの合間に、初めてのソロ・アルバムが制作された。69年の秋にロンドンのオリンピック・スタジオでスタートし、70年の初頭にロサンゼルスのヴィレッジ・レコーダーズ・スタジオで、3月にはロンドンのアイランド・スタジオでレコーディングが行われた。

プロデューサーはディレイニー・ブラムレット。バッキング・スタッフは、デラボニ&フレンズの主要メンバーを中心に、ゲストのスティヴン・スティルス、リオン・ラッセル、ジョン・サイモンらが加わった編成だ。アルバム全体の印象は、これまで続いてきたブルースの呪縛から解放され、自らのソング・ライティングに目覚めた作品集ということになる。がしかし、そのソング・ライティングが弱いなど、欠点も見え隠れしている。

最初にスタジオに入った時には、まだ「レット・イット・レイン」しか書き上がっていなかったという。その後ディレイニーやリオン・ラッセルの助けを借り、なんとか収録曲が揃った。デラボニから伝授されたスワンプ・ロックの語法だが、まだ完全に消化しているとは言い難いものの、自身を表現する道標は明確に見つけ出している。ソロ・アルバム『エリック・クラプトン』は70年8月16日にリリースされた。

そしてデレク・アンド・ザ・ドミノス

70年の春にカール・レイドルから電話が入る。デラボニ&フレンズが休止状態にあるという知らせだ。ディレイニーとボニーのブラムレット夫妻には絶えず離婚騒動が持ち上がっていたが、今回は深刻そうであった。休止の理由は、グループを運営していく上での財政上のトラブルや、ツアーのプレッシャーからくるディレイニーのドラッグ過多などが挙げられるが、ともあれライヴ活動は停止してしまう。

　レイドルの申し出は、元フレンズのレイドル、ボビー・ウィットロック、ジム・ゴードン、そしてクラプトンの4人でバンドを組まないかというものだった。彼らを最高のリズム・セクション、最高のプレイヤーだと思っていたクラプトンに異存はない。すぐさまメンバーたちをハートウッド・エッジの自宅に招き入れリハを始める。

　ここからが早い。70年の6月には、デレク・アンド・ザ・ドミノスと名付けられた4人で最初のライヴを開始している。同月の25日には、ロンドンのアビーロード・スタジオに入り、最初のシングル「テル・ザ・トゥルース／ロール・イット・オーヴァー」をフィル・スペクターと共にレコーディングした。ところがクラプトンはこのヴァージョンが気に入らず、一旦はリリースされたもののすぐに回収となった。テンポが早くポップな構成で、当時のクラプトンの南部志向とはかけ離れていた。そしてこの「テル・ザ・トゥルース」は、ドミノスの初めてのアルバム『いとしのレイラ』の中で、改めて録音されることになるのだ。

　70年の11月9日にリリースされた二枚組の『いとしのレイラ』には、さまざまな出会いが待ち受けていた。その一番が、オールマン・ブラザーズ・バンドのギタリスト、デュエイン・オールマンとの劇的な出会いだ。二人が共演したトラックは、どれも永遠のように美しい。もしもドミノスにデュエインが加入し、パーマネントなバンドとして活動したのならば…。そんな夢想に陥ってしまう。がしかし、デュエインには仲間がいて、バンドがあり家族もあった。ひとときの逢瀬のように、それぞれの道に戻っていく。

　最良のユニットだと思われてたデレク・アンド・ザ・ドミノスだが、些細なことから諍いが起き71年5月の初頭に空中分解してしまう。ロンドンのオリンピック・スタジオで2枚目の録音を始めたばかりだった。

　ディレイニー&ボニーのアセテート盤を聞いてから、ドミノスを解散するまで約1年9か月。たった2年足らずの間に、これだけの出来事が起こったことに改めて驚かされてしまう。これは、クラプトンが薬漬けとなりハートウッド・エッジの邸宅で隠遁生活を送っていた期間よりも、はるかに短い時間であったのだ。

DELANEY & BONNIE
Home
ホーム

米・Stax：STS 2026
発売：1969年5月
英・Stax：SXATS 1029
発売：1970年

[A]
1. It's Been A Long Time Coming / 2. A Right Now Love / 3. We Can Love / 4. My Baby Specializes / 5. Everybody Loves A Winner

[B]
1. Things Get Better / 2. Just Plain Beautiful / 3. Hard To Say Goodbye / 4. Pour Your Love On Me / 5. Piece Of My Heart

プロデューサー：Don Nix, Donald "Duck" Dunn
エンジニア：Ron Capone
参加ミュージシャン：Leon Russell (kbd), Booker T. Jones (kbd), William Bell (vo), Isaac Hayes (kbd, vo), Steve Cropper (g), Carl Radle (b), Donald Dunn (b), Al Jackson Jr. (ds), Jimmy Karstein (per), Phil Forrest (vo), The Memphis Horns

2006 Resequenced And Expanded Edition
米・Stax：STXCD-8626-2 [CD]

1. A Long Road Ahead / 2. My Baby Specializes / 3. Things Get Better / 4. We Can Love / 5. All We Really Want To Do / 6. It's Been A Long Time Coming / 7. Just Plain Beautiful / 8. Everybody Loves A Winner / 9. Look What We Have Found / 10. Piece Of My Heart / 11. A Right Now Love / 12. I've Just Been Feeling Bad / 13. Dirty Old Man / 14. Get Ourselves Together / 15. Pour Your Love On Me / 16. Hard To Say Goodbye

リイシュー・プロデューサー：Stephen Hart

　この時は、数年後に自分たちがロックの表舞台に立つなんてことは微塵も考えなかっただろう。そんな朴訥な表情を浮かべながら、ディレイニー夫妻が祖父のジョンと共に古ぼけた小屋の戸口に座っている。ディレイニーとボニーがエリック・クラプトンに知り合う前の、68年から69年にかけて制作されたアルバムだ。ドン・ニックスとドナルド・ダック・ダンのプロデュースのもと、ブッカー・T・ジョーンズ、アル・ジャクソンJr.、アイザック・ヘイズ、スティーヴ・クロッパーらが参加した強靭なスタックス・メイドの作品集。彼らの歌声からは南部ソウル以外の何物も見つけることは出来ず、スワンプ・ロックというよりもブルー・アイド・ソウルと呼ぶほうが妥当だ。ウィリアム・ベルの「エヴリバディ・ラヴズ・ア・ウィナー」や、アーマ・フランクリンが歌った「ピース・オブ・マイ・ハート」などのカヴァーのチョイスも見事で、ディレイニー夫妻のオリジナル曲も充実している。2006年にアウトテイクを含む6曲が追加された拡大版として発売されたが、これを聞くとファースト・アルバムのために数多くの曲が用意され、この時点でディレイニー&ボニーのサウンド・デザインが明確に確立されていたことが判る。エリック・クラプトンの南部志向の源流をなすアルバムとしても、聞いておくべき一枚だ。

小川

THE ORIGINAL DELANEY & BONNIE
Accept To No Substitute
オリジナル・デラニー＆ボニー

米・Elektra：EKS 74039
発売：1969年7月
英・Elektra：EKS 74039
発売：1969年

[A]
1. Get Ourselves Together
2. Someday
3. Ghetto
4. When The Battle Is Over
5. Dirty Old Man

[B]
1. Love Me A Little Bit Longer
2. I Can't Take It Much Longer
3. Do Right Woman
4. Soldiers Of The Cross
5. Gift Of Love

プロデューサー：Delaney Bramlett, David Anderle
エンジニア：John Haeny
参加ミュージシャン：Leon Russell (g, p), Bobby Whitlock (kbd, vo), Rita Coolidge (cho), Jim Keltner (ds), Carl Radle (b), Gerry McGee (g), Bobby Keys (sax), Jim Price (trombone, trumpet)

ジョージ・ハリスンがアップルから発売しようとしてサンプル盤（ジャケなし）まで造ったのにエレクトラが譲らず、アップル盤が幻に終わったアルバムだった。ブラムレット夫妻にシンドッグズの仲間だったリオン・ラッセルが協力して、本格的なスワンプ・ロックが生まれたわけだが、アメリカ南部のR&Bを中央でも通じるように洗練させているのが、のちに〝LAスワンプ〟と呼ばれるようになった所以。ほぼカナダ人のザ・バンドがつくる〝南部〟のフィクション性に反応した英国ミュージシャンが、次に夢中になったのがよくわかる一枚である。

カール・レイドルとジム・ケルトナーのリズム・セクションに、リオンとボビー・ウィットロックの鍵盤、ジェリー・マッギーのギター、ボビー・キーズとジム・プライスによるホーン、リタ・クーリッジのコーラスというのは、ジョー・コッカーのマッド・ドッグズ&イングリッシュメン、デレク&ザ・ドミノス、リオン&シェルター・ピープルから、のちのローリング・ストーンズのツアー・バンドの素だから、スワンプ云々ではなく、70年代ロックのひとつの流れの原点として聴くべきだろう。すぐさまディレイニーの門下に入ったデイヴ・メイスン、ジョージ・ハリスンとエリックは、さすがにセンスがいいと思う。温故知新を絵に描いたような名盤中の名盤。 **和久井**

DELANEY & BONNIE & FRIENDS
On Tour With Eric Clapton
オン・ツアー・ウィズ・エリック・クラプトン

英・Atlantic：2400013
発売：1970年1月
米・Atco：SD 33-326
発売：1970年3月

[A]
1. Things Get Better
2. Poor Elijah / Tribute
3. Only You Know And I Know
4. I Don't Want To Discuss It

[B]
1. That's What My Man Is For
2. Where There's A Will, There's A Way
3. Coming Home
4. Long Tall Sally / Jenny Jenny / The Girl Can't Help It / Tutti-Frutti

プロデューサー：Jimmy Miller, Delaney Bramlett
エンジニア：Andy Johns, Glyn Johns, Tex Johnson
参加ミュージシャン：George Harrison (g), Dave Mason (g), Rita Coolidge (cho), Bobby Whitlock (org, vo), Carl Radle (b), Jim Gordon (ds, per), Tex Johnson (per), Bobby Keys (sax), Jim Price (trombone, trumpet)

ディレイニー&ボニー&フレンズのヨーロッパ・ツアーは、69年12月1日にロンドンのロイヤル・アルバート・ホールで始まり、2日ブリストル・コルストン・ホール、3日バーミンガム・タウン・ホール、4日シェフィールド・シティ・ホール、5日ニューカッスル・シティ・ホール、6日リヴァプール・エンパイア・シアター、7日クロイドン・フェアフィールド・ホールと英国をまわり、10～12日のデンマーク、コペンハーゲン・フォルコナー・シアターで幕を閉じた。

最終公演がデンマークになったのは、ボニーの家系のルーツがデンマークにあったかららしい。ディレイニーはミシシッピ生まれ、ボニーはイリノイの生まれで、ヨーロッパ文化の影響はなかったはずだが、英国では7日連続で各日2回のショウを繰り広げたご褒美のデンマーク行きだったようにも思う。

オリジナル・ディレイニー&ボニーとしてアルバムを制作したあと、ジェリー・マギーがヴェンチャーズのツアーに参加したため、ディレイニーはエリックとデイヴ・メイスンを誘ったらしいが、ブラインド・フェイスが半年しか持たなかったことに頭を抱えていたスティグウッド、ミラー（ストーンズのアトランティック移籍をすでに考えていたはずだ）にすれば渡りに舟。アーティガンにとっては同じワーナー・グループのエレクトラからディレイニー&ボニーをアトコに移籍させることなど簡単だったのだろう。

かくして米英折衷のスーパー・バンド〝フレンズ〟が生まれ、ツアーにはジョージ・ハリスンまで参加することになったわけだ。

結局、ロイヤル・アルバート・ホール、ブリストルのコルストン・ホール、クロイドンのフェアフィールド・ホールでのショウがジミー・ミラーのプロデュース、アンディ・ジョンズらのエンジニアリングで録音され、フェアフィールド・ホールのセカンド・ショウをベースにした本作が編まれたのである。

英国ではツアー中に、エリックが作曲に関わったシングル「カミング・ホーム」（B面はのちにカーペンターズが「スーパースター」としてヒットさせるリオン・ラッセル作の「グルーピー」）が出て、16位まで上がったが、だからと言って本作が爆発的に売れるなんてことはなく、英39位、米29位というのがチャート成績だった。

けれどもミュージシャンズ・アルバムとして長く売れ続けることになり、デイヴ・メイスンの『アローン・トゥゲザー』、エリックのファースト・アルバム、リオンのファースト・アルバム、ジョージ・ハリスンの『オール・シングス・マスト・パス』、ジョー・コッカーの『マッド・ドックズ&イングリッシュメン』、デレク&ドミノスの『レイラ』や、71年8月のバングラ・デシュ救済コンサートを語るときには不可欠のアルバムとなったのだ。

69年当時の機材でこの大人数のバンドをライヴ録音するのは無理があったから、音質は決してよくないが、熱気あふれる演奏はそういうマイナス面を気にさせない。ソウル・レヴューのスタイルをロックに移行させたような佇まいにどんどん巻き込まれていくのだ。

いま聴くならライノ・ハンドメイドによるデラックス・エディションがオススメだが、ＣＤ４枚は日常的には聴けないという難点もある。ゆえに、コンパクトにまとめられたこのオリジナル版にこそ〝デラボニ&フレンズ〟の魅力が集約されているようにも思う。

粋なジャケットは、トム・ウィルクスのデザイン、バリー・フェインスタインの写真によるものだが、フロントで車の窓から出ているのはボブ・ディランの足だという説もある（真相はどうなんだろう?）。裏の、山道を楽器を持って歩くメンバーの写真もカッコいいから、これはジャケの紙質がデザインにマッチしたアメリカ・オリジナル盤のＬＰで持っているのがファンの使命だろう。

和久井

DELANEY & BONNIE & FRIENDS
On Tour With Eric Clapton [Deluxe Edition Box]

米・Rhino Handmade：RHM2 524797 [CD]
発売：2010年8月10日

[1] Complete Performance At London's Royal Albert Hall (Monday 12/1/69)
1. Intro / Tuning / 2. Opening Jam / 3. Gimme Some Lovin' / 4. Band Introductions / 5. Only You Know And I Know / 6. Poor Elijah / Tribute To Johnson / 7. Get Ourselves Together / 8. I Don't Know Why / 10. That's What My Man Is For / 11. Pour Your Love On Me / Just Plain Beautiful / 12. Everybody Loves A Winner / 13. Things Get Better / 14. Coming Home / 15. I Don't Want To Discuss It / 16. Tutti Frutti / The Girl Can't Help It / Long Tall Sally / Jenny Jenny / 17. My Baby Specializes

[2] Composite Of Performances At Colston Hall In Bristol (Tuesday 12/2/69)
1. Intro / Tuning / 2. Opening Jam / 3. Gimme Some Lovin' / 4. Things Get Better / 5. Poor Elijah / Tribute To Johnson / 6. I Don't Know Why / 7. Pour Your Love On Me / Just Plain Beautiful / 8. Where There's A Will, There's A Way / 9. Coming Home / 10. Tutti Frutti / The Girl Can't Help It / Long Tall Sally / Jenny Jenny / 11. I Don't Want To Discuss It 5:52 / 12. Crowd / Announcement

[3] Early Show At Fairfield Halls In Croydon (Sunday 12/7/69)
1. Intro / Tuning / 2. Gimme Some Lovin' / 3. Introduction / 4. Things Get Better / 5. Poor Elijah / Tribute To Johnson / 6. I Don't Know Why / 7. Where There's A Will, There's A Way / 8. That's What My Man Is For / 9. I Don't Want To Discuss It / 10. Coming Home

[4] Late Show At Fairfield Halls In Croydon (Sunday 12/7/69)
1. Intro / Tuning / 2. Gimme Some Lovin' / 3. Pigmy / 4. Introductions / 5. Things Get Better / 6. Poor Elijah / Tribute To Johnson / 7. Only You Know And I Know / 8. Will The Circle Be Unbroken / 9. Where There's A Will, There's A Way / 10. I Don't Know Why / 11. That's What My Man Is For / 12. Coming Home / 13. Tutti Frutti / The Girl Can't Help It / Long Tall Sally / Jenny Jenny

プロデューサー：Jimmy Miller, Delaney Bramlett

　エリック・クラプトンはディレイニー&ボニー&フレンズの一員として、69年の12月1日から7都市を巡る全英ツアーに参加する。この公演の中から、初日のロイヤル・アルバート・ホール、イングランドのブリストルにあるコルストン・ホール（12月2日）、ロンドンのフェアフィールド・ホールでのファースト・ショー（12月7日）、およびセカンド・ショー（同日）を収録したのが本CDBoxだ。中でもロイヤル・アルバート・ホールでのライヴは、イントロ／チューニングから始まり、16曲が完全収録されているので貴重だといえる。

　70年にリリースされたアルバム『オン・ツアー・ウィズ・エリック・クラプトン』の拡大版となるのだが、2010年にライノ・ハンド・メイドから発売されたボックス・セットは、ツアー用の楽器ケースを模した重厚な箱に入っていて、プックレットやスチール写真も付けられた豪華仕様だった。

　メンバーは、ディレイニー&ボニーの二人にクラプトンが加わり、これにボビー・ウィットロック、カール・レイドル、ジム・ゴードンの後にデレク・アンド・ザ・ドミノスとなる三人。それにジム・プライス、ボビー・キーズのホーン・セクションと、コンガ／ボンゴのテックス・ジョンソン、ヴォーカルのリタ・クーリッジ、この10名が基本編成で、会場によってスペシャル・ゲストが参加する。

それぞれのライヴは、最初にディレイニー&ボニー抜きで数曲演奏し、会場があたたまったところで主役を紹介するという、ソウル・ショーの定番といえる演出がなされている。全員がそろったところから白熱のライヴが展開される。前出の『オン・ツアー・ウィズ…』よりも音の分離がよく、クラプトンのギターが明瞭に聞こえる。なによりも楽しそうに演奏している様子がうかがえるのが嬉しい。

すべてのライヴに収録されている「シングズ・ゲット・ベター」にしても、それぞれテンポもアレンジも異なっている。フェアフィールド・ホールでのショーでは手拍子だけのア・カペラで始まり、ロイヤル・アルバート・ホールの時はドラムのイントロでスタートしそこにオルガンとギターが重なるといった具合に、フレキシブルに演奏されていたのがよく判る。

後に70年のソロ・アルバム『エリック・クラプトン』に収録される「何故か知らない（Don't Know Why）」をこのライヴですでに歌っているが、自分のソロ・パートを何とかこなしているという感じで、どこか心もとない。それをバック・コーラスがやさしくバックアップしていく。

フェアフィールド・ホールのファースト・ショーの終盤に、スペシャル・ゲストの名前が告げられる。デイヴ・メイソンが登場し「カミン・ホーム」が演奏されるのだ。メイスン、クラプトン、ディレイニー・ブラムレットと三人のギタリストがいるわけだからギター・バトルが開始されると思いきや、それぞれがギター・リフを弾いて曲を盛り上げていく。これがスワンプ・ロックのマナーなのだ。

69年12月7日にフェアフィールド・ホールで行われたセカンド・ショーは、『オン・ツアー・ウィズ…』に採用されたテイクが多いので馴染の曲が並んでいるかと思うが、ミックスが違うので新鮮に聞こえるだろう。ここでジョージ・ハリスンへの謝辞がアナウンスされる。そのジョージのギターなのだが、とても控えめでリフやリズム・ギターを弾いていることが多い。一部のスライド・ギターで、ジョージ的な雰囲気もあるのだが、しっかりとは判定できない。

全体に言えることなのだが、主役であるディレイニー&ボニーに対する敬愛の表れなのか、ミュージシャン同士のエゴがあまり感じられない。それがこの一連のライヴの素晴らしいところでもあるのだ。

小川

DELANEY & BONNIE & FRIENDS
To Bonnie From Delaney

英・Atlantic：2400029
発売：1970年4月
米・Atco：SD 33-341
発売：1970年9月

[A]

1. Hard Luck And Troubles
2. God Knows I Love You
3. Lay Down My Burden
4. Come On In My Kitchen / Mama, He Treats Your Daughter Mean / Going Down The Road Feeling Bad
5. The Love Of My Man
6. They Call It Rock & Roll Music

[B]

1. Soul Shake
2. Miss Ann
3. Alone Together
4. Living On The Open Road
5. Let Me Be Your Man
6. Free The People

プロデューサー：Jerry Wexler, Tom Dowd, Delaney Bramlett
エンジニア：Tom Dowd, Ron Albert, Chuck Kirkpatrick, Don Casale
参加ミュージシャン：Duane Allman (g), Little Richard (p), Bobby Whitlock (p), King Curtis (sax), Jim Dickinson (p), Mike Utley (p), Jim Gordon (kbd), Sneaky Pete Kleinow (g), Kenny Gradney (b), Ron Tutt (ds), Sammy Creason (ds), Darrell Leonard (trumpet, trombone), Sam Clayton (per), Wayne Jackson (trumpet), Andrew Love (sax)...etc

　ジェリー・ウェクスラーとトム・ダウドのプロデュースによるクライテリア録音をキング・カーティスがサポートするというレコーディングだったが、エリック、デイヴ・メイスン、リオン・ラッセル、カール・レイドルの顔はなく、ジム・ゴードンはキーボードで参加。その代わり、デュエイン・オールマン、スニーキー・ピート、リトル・リチャード、ジム・ディキンソンらと、大量のホーン・セクションがいるという力の入ったアルバムだった。

　なぜこういう布陣になったのかと言えば、前年の英国ツアーのときにデニー・コーデルがリオン・ラッセルに接触し、ふたりで新レーベルをつくろうという話が持ち上がったからだ。ムーディー・ブルース、プロコル・ハルム、ジョー・コッカーで一時代を築いたコーデルは英国屈指のプロデューサーで、米A&Mとも契約があった。彼はリオンのソロ作を新レーベルから出そうと提案し、その交換条件としてジョー・コッカーにつけるビッグ・バンドの音楽監督をリオンに依頼したのだ。

　リオン、カール、ジム、リタ・クーリッジがコッカーのバンドに流れてマッド・ドッグズ&イングリッシュメンが生まれ、デラボニの方に残ったボビー・ウィットロックがデュエインと親しくなったことが『レイラ』に繋がっていくのである。

　マッド・ドッグズ&イングリッシュメンのツアーのときに、当時は恋仲だったリタ・クーリッジが書いたピアノ曲「タイム」を覚えたジム・ゴードンがのちにそれを「レイラ」のコーダにくっつけるのだが、シェルター・レーベルをつくったリオンが自身のバンドからドラッグ癖のあるメンバーを外しにかかったおかげで、エリックはデレク&ザ・ドミノスを結成することができたようにも思う。

　ディレイニー&ボニーはここで本来の形だったソウル・レヴュー的なスタイルに戻っているが、マッド・ドッグズ&イングリッシュメンのような大衆性を提示できなかったため、〝通受け〟の一途をたどっていくのだった。

　先行シングルとして70年5月に発売されたバーバラ・キース作の「フリー・ザ・ピープル」はビルボード43位まで上がったが、本作は58位止まり。デラボニが旬だった時代は早くも終わりに向かうのだ。

　内容は申し分ないけれど、『オリジナル・デラニー&ボニー』のようなまとまりはないから、一般的なエリックのファンにはハードルが高いかもしれない。南部のR&Bをどう理解しているか、で評価が変わってしまうようなところもあるし。

　ちなみに「レイラ」の後半となったクーリッジ作の「タイム」は、リタの妹プリシラがブッカー・T・ジョーンズと結婚していた時期のデュオ、ブッカー・T&プリシラ・ジョーンズの3作目のアルバム『クロニクルズ』で再演されているので、エリックのファンは必聴だと思う。それにしてもジム・ゴードンは悪い奴だよ。その後の人生でバチがあたったね。

和久井

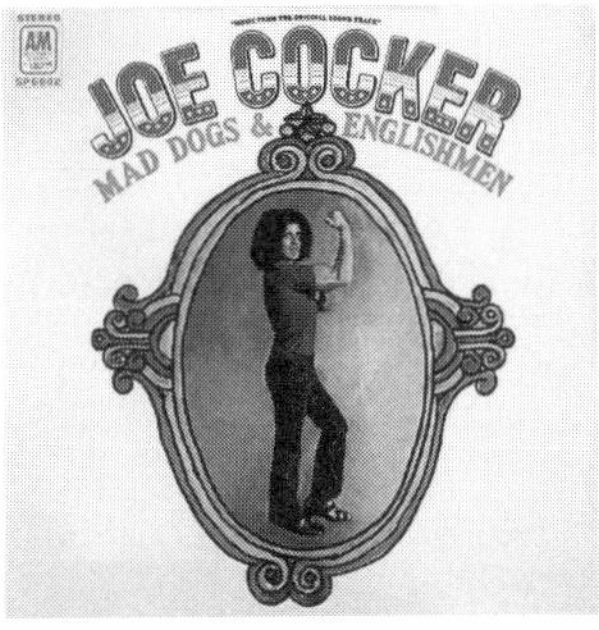

JOE COCKER
Mad Dogs & Englishmen
米・A&M：SP 6002
発売：1970年8月

BOOKER T. & PRISCILLA JONES
Chronicles
米・A&M：SP 4413
発売：1973年

DELANEY & BONNIE & FRIENDS
Motel Shot

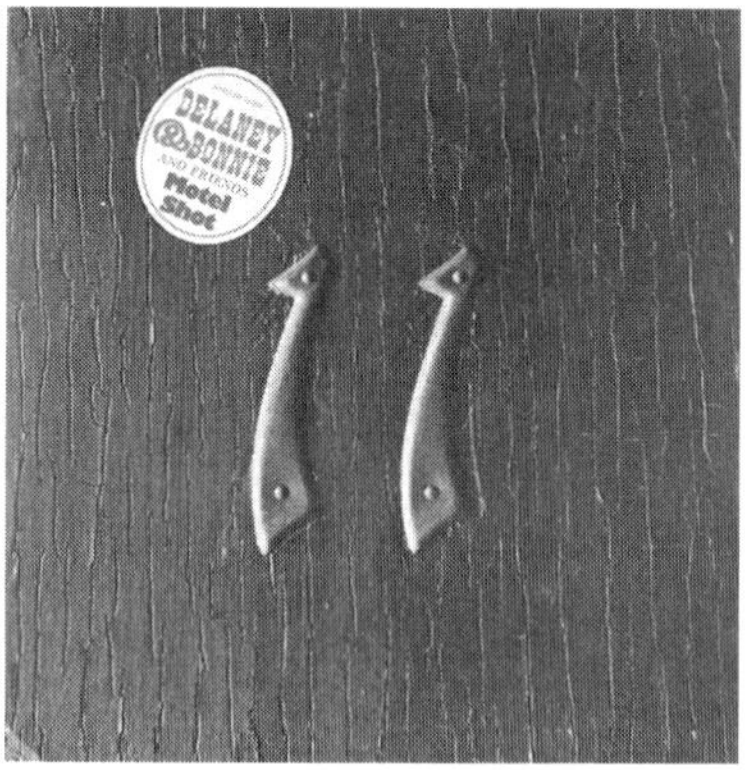

英・Atlantic：2400119
発売：1971年
米・Atco：SD-33-358
発売：1971年3月

[A]
1. Where The Soul Never Dies
2. Will The Circle Be Unbroken
3. Rock Of Ages
4. Long Road Ahead
5. Faded Love
6. Talkin' About Jesus

[B]
1. Come On In My Kitchen
2. Don't Deceive Me
3. Never Ending Song Of Love
4. Sing My Way Home
5. Going Down The Road Feeling Bad
6. Lonesome & Long Way From Home

プロデューサー：Delaney Bramlett
エンジニア：Bruce Botnick, Richard Moore, Lewis Peters
参加ミュージシャン：Dave Mason (g), Duane Allman (g), Leon Russell (kbd, vo), Joe Cocker (cho), Bobby Whitlock (vo), Jim Keltner (ds), Clarence White (g, vo), Gram Parsons (g, vo), Carl Radle (b), Kenny Gradney (b), John Hartford (banjo, fiddle), Bobby Keys (sax)...etc

71年のツアー中に、モーテルやホテル、楽屋に遊びに来たミュージシャンと繰り広げたラフなアコースティック・セッションをそのまま録ったような、ロード・ムーヴィーさながらのアルバムである。プロデュースとアレンジはディレイニー、エンジニアはブルース・ボトニックらで、フィールド・レコーディングとも言えるラフなたたずまいが売りだった。

「カム・オン・イン・マイ・キッチン」「シング・マイ・ウェイ・ホーム」「ゴーイング・ダウン・オン・ザ・ロード・フィーリング・バッド」ではデュエイン・オールマンのスライドが聴けるし、リオン、カール、デイヴ、ジム・ケルトナーら旧メンバーと、グラム・パーソンズ、ジョン・ハートフォード、クラレンス・ホワイト、ジョー・コッカーまで加わってのセッションは、アリサ・フランクリンの『チャーチ・コンサート』みたいな雰囲気だ。

先行シングルとして71年5月に発売された「ネヴァー・エンディング・ソング・オブ・ラヴ」はビルボード13位まで上がるデラボニ最大のヒットになったが、本作は65位止まりだった。9月には「オンリー・ユー・ノウ・アンド・アイ・ノウ」のシングルが出て、これもビルボード20位まであがったが、アトコでの4作目となるはずだった『カントリー・ライフ』は発売を見送られてしまう。

和久井

DELANEY & BONNIE
D&B Together

米・Columbia：KC 31377
発売：1972年3月
英・CBS：64959
発売：1972年

[A]
1. Only You Know And I Know
2. Wade In The River Of Jordan
3. Sound Of The City
4. Well, Well
5. I Know How It Feels To Be Lonely
6. Comin' Home

[B]
1. Move 'Em Out
2. Big Change Comin'
3. A Good Thing (I'm On Fire)
4. Groupie (Superstar)
5. I Know Something Good About You
6. Country Life

プロデューサー：Delaney Bramlett, Doug Gilmore, David Anderle
エンジニア：Tom Dowd, James Greene
参加ミュージシャン：Eric Clapton (g), Leon Russell (kbd, vo), Duane Allman (g, vo), Dave Mason (g, vo), Billy Preston (kbd, vo), Chuck Rainey (b, vo), Bobby Whitlock (kbd, vo), Rita Coolidge (vo), Tina Turner (vo), Carl Radle (b, vo), Jim Gordon (ds, vo), Red Rhodes (g, vo), King Curtis (sax, vo)...etc

2003 Remastered CD
米・Columbia / Legacy：CK 85743［CD］
Bonus Tracks

13. Over And Over
14. I'm Not Your Lover, Just Your Lovee
15. Good Vibrations
16. Are You A Beatle Or A Rolling Stone?
17. (You Don't Know) How Glad I Am
18. California Rain

『カントリー・ライフ』のマスターが予定の日に届かなかったことに疑問を持ったジェリー・ウェクスラーがディレイニーに直接連絡を取ったことで、夫婦の関係が破綻したことが明るみに出た。ふたりがデュオを続けないとすれば契約違反だから、アトコはデラボニから手を引くことになるのだ。

　ウェクスラーは届いたマスターをコロンビア／CBSに売却。離婚がマイナスとなることに気づいたディレイニーはアルバム・タイトルを『D&Bトゥゲザー』に改めたが、最早あとの祭りで、最後のアルバムはチャートにも入らなかったのだった。

　内容は悪くないが、前作までの勢いはなく、出し直し、焼き直しという感じがするのは否めない。デラボニ版の「グルーピー（スーパースター）」や、エリックと最初につくった「カミン・ホーム」がここに収められたのは嬉しいが、デュオが新しいものを生み出しそうにないのは明白だから、次なる展望の相談もないままこれを聴かされたウェクスラーは、ディレイニーにはつきあいきれないと思ったのだろう。

　2003年のリマスターCDには未発表の6曲が加えられたが、アルバムとしての煮え切らない印象は変わらない。デラボニのレア・トラックを集めたコンピレイションとして聴けばまったく問題はないのだが、寂しい気持ちはどうやっても消せない。

和久井

Eric Clapton
[Deluxe Edition]

米・Polydor：B0006798-02 [CD]
発売：2006年

[1] The Tom Dowd Mix
1-11. Same as "Eric Clapton"/12. Blues In "A"/13. Teasin' - King Curtis With Delaney Bramlett, Eric Clapton And Friends
[2] The Delaney Bramlett Mix
1. Slunky./2. Bad Boy/3. Easy Now/4. After Midnight/5. Blues Power/6. Bottle Of Red Wine/7. Lovin' You Lovin' Me/8. Lonesome And A Long Way From Home/9. Don't Know Why/10. Let It Rain/11. Don't Know Why/12. I've Told You For The Last Time/13. Comin' Home - Delaney & Bonnie And Friends Featuring Eric Clapton/14. Groupie (Superstar) - Delaney & Bonnie And Friends Featuring Eric Clapton

Eric Clapton
[Anniversary Deluxe Edition]

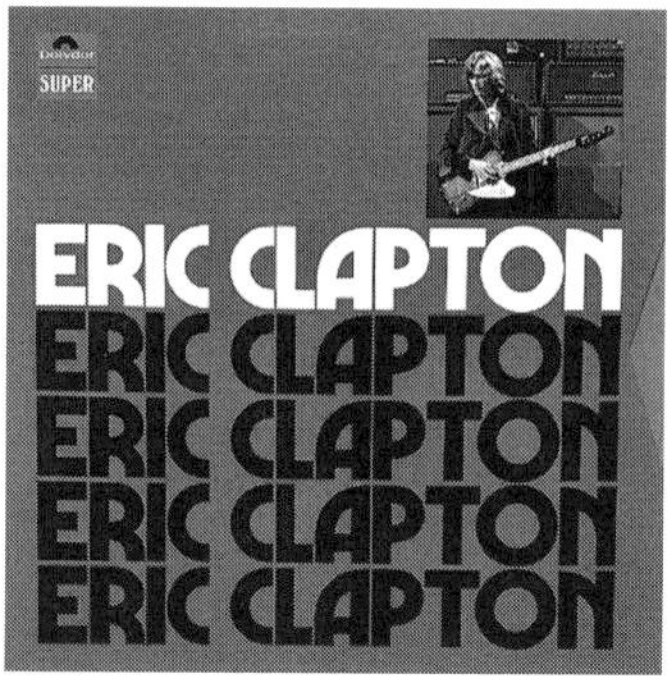

米・Polydor：356 482-8 [CD]
発売：2021年8月20日

[1] Tom Dowd Mix - UK Version/1-11. Same as "Eric Clapton"
[2] Eric Clapton Mix/1-11. Same as "Eric Clapton"
[3] Delaney Bramlett Mix/1-10. Same as Deluxe Edition's "Delaney Bramlett Mix"
[4] Singles, Alternate Versions & Session Outtakes
1. Teasin' - King Curtis With Delaney Bramlett, Eric Clapton & Friends/2. Comin' Home (Alternate Mix) - Delaney & Bonnie & Friends Featuring Eric Clapton/3. Blues In "A" (Session Outtake)/4. She Rides ('Let It Rain' Alternate Version)/5. I've Told You For The Last Time (Olympic Studios Version)/6. I Don't Know Why (Olympic Studios Version)/7. Comin' Home - Delaney & Bonnie & Friends Featuring Eric Clapton/8. Groupie (Superstar) - Delaney & Bonnie & Friends Featuring Eric Clapton

コンピレーション・プロデューサー：Bill Levenson

Eric Clapton
エリック・クラプトン・ソロ

英・Polydor：2383 021
発売：1970年8月16日
米・Atco：SD 33-329
発売：1970年8月12日

[A]
1. Slunky
2. Bad Boy
3. Lonesome And A Long Way From Home
4. After Midnight
5, Easy Now
6. Blues Power

[B]
1. Bottle Of Red Wine
2. Lovin' You Lovin' Me
3. I've Told You For The Last Time
4. Don't Know Why
5. Let It Rain

プロデューサー：Delaney Bramlett
エンジニア：Bill Halverson
参加ミュージシャン：Stephen Stills (g, b, cho), Leon Russell (p), Delaney Bramlett (g, cho), John Simon (p), Rita Coolidge (cho), Bonnie Bramlett (cho), Bobby Whitlock (org, cho), Carl Radle (b), Jim Gordon (b), Bobby Keys (sax), Jim Price (trumpet), Jerry Allison (cho), Sonny Curtis (cho)

〝フレンズ〟のツアー流れのアルバムだが、デイヴ・メイスンの『アローン・トゥゲザー』はトミー・リ・ピューマ、ジョージ・ハリスンの『オール・シングス・マスト・パス』はフィル・スペクターのプロデュースである。どちらのアルバムにもディレイニー・ブラムレットは参加しているが、エリックだけがプロデュースを任せ、そして、迷宮に入り込んでしまったのだ。

「レット・イット・レイン」以外まともなオリジナル曲がなかったのにレコーディングがスタートしたからだろう、参加ミュージシャンとのラフなセッションで何かが生まれることに本人が期待しすぎていた感がある。曲を用意するのは本人の仕事だからディレイニーばかりを責められないとは思うけれど、ここでの彼の仕事ぶりはいただけない。スティグウッドもアーティガンも現場の責任者であるプロデューサーの能力を疑ったはずだし、『オリジナル・デラニー&ボニー』の整合性はリオン・ラッセルの采配だったのか、と思わずにはいられなくなるのだ。

　アトコのサンプル盤の段階までディレイニーのオリジナル・ミックスだったが、上層部からノーが出て、エリック本人によるミックスで全編がつくり直されるのだが、それも却下。結局トム・ダウドによるミックスが製品となるのだった。

　２０２１年に出たＣＤ４枚組〈アニヴァーサリー・エディション〉ではすべてのミックスと、シングル・ヴァージョン、アウトテイクやオルタネイト・ヴァージョン／ミックスが聴けるが、何よりもヴォーカルのディレクションと、エリックのストラトの音に疑問が残る。ちゃんとアンプを鳴らしているとは思えないようなこの音は、どうにも中途半端。主役にきちんとスポットが当たっていないのに、いたずらにホーン・セクションに凝ったりしたディレイニーのプロデュースは、とてもプロの仕事とは思えないのだ。

　前半の聴かせどころとなるはずだった「イージー・ナウ」がアコースティック・ヴァージョンだったりするのは、それまでに予算を使い果たしていたということだろうか。目玉の「レット・イット・レイン」にしても、詰めがあまいアレンジと芯がないようなサウンドは誉められたものではない。ポップな2曲での妙にソフトな歌いまわしと、ブルース・ベースのナンバーでの力んだヴォーカルは別のシンガーに感じられてしまうほどだから、全体のスジが通らないのである。そこはミックスで直せるものではないから、ディレイニーはエリックの歌にもっと気を使うべきだったと思う。それでも米13位、英17位というのは立派。

和久井

The Layla Sessions
レイラ・セッションズ

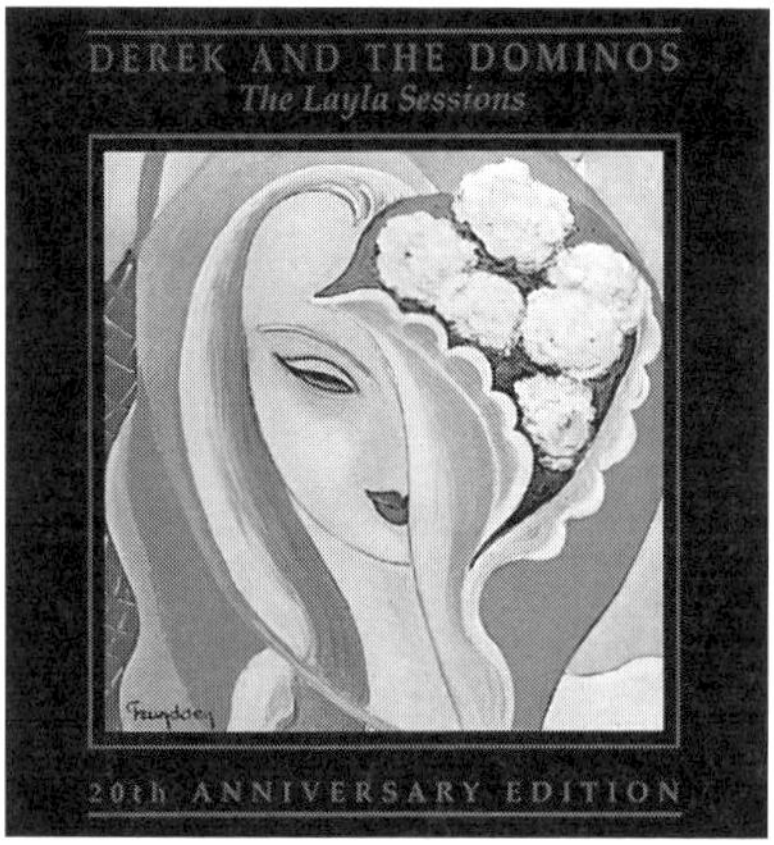

米・Polydor：847 083-2［CD］
発売：1990年9月18日

[1] Layla And Other Assorted Love Songs (Remixed Version)
1-14. Same as "Layla And Other Assorted Love Songs"
[2] The Jams
1. Jam I
2. Jam II
3. Jam III
4. Jam IV
5. Jam V

[3] Alternate Masters, Jams And Outtakes
1. Have You Ever Loved A Woman (Alternate Master #1)
2. Have You Ever Loved A Woman (Alternate Master #2)
3. Tell The Truth (Jam #1)
4. Tell The Truth (Jam #2)
5. Mean Old World (Rehearsal)
6. Mean Old World (Band Version, Master Take)
7. Mean Old World (Duet Version, Master Take)
8. (When Things Go Wrong) It Hurts Me Too (Jam)
9. Tender Love (Incomplete Master)
10. It's Too Late (Alternate Master)

プロデューサー：Tom Dowd, Derek and the Dominos
リイシュー・プロデューサー：Bill Levenson

DEREK & THE DOMINOS
Layla And Other Assorted Love Songs
いとしのレイラ

米・Atco：SD 2-704
発売：1970年11月9日

英・Polydor：2625 005
発売：1970年12月

[A] 1. I Looked Away / 2. Bell Bottom Blues / 3. Keep On Growing / 4. Nobody Knows You When You're Down And Out
[B] 1. I Am Yours / 2. Anyday / 3. Key To The Highway
[C] 1. Tell The Truth / 2. Why Does Love Got To Be So Sad? / 3. Have You Ever Loved A Woman
[D] 1. Little Wing / 2. It's Too Late / 3. Layla / 4. Thorn Tree In The Garden

プロデューサー：Tom Dowd, Derek and the Dominos
エンジニア：Ron Albert, Chuck Kirkpatrick, Howie Albert, Karl Richardson, Mac Emmerman
参加ミュージシャン：Bobby Whitlock (vo, kbd g), Carl Radle (b. per), Jim Gordon (ds), Duane Allman (g), Albhy Galuten (p)

ボビー・ウィットロックが70年4月にハートウッド・エッジを訪れ、生活を共にしながら曲づくりを開始したのがバンドの始まりだった。5月にふたりはカール・レイドル、ジム・ゴードンとP.P.アーノルドのレコーディングに参加し、そのままジョージ・ハリスンの『オール・シングス・マスト・パス』に流れる。そこにデイヴ・メイスンが加わり、6月14日にロンドンのライシアムで開かれたチャリティ・コンサートでステージ・デビュー。このときから〝デレク&ザ・ドミノス〟を名乗っている。18日にはアップル・スタジオで「テル・ザ・トゥルース」と「ロール・イット・オーヴァー」、ふたつのジャムが録音されるのだが、フィル・スペクターがプロデュースしたこのセッションはジョージからのプレゼントで、オリジナルの2曲はシングルに、ジャムは『オール・シングス・マスト・パス』に収録されるのだ。

　このレコーディングのあとデイヴは抜け、エリックはドミノスのためにサウス・ケンジントン駅に近いサーロー・スクエア33番地のフラットを借りる。ここがパティ・ボイドとの逢瀬の場となったことでふたりの関係は深まり、彼女への想いを歌った「レイラ」を中心とするアルバムの構想が固まっていくのである。

　8月23日にマイアミのクライテリア・スタジオに向かった4人は、トム・ダウドの監督の下、9月いっぱいまでかけて本作を録音した。ダウドは26日、メンバーをオールマン・ブラザーズ・バンドのショウに連れて行き、デュエインの参加が決まるのだが、オールマンズの活動の合間を縫ってセッションに加わったデュエインがサザン・ロック的なテイストを加えたことで、アルバムはエリックのキャリアの中でも特別なものになったのだ。

　71年11月にアメリカで発売された本作はビルボード16位まで上がったものの、評判はよくなかった。それぞれのプレイが聴き取りにくいモコモコした音がその原因だと感じたダウドは英国にマスターを送る際にマスタリングをやり直したため、英国盤（ジャケにタイトルが入っているので一目瞭然だ）が決定版のような形になったが、日本初盤はアメリカ盤にも遠く及ばないひどい音だったせいで、アルバムの評価は何年も定まらなかったのである。

　90年に出た『セッションズ』では本編のリミックスが敢行され、5つのジャムと10のオルタネイト・マテリアルが加えられた。以降のCDはこのマスターに準じているようだが、近年の盤の方がよくなっているように感じられる。プラグ・インのアナログ・シュミレイターが進化したからか？　**和久井**

Live At The Fillmore
ライヴ・アット・ザ・フィルモア

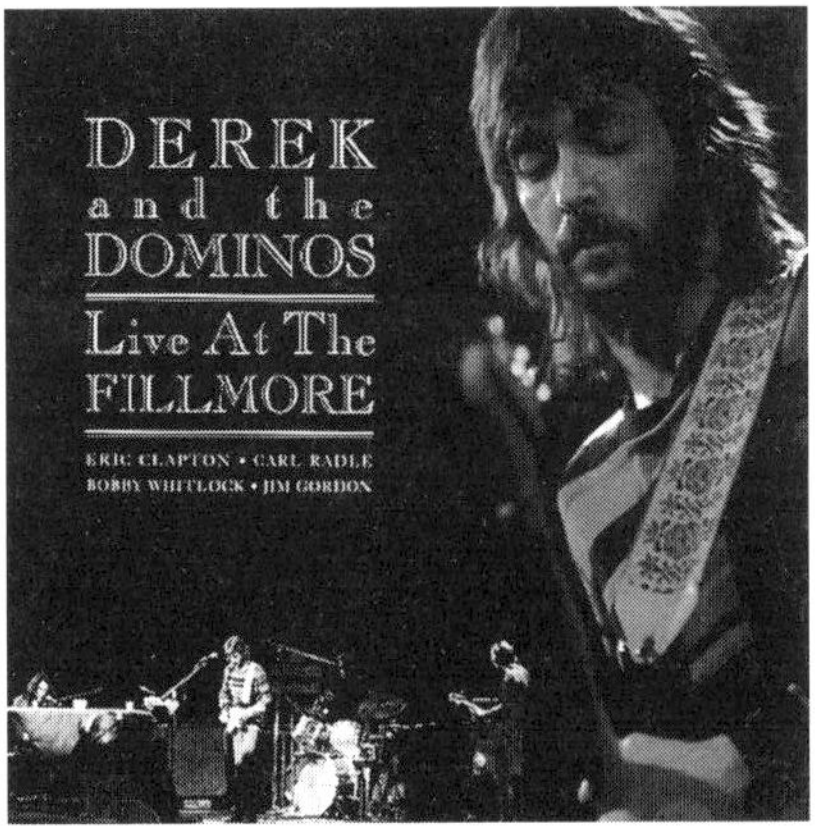

米・Polydor/Chronicles：314 521 682-2［CD］
発売：1994年

[1]
1. Got To Get Better In A Little While
2. Why Does Love Got To Be So Sad?
3. Key To The Highway
4. Blues Power
5. Have You Ever Loved A Woman
6. Bottle Of Red Wine

[2]
1. Tell The Truth
2. Nobody Knows You When You're Down And Out
3. Roll It Over
4. Presence Of The Lord
5. Little Wing
6. Let It Rain
7. Crossroads

プロデューサー：Bill Levenson
エンジニア：Eddie Kramer

DEREK & THE DOMINOS
In Concert
イン・コンサート

英・RSO：2671 101
発売：1973年1月
米・RSO：SO2-8800
発売：1973年1月

[A]
1. Why Does Love Got To Be So Sad
2. Got To Get Better In A Little While

[B]
1. Let It Rain
2. Presence Of The Lord

[C]
1. Tell The Truth
2. Bottle Of Red Wine

[D]
1. Roll It Over
2. Blues Power / Have You Ever Loved A Woman

エンジニア：Eddie Kramer
参加ミュージシャン：Bobby Whitlock (kbd, vo), Jim Gordon (ds, per), Carl Radle (b)

当初はLP2枚組、『イン・コンサート』のタイトルで発売。70年10月23、24日にフィルモア・イーストで各2回行われたショウからベスト・テイクを選んだものとされたが、曲数が少ない上に実際のセット・リストとは曲順も異なっていたため、94年に『ライヴ・アット・ザ・フィルモア』と題された13曲入りの完全版がリリースされた。メンバー4人だけの演奏はラフだし、『レイラ』と比べると圧倒的に音が足りない感じはするものの、エディ・クレイマーによる録音は悪くない。これがどのタイミングでリマスターされるのかと思っていたら、『レイラ』の40周年版のデラックス箱にさらに手を加えたニュー・ヴァージョンで収録されたのである。

　オリジナル・アルバムのLP、CDに、オルタネイト・マテリアルのすべてと、リマスターされたフィルモア・ライヴ、それに5.1サラウンド・ミックスを収録し、ハード・カヴァー・ブックとアート・シートやステッカー、バッジなどをつけて、開くと『レイラ』のジャケットの立体版が現れるという特殊仕様の箱につめたセットは、デレク&ザ・ドミノスのコンプリート・ワークスだ。すでに入手困難になっているが、この箱は素晴らしい。　**和久井**

Layla And Other Assorted Love Songs [40th Anniversary Ultimate Collection Edition]

欧・Polydor：0600753314326 [LP+CD+DVD]
発売：2011年

[A] [B] [C] [D]
Same As "Layla And Other Assorted Love Songs"
[1] The Original Album
1-14. Same As "Layla And Other Assorted Love Songs"
[2] Bonus Disc
1. Mean Old World / 2. Roll It Over / 3. Tell The Truth / 4. It's Too Late / 5. Got To Get Better In A Little While / 6. Matchbox (With Johnny Cash & Carl Perkins) / 7. Blues Power / 8. Snake Lake Blues / 9. Evil / 10. Mean Old Frisco / 11. One More Chance / 12. Got Yo Get Better In A Little While Jam / 13. Got To Get Better In A Little While
[3] In Concert Part.1
1. Why Does Love Got To Be So Sad? / 2. Got To Get Better In A Little While / 3. Let It Rain / 4. Presence Of The Lord / 5. Key To The Highway / 6. Nobody Knows You When You're Down And Out
[4] In Concert Part.2
1. Tell The Truth / 2. Bottle Of Red Wine / 3. Roll It Over / 4. Blues Power / 5. Have You Ever Loved A Woman
Bonus Material
6. Little Wing / 7. Crossroads
[DVD] 5.1 Surround Sound DVD (Previously Unreleased 5.1 Mix)
1-14. CD1と同じ内容
プロデューサー：Tom Dowd, Derek & The Dominos
コンピレーション・プロデューサー：Bill Levenson, Ashley Kahn, Eliot Kissileff
エンジニア：Andy Johns, Eddie Kramer

BOBBY WHITLOCK

ボビー・ウィットロック

森山公一

クラプトンの人生は憧れの連続だ。バディ・ホリー、ロバート・ジョンソン、バディ・ガイ、ジミ・ヘンドリックス、ザ・バンド、常に〝この人みたいになりたい〟という羨望に突き動かされてきた彼がある時期、その出自も含めて、猛烈に憧れたのがデレク&ザ・ドミノスで行動を共にしたボビー・ウィットロックである。

1948年3月、メンフィスで牧師の息子として産まれたウィットロックは、幼少期からゴスペルに親しみ、十代でR&Bの虜となる。地元スタックス・スタジオに出入りするようになり、MG'sの面々はもちろん、レーベル所属のサム&デイヴやアルバート・キングとも懇意にしていたという。シンガー/キーボーディストとして頭角を現したウィットロックは68年、レオン・ラッセル作の「ラズベリー・ラグ」で、スタックス系レーベルと契約した初の白人アーティストとしてデビューを果たす。同じ頃、レコーディングで知り合ったディレイニー&ボニーから加入を要請され、フレンズの一員となって以降の活動は、本書の他の頁でも触れられているはずだ。

ドミノス解散後は、70年代に4枚のソロ作をリリースするも、思うような評価は得られず業界を引退。99年のカムバック作『イッツ・アバウト・タイム』まで20年以上も沈黙し続けた。復帰してからは、自らのレーベルから発掘音源や愛妻ココ・カーメル（ディレイニー・ブラムレットの元嫁！）とのデュエット作をコンスタントにリリースしたりと、精力的な活動を行なっているが、〝昔の名前で出ています〟的にドミノス時代のセルフ・カヴァーを演りまくるので、リスナーとしては食傷気味である。是非とも元気なうちに、クラプトンも羨んだ、エモーショナルな歌声が聴けるオリジナル作品を創ってほしいものだ。でも、最近は絵画制作に夢中なのよね〜。

Bobby Whitlock

米・Dunhill / ABC：DSX 50121
発売：1972年4月

[A] 1. Where There's A Will There's A Way / 2. Song For Paula / 3. A Game Called Life / 4. Country Life / 5. A Day Without Jesus
[B] 1. Back In My Life Again / 2. The Scenery Has Slowly Changed / 3. I'd Rather Live "The Straight Life" / 4. The Dreams Of A Hobo / 5. Back Home In England
プロデューサー：Andy Johns, Bobby Whitlock
参加ミュージシャン：Eric Clapton (g), George Harrison (g)...etc

『いとしのレイラ』〜『オール・シングス・マスト・パス』と地続きで制作されたボビー・ウィットロックの初ソロ作。

エリック、ジム・ゴードンらのドミノス組に加え、ジョージ・ハリスンやクラウス・フォアマンといった英国勢も参加した、スワンプ・ロックを語る上で、欠かすことのできない作品だ。

スリリングなロック・ナンバー「バック・イン・マイ・ライフ・アゲイン」、夢幻的なアシッド・フォーク「ア・ゲーム・コールド・ライフ」、もろバーズ風カントリー・ロック「アイド・ラザー・リヴ・ザ・ストレイト・ライフ」ほか、全編がウィットロックによるオリジナル曲で、その引き出しの多さには感心させられる。

ウィットロックがエリックのプレイを絶賛した「ザ・シーネリー・ハズ・スロウリー・チェンジド」も収録。温かみのあるトーンと、なめらかなフレージングは、彼がスワンプ期に残した最高のものだろう。

Raw Velvet

米・Dunhill / ABC：DSX 50131
発売：1972年11月

[A] Raw / 1. Tell The Truth / 2. Bustin' My Ass / 3. Write You A Letter / 4. Ease Your Pain / 5. If You Ever / 6. Hello L.A., Bye Bye Birmingham
[B] Velvet / 1. You Came Along / 2. Think About It / 3. Satisfied / 4. Dearest I Wonder / 5. Start All Over
プロデューサー：Jimmy Miller, Joe Zagarino
エンジニア：Joe Zagarino
参加ミュージシャン：Eric Clapton (g, b), George Harrison (g), Keith Ellis (b), Rick Vito (g)...etc

ドミノス時代のクラプトンとの共作曲「テル・ザ・トゥルース」のニュー・ヴァージョンで幕を開けるセカンド・ソロ。

アナログでは片面ずつ、ロウ／ヴェルヴェットに分かれており、前作のアウト・テイクと思しきクラプトン参加の「ハロー・L.A.、バイ・バイ・バーミンガム」までのロウ・サイド（＝A面）は、アグレッシヴなロック・チューンが中心。一方、ピアノとストリングスが高尚な「ユー・ケイム・アロング」に始まるヴェルヴェット・コーナーは、メロウな作品で占められ、対比を楽しむことができる。

個人的には、南部フィール溢れる鍵盤さばきや、色っぽいヴォーカルが堪能できるB面が圧倒的に好みで、「シンク・アバウト・イット」でのレズリー・スピーカー回しっぱなしのオルガンや、「庭の木」の儚さが蘇るクロージング曲「スタート・オール・オーヴァー」で聞かせる微細なニュアンスはウィットロックならではのものだ。

One Of A Kind

米・Capricorn：CP 0160
発売：1975年

[A]
1. Movin' On
2. You Still On My Mind
3. Rocky Mountain Blues
4. Be Honest With Yourself
5. Goin' To California

[B]
1. Free And Easy (Way Of Lovin' You)
2. The Right Road Back Home
3. You Don't Have To Be Alone
4. Have You Ever Felt Like Leavin'
5. We Made It To The Moon

プロデューサー：Bill Halverson, Bobby Whitlock
エンジニア：Bill Halverson
参加ミュージシャン：Kenny Tibbetts (b), Rick Eckstein (ds), T.J. Tindall (g, banjo), Chuck Leavell (p), Richard Betts (g), Dru Lombar (g), Johnny Sandlin (tambourine), Jaimoe (per)

ジョージア州メイコンを拠点にサザン・ロック・シーンを牽引していたキャプリコーンに移籍してのサード。マイナー・キーの哀愁ロック「ムーヴィン・オン」は、イナたさ全開で何度聞いても好きになれないのだが、続く「ユー・スティル・オン・マイ・マインド」からはドミノス時代を彷彿させるメロウなボビー節が炸裂、名人級のB3オルガン・プレイも相まって、ハッピーな気分に満たされる。

オールマン・ブラザーズ・バンドの弟分として知られた、グラインダー・スイッチのドルー・ロンバーによるスライド・ギターをフィーチャーした「ロッキー・マウンテン・ブルース」もゴキゲンだ。スライドといえば、本家オールマンのディッキー・ベッツも「ユー・ドント・ハヴ・トゥー・ビー・アローン」で、浮遊感あふれるドラッギーな演奏を聴かせてくれた。

ボニー・レイット作品への参加で知られ、白人でありながらMFSBのメンバーとしてフィリー・ソウルの確立に貢献したギタリストのT．J．ティンドールは、アルバム全編で的確なカッティングやオブリガードを披露、人種の壁をものともしない彼のプレイが、本作のジャンルレスな仕上がりに貢献したのは間違いない。「ハヴ・ユー・エヴァー・フェルト・ライク・リーヴィン」の印象的なバンジョーもティンドールによるものだ。

Rock Your Sox Off

米・Capricorn：CP 0168
発売：1976年

[A]
1. Why Does Love Got To Be So Sad
2. If You Only Knew Me
3. Sweet Mother's Fun
4. The Second Time Around

[B]
1. Brand New Song
2. Bottom Of The Bottle
3. (It's Been A) Long Long Time
4. Make It Through The Night

プロデューサー：Paul Hornsby
エンジニア：Kurt Kinzel
参加ミュージシャン：Kenny Tibbetts (b), Jerome Thomas (ds, per), Jimmy Nalls (g), Dru Lombar (g), Larry Haword (g), Chuck Leavell (p), Ricky Hirsch (g)...etc

数々のレコード・ジャケットを手掛け、『ブレックファースト・イン・アメリカ』（79年）のデザインでグラミー賞に輝いた英国人アート・ディレクター、ミック・ハガティーのポップなイラストに包まれたソロ第4弾。

前作に引き続きキャプリコーン・レコードお抱えのセッション・プレイヤーを総動員、安定のメイコン産サザン・ロックが満喫できる。

タイトルにある〝靴下を脱がせる〟というのは比喩表現で、〝驚かせる〟〝度肝を抜く〟との意味があるそうで、ボビーも本作の出来栄えにかなり満足していたことが読みとれる。

初っぱなからドミノス時代の「恋は悲しきもの」のセルフ・カヴァーが飛び出す。イントロのハード・ロック臭に一瞬たじろぐも、リズム・インしてからは南部ノリに落ち着いてひと安心。キーボードとツイン・ギターのフリー・ソウル的アプローチも新鮮だ。

歌のウマさが際立つミドル・テンポの「ザ・セカンド・タイム・アラウンド」あたりがボビーの真骨頂で、チャック・リーヴェルのピアノと、ボビーのオルガンがお互いにソロをとる間奏部もゴキゲン。かのレス・デューディックが参加しているのも見逃せない。

本作発表後、プライヴェイトな理由で音楽業界から引退。99年の『イッツ・アバウト・タイム』まで、長い沈黙期間に入ることになる。

It's About Time

英・The Grapevine Label：GRACD 265［CD］
発売：1999年

1. There She Goes / 2. Why Does Love Got To Be So Sad / 3. All About Time / 4. A Wing & A Prayer / 5. Sold Me Down The River / 6. It's Only Midnight / 7. Standing In The Rain / 8. Born To Sing The Blues / 9. High On You / 10. Bell Bottom Blues / 11. Ghost Driver / 12. I Love You

プロデューサー：Bobby Whitlock, Paddy Prendergast
エンジニア：Dean Gainsboro-Watkyn
参加ミュージシャン：Barry Swain (g), Buddy Miller (g), Steve Cropper (g), Daryl Johnson (b, cho), Brady Blade (ds), Ashley Whitlock (cho), Beau Whitlock (cho), Jim Horn (sax)...etc

70年代後半に表舞台から遠ざかって以来、知り合いに頼まれたセッション仕事や、他者へのソングライティング以外の時間は、子育てや農場での暮らしに忙しかったというウィットロックが、23年ぶりに発表したリーダー作。

　この時期、ディレイニー・ブラムレットも同じように英国のインディー・レーベルから復帰作をリリース、世界中でスワンプ・ロックが再び脚光を浴び、レジェンド達の新作が相次いで発売されのは、嬉しい事件だった。

　シンプルな編成ながら、奥行きを感じさせる通好みのプロダクションは、ドラムのブレイディ・ブレイドやギターのバディー・ミラーら、アメリカーナ界隈のいぶし銀ミュージシャンの力に負うところも大きい。

　多少の衰えは感じるものの、渋みを増した歌声はじゅうぶんに魅力的で、「ベル・ボトム・ブルース」のリテイクでのエモーショナルな歌唱は一聴の価値ありだ。

BOBBY WHITLOCK & KIM CARMEL
Other Assorted Love Songs, Live From Whitney Chapel

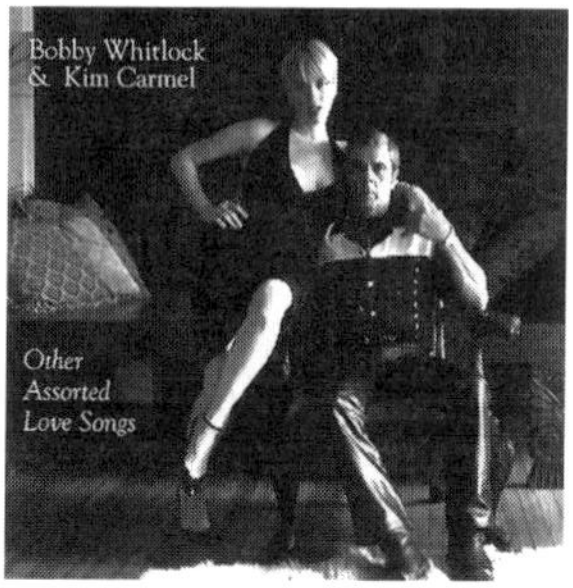

米・The Domino Label：GRACD 265［CD］
発売：2003年

1. I Looked Away / 2. Keep On Growing / 3. Anyday / 4. He's Gone / 5. All Things Must Pass / 6. Thorn Tree (Introduction) / 7. Thorn Tree In The Garden / 8. In The Middle Of The Night / 9. Bell Bottom Blues / 10. Good-Bye / 11. High On You / 12. Runnin' Wide Open / 13. Why Does Love Got To Be So Sad? / 14. Tell The Truth

プロデューサー：Kim Carmel
エンジニア：Kim Carmel

妻であるキム・カーメルとの初コラボ作は、ニュー・ジャージーで行われたライブ盤。

　じつは私、コレだけ未聴でして、取り寄せようにも〆切に間に合わなそうなので、この手のアルバムなら何でも揃っている、大阪はアメリカ村の老舗フォーク・ロック・バー、「フィービー」の佐藤さんに連絡して、いまお店で流してもらいながら本稿を書いてる次第です。

　前半はアコギの弾き語りで、ドミノス曲を次々に披露。鍵盤奏者として知られるボビーだが、ギターも相当な腕前だ。「庭の木」でのアプローチを聴けば、ギター奏法でもエリックに影響を与えていたことが分かる。

　ピアノに座っての「ベル・ボトム・ブルース」も絶品。キムも得意のサックスで、情熱的なブロウを聴かせてくれる。

　ディレイニー・ブラムレットの元嫁だったキムとの横恋慕騒動についても語りたいが、紙幅が尽きたようで、「すんません、バーボンもう一杯！」。

My Time

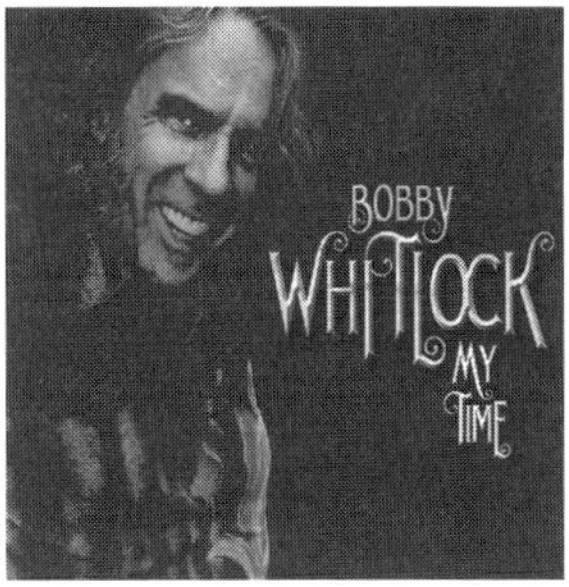

米・OVERALL MUSIC：OM012［CD］
発売：2009年10月31日

1. You Sold Me Down The River / 2. Bell Bottom Blues / 3. It's Only Midnite / 4. Wing And A Prayer / 5. Home / 6. Why Does Love Got To Be So Sad / 7. I Get High On You / 8. It's Only Thunder / 9. Ghost Driver / 10. There She Goes / 11. I Love You / 12. I Was Born To Sing The Blues / 13. Standing In The Rain

プロデューサー：BOBBY WHITLOCK
参加ミュージシャン：Steve Cropper (g), Buddy Miller (g), Jim Horn (sax), Jim Keltner (ds)...etc

自主レーベルのドミノ（って、いつまでドミノス引きずっとんねん！）から発表された編集盤。

権利関係がどうなってるのかは不明だが、「ベル・ボトム・ブルース」ほか、全13曲中8曲が『イッツ・アバウト・タイム』（99年）と同テイクで、未発表曲を加えた〝新装版〟という紹介が正しいだろう。

とはいえ、トッド・ラングレンっぽいソウル・チューン「イッツ・オンリー・サンダー」（ジャック・テンプチンとの共作）や、雨のSEに導かれて奏でられるアコースティックな「スタンディング・イン・ザ・レイン」など、初出音源が思いのほか素晴らしく、ファンとしては両方持っていたい悩ましいアイテムとなっている。

06年以降はテキサス州オースティンに移り住み、妻でシンガーのココ・カーメルとの活動を地道に行っているボビー。本作収録の「アイ・ゲット・ハイ・オン・ユー」でも仲良くデュエットを披露している。

Vintage

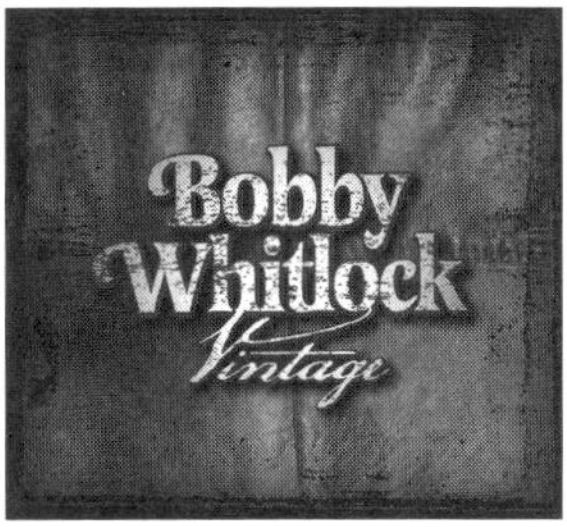

米・Bobby Whitlock：BWCC6999［CD］
発売：2009年5月26日

1. Whose Been Sleeping in My Bed / 2. Save Your Love For Me / 3. Southern Gentleman / 4. Streets Of L.A. / 5. Island Of Love / 6. My Old Pal / 7. Perfect Strangers / 8. Don't Pass Us By / 9. This Time (They're Won't Be No Next Time) / 10. Your Love / 11. It's About Time / 12. Dorothy & John

プロデューサー：Bobby Whitlock
参加ミュージシャン：Coco Carmel (vo), Steve Cropper (g), Buddy Miller (g), Jim Horn (sax, flute), Jim Keltner (ds), Brady Blade (ds), Daryl Johnson (b), Barry

謎に包まれていた隠遁生活時代、80年代以降の未発表音源を集めたコンピレーション盤。

ナッシュヴィルに赴いてコンポーザー活動を行なっていた頃の録音や、盟友スティーヴ・クロッパーとの共演曲、クラプトンを想って書いたという「マイ・オールド・パル」など、聞き逃せない逸品が目白押しだ。

イーグルスのグレン・フライが取り上げた「フーズ・ビーン・スリーピング・イン・マイ・ベッド」ほか、他者に提供した曲のセルフ・カヴァーも含まれていて、トム・ジョーンズに歌われた正調カントリー「ディス・タイム・ゼア・ウォント・ビー・ノー・ネクスト・タイム」は、より骨太な本作収録ヴァージョンが決定版といえる。

色褪せない魅力を放つグッド・メロディーが満載で、バラードの「セイヴ・ユア・ラヴ・フォー・ミー」が群を抜いて美しい。もしも売れ線のメタル勢に採用されていたら、ビッグ・ヒットしたかもしれない。

ディレイニー・ブラムレット
Delaney Bramlett

森山公一

ディレイニー&ボニー解消直後、1972年に発表されたファースト・ソロ。華々しいオープニングのファンキー・チューン「オーヴァー・アンド・オーヴァー」、攻めたブラス・アレンジが光る「サンク・ゴッド」、B3オルガンとアコースティック・ギターの絡みが絶妙なソウル・バラード「アイム・ノット・ユア・ラヴァー、アイム・ユア・ラヴ」など、魅力的なオリジナル曲が並んではいるものの、バンド・グルーヴがいまひとつなのが残念。

アンサンブルの弱さをカヴァーするためか、どの曲もホーン・セクションやバック・アップ・コーラスの比重が高く、オーヴァー・プロデュース気味である。

せっかくの素材が台無しなほど、ぐちゃぐちゃに上書きしまくっているのは、離婚問題のショックを紛らわせたい、当時の心境の現れだろうか。

混沌という意味では、ミルト・ホランド（ティンカー・ベルのキラキラ音や、『奥様は魔女』の鼻ピクピクを考案した伝説の打楽器奏者）が作り出した民族楽器主体のビートに乗って、ズールー語のコーラスが飛び出すタイトル曲が群を抜いている。途中のロック・パートも含め、スワンプとは異なる世界観だが、ディレイニーの実験精神が垣間見えて面白い。

Some Things Coming

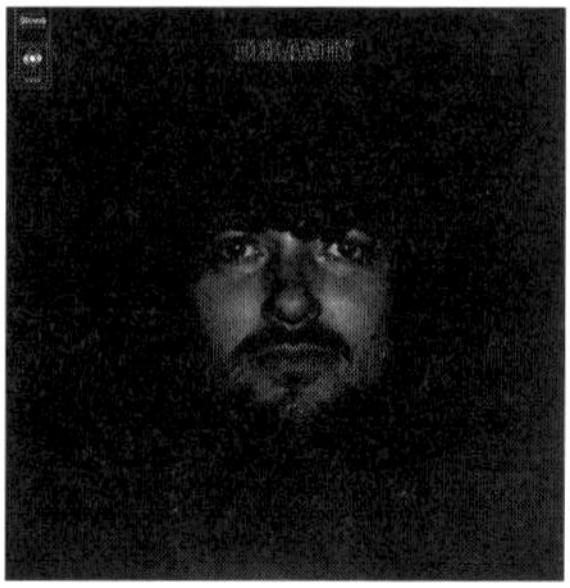

米・Columbia：KC 31631
発売：1972年

[A]
1. Over And Over
2. Thank God
3. Please Accept My Love
4. Keep It Going
5. Some Things Coming (Heartbeat)

[B]
1. Down By The Riverside
2. Sit Right Down
3. I'm Not Your Lover, I'm Your Lovee
4. Try A Little Harder

プロデューサー：Delaney Bramlett
参加ミュージシャン：Robert Wilson (b), Ron Grayson (ds), Tim Heding (org), Milt Holland (per), Clyde King (cho), Gloria Jones (cho), Shirley Matthews (cho), Venetta Fields (cho)...etc

Mobius Strip

米・Columbia：KC 32420
発売：1973年

[A] 1. Are You A Beatle Or A Rolling Stone / 2. What Am I Doin' (In A Place Like This) / 3. A Young Girl (In Her Garden) / 4. Big Ol' Piece Of Blues / 5. Circles
[B] 1. When A Man Is In Need Of A Woman / 2. I'm A M-A-N / 3. B.B.'s Blues / 4. Little Bit Of You In Me / 5. California Rain
プロデューサー：Delaney Bramlett, Doug Gilmore
参加ミュージシャン：Art Munson (g), Robert Wilson (b), Ron Grayson (ds), Tim Hedding (org)...etc

コロムビアからのソロ第2弾。前作のディレイニーは、どこか注意力散漫な印象で、精彩を欠いていたのが、本盤では息を吹き返したかのように力強いヴォーカルを聞かせてくれる。

特に「アイム・ア・マン」で見せるパフォーマンスには、シャウトのタイミング、フェイク時のニュアンス含め、本物のソウル・シンガー顔まけのブラック・フィーリングが宿っている。

レイ・プライスばりの4ビート・シャッフルが嬉しいカントリー曲「ア・リトル・ビット・オブ・ユー・イン・ミー」でも、白人シンガーにはないブルー・ノート使いが斬新だ。

ラストの「カリフォルニア・レイン」も聞きどころ満載で、ソウル・バラードから突然リズム・チェンジして、子供たちによる無垢な歌声が被さる展開が鳥肌モノだ。今やバック・コーラスの世界で大活躍する愛娘、ベッカ・ブラムレットの少女時代の歌唱が聞けるのも楽しみのひとつだろう。

DELANEY & BLUE DIAMOND
Giving Birth To A Song

米・MGM：M3G-5011
発売：1975年

[A] 1. Giving Birth To A Song / 2. I Get High / 3. So Much In Love / 4. My Lover's Prayer / 5. (I Wanna) Stay Home With You / 6. The Plug
[B] 1. Nothing Without You / 2. Never No More Blues / 3. Lonesome, Long Gone, And So Long / 4. Over You / 5. I Got Away
プロデューサー：Delaney Bramlett
参加ミュージシャン：Jim McGrew (g), Nick Van Maarth (g), Fred Rivera (b), Victor Pantoja (per)...etc

プロデュースを務めた業界の重鎮、ジョン・ボーエンの口利きでレコード会社をＭＧＭに移籍、新たなバック・バンド、ブルー・ダイアモンドを従えてリリースしたソロ3作目。

女性コーラスやブラス・セクションに彩られた、これまでの作品とは違って、シンプルな編成でタイトにまとめあげているのが特徴だ。

のちにフリートウッド・マックに参加するルーツ系ＳＳＷ、ビリー・バーネットが、11曲中5曲をディレイニーと共作している。チップス・モーマンの興したアメリカン・サウンド・スタジオで修行を積んだビリーだけあって、人種の垣根をこえたセンスが、ディレイニーの求めるサウンドに合致したのだろう。

ブラック・ミュージックに根差した硬派なロック・チューンが居並ぶなか、時代への目配せが感じられるヒット狙いの「ナッシング・ウィズアウト・ユー」が、一服の清涼剤のようで心地いい。

DELANEY & FRIENDS
Class Reunion

米・Polydor：PS-10017S1
発売：1977年

[A] 1. Locked Up In Alabama / 2. Everyday's A Holiday / 3. I Wish It Would Rain / 4. It's A Touchy Situation / 5. You Can't Measure My Love

[B] 1. I Think I Got It / 2. Invitation To A Heartbreak / 3. For Old Time's Sake / 4. Who You Gonna Blame It On / 5. You Were The Light

プロデューサー：Jimmy Bowen, Ray Ruff
エンジニア：Jerry Napier ...etc
参加ミュージシャン：Chuck Rainey (b), Jim Keltner (ds), Spider Taylor (g)...etc

モータウンの子会社であるプロディガルに移籍しての4作目。

得意のスワンプ・ナンバーから、時流に乗ったディスコ風サウンド、スージー・アランソンとのカントリー・デュエット「懐かしのシェイク」もあれば、テンプテーションズのカヴァー「アイ・ウィッシュ・イット・ウッド・レイン」まで、幅広いレパートリーが楽しめる。

なかでも、ディレイニーが〝一番影響を受けたジャンル〟と語ったゴスペル・ミュージックのフォーマットを採用した「はかない愛」が秀逸で、本気のコール&レスポンスに心躍らされる。

ところで本作、ジャケットの白抜き人物部分に数字が振られているんですが、コレは裏ジャケにある、歴代の共演者や家族への膨大なサンクス・リストと連動してるのでしょうか？　左端が2番でアフロ時代のクラプトンっぽくもあるけど、その横の9番がどうみてもキング・カーティスには見えなくて…知ってる方、教えて〜。

Sounds From Home

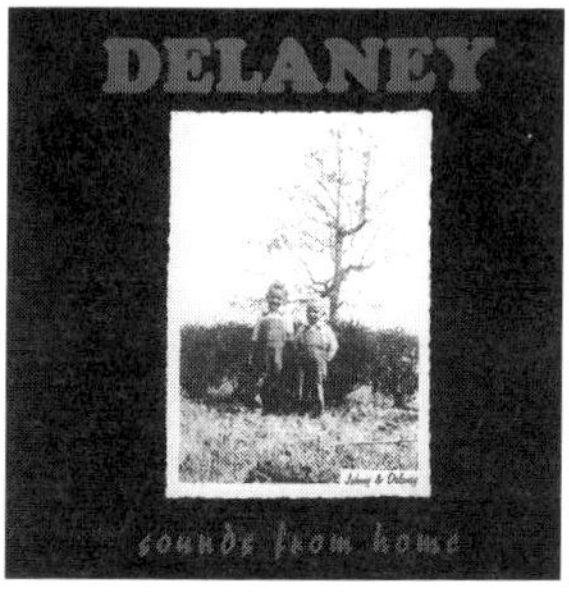

英・Zane Records：ZNCD1013［CD］
発売：1998年9月

1. Funky / 2. Everyday's A Holiday / 3. It's Over4. How Do You Know (There's Thruth In The Love) / 5. Locked Up In Alabama / 6. Free / 7. Mississippi / 8. Kiss / 9. Rock-n-Roll Lane / 10. Kim Carmel / 11. Aidee Aidee Idee Oh! / 12. Let It Rain / 13. Brown Paper Bag

プロデューサー：Delaney Bramlett, Kim Carmel Bramlett
エンジニア：Kim Carmel Bramlett
参加ミュージシャン：Chuck Rainey (b), Jim Keltner (ds), Randy Sharp (g), Kim Carmel Bramlett (cho), Bob Gross (b), David Bryan (cho)...etc

約20年の沈黙を破って、イギリスのマイナー・レーベルからひっそりとリリースされた久々のソロ・アルバム。

タイトル通り、デモ・テープに毛が生えた程度のホーム・メイドな仕上がりで、エンジニアは当時の妻である、キム・カーメルが担当。地元カリフォルニアでの仲間達との和気あいあいとしたセッションの模様が記録されている。商売っ気のまったく感じられない1枚だが、これが抜群に良いのだ。無理してディスコ・アレンジを施していた「ルックド・アップ・イン・アラバマ」のセルフ・カヴァーは、南部フィール溢れるソウル・ナンバーに生まれ変わっているし、トロピカルにリアレンジされた「レット・イット・レイン」でのヴォーカルは、ディレイニーがクラプトンの師匠だった事実を思い起こさせる。

いまこそ聴かれるべき心温まる名作、アナログで再発してくれないかしら。僕のCD、音飛びしまくるんですよね〜。

Sweet Inspiration

日・Dreamsville Records：YDCD-0081［CD］
発売：2002年4月27日

1. Sweet Inspiration / 2. Gone / 3. Get In / 4. Things I Didn't See / 5. Let It Rain / 6. Funky / 7. Stay / 8. I Have The Feel Of It / 9. Stay With Me / 10. Tight Rack / Alternate Mixes / 11. Sweet Inspiration / 12. Gone / 13. Get In / 14. Let It Rain

プロデューサー：Delaney Bramlett
エンジニア：Brian Jenkins
参加ミュージシャン：Hank Barrio (g), Peter Klimes (g), Bob Gross (b), Al Lichtenstein (ds), Spooner Oldham (kbd), Kim Carmel Bramlett (sax), Bekka Bramlett (cho), Clydie King (cho)...etc

89年に録音されながら未発売だったアルバムが、アメリカン・ミュージックを中心に良質な音楽を紹介し続ける日本のドリームズヴィル・レコードから02年に突如リリースされた。

オープニングを飾るのはダン・ペン&スプーナー・オールダム作の名曲で、スプーナー本人がキーボードで参加、極上のサザン・ソウルが味わえる。

その他、ソウル・バラードの「シングス・アイ・ディドゥント・セイ」、ニュー・オリンズ風ファンクの「ステイ」あたりに、ディレイニー節が顔を出すものの、どこか狙いの逸れた印象で、お蔵入りになったのも肯ける。

クラプトンのヒット曲として知られる「レット・イット・レイン」は、のちに『サウンズ・フロム・ホーム』のバック・トラックとして再利用されるものだが、ここでは歌心を無視したテクニカルなギターが入っており、チグハグな印象だ。「ファンキー」も前頁収録ヴァージョンの方が優れている。

A New Kind Of Blues

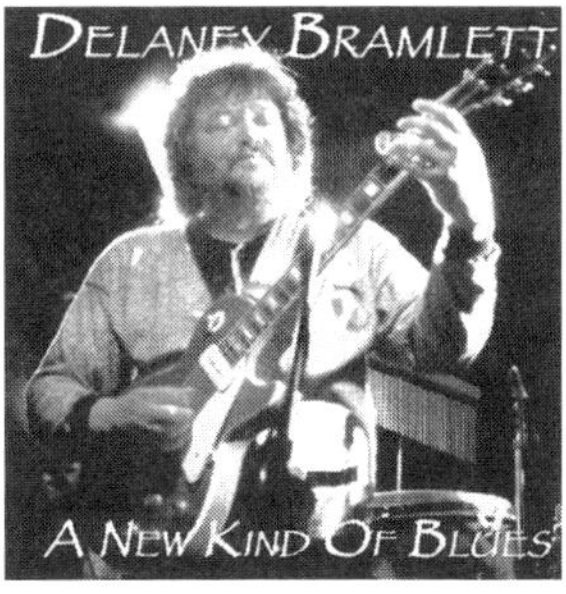

米・Magnolia Gold：MGR7181［CD］
発売：2007年

1. What Do You Do About The Blues / 2. Cold & Hard Times / 3. Mighty Mighty Mississippi / 4. Ol' Moanin' Blues / 5. A New Kind Of Blues / 6. Pontotoc / 7. Ain't Got Nothin' To Lose / 8. P.O.Box 32789 / 9. Change Gonna Come / 10. I Got The Time / 11. I'm Gonna Be Ready

プロデューサー：Delaney Bramlett
エンジニア：Kim Carmel
参加ミュージシャン：Kim Carmel (cho), Chad Watson (g, b, horns), Bob Gross (b), Bekka Bramlett (cho), David Raven (ds), Don Randi (kbd)...etc

〝少年をミシシッピから連れ出すことはできても、少年からミシシッピを連れ出すことはできない〟という古い言い回しがあるという。残念ながら遺作となってしまった本盤を聞くたびに、彼の地で生まれたディレイニー・ブラムレットの軌跡とともに、その文句が思い出される。

デルタ風味の「オール・モーニング・ブルース」、シカゴ・スタイルで聞かせるバンド編成の曲など、彼が影響を受けてきた多彩な音楽ジャンルの中でも、ブルースの占める割合が、いかに大きいかを物語る1枚だ。

絶品のスライド・ソロをフィーチャーした「コールド・アンド・ハード・タイムス」、芳醇なヴォーカルが堪能できるR&Bチューン「チェンジ・ゴナ・カム」といった、キャリア屈指のパフォーマンスが収録されたルーツ回帰作である。

生前のインタビューによれば、アルバム2枚分の録音を済ませていたそうで、未発表音源のリリースに期待したい。

ボニー・ブラムレット
Bonnie Bramlett

森山公一

Sweet Bonnie Bramlett

米・Columbia：KC 31786
発売：1973年

[A]
1. Able, Qualified, And Ready
2. Singer Man
3. Crazy 'Bout My Baby
4. Got To Get Down
5. Good Vibrations

[B]
1. Rollin'
2. Celebrate Life
3. The Sorrow Of Love
4. (You Don't Know) How Glad I Am
5. Don't Wanna Go Down There

プロデューサー：David Anderle
エンジニア：David Anderle, Eric Prestidge, John Fiore, John Haeny, Kent Nebergall, Rick Tarantini, Wayne Dailey
参加ミュージシャン：Lowell George (g), Richie Hayward (ds), Kenny Gradney (b), Sam Clayton (per)

ディレイニーとのコンビ分裂後にリリースされた、ボニー・ブラムレットのソロ第1弾。ノン・クレジットながら、得意のスライド・ギターを披露したローウェル・ジョージほか、リトル・フィートのメンバーに、クラプトンを介して知り合ったらしい、レコード・デビュー直前のアヴェレイジ・ホワイト・バンド（一説によると彼女が名付け親だという）の面々が大々的に参加した豪華な一枚だ。

ビーチ・ボーイズとの交流で知られ、MGMやエレクトラ等、数々のレーベルを渡り歩いたロスアンジェルス音楽界の〝仕事人〟、デヴィッド・アンダールが、ディレイニー&ボニーのラスト・アルバムに続いてプロデュースを担当している。

お洒落ファンキー・ソウルの「グッド・ヴァイブレーション」、ホーン・セクションを伴ったスワンピーな「セレブレート・ライフ」などのポップ・チューンから、ゴスペル風に料理されたナンシー・ウィルソンの「（ユー・ドント・ノウ）ハウ・グラッド・アイ・アム」といった渋めのナンバーまで、歌を中心に据えたサウンド・プロダクションが素晴らしい。

扱いづらいはずの、ハスキーな成分を巧みにコントロールする、本人のヴォーカル技術も大したものである。

It's Time

米・Capricorn：CP 0148
発売：1974年

[A] 1. Your Kind Of Kindness / 2. Atlanta, Georgia / 3. It's Time / 4. Cover Me / 5. Higher & Higher
[B] 1. Where You Come From / 2. Cowboys And Indians / 3. (Your Love Has Brought Me From A) Mighty Long Way / 4. Since I Met You Baby / 5. Oncoming Traffic

プロデューサー：Johnny Sandlin
エンジニア：Sam Whiteside
参加ミュージシャン：Gregg Allman (org), Tommy Talton (g), Johnny Sandlin (g, per), Bill Stewart (ds, per), Kenny Tibbetts (b, per)...etc

キャプリコーンに移籍してのセカンド・ソロ。グレッグ・オールマンにブッチ・トラックス、チャック・リーヴェルといったオールマン・ブラザーズ人脈が巧みにサポート、南部フィーリングに溢れた作品となっている。

演奏自体は可もなく不可もなくといったところだが、全編通してヴォーカルが凄まじい。〝魂の叫び〟と言ってしまえば安っぽく聞こえるけれど、何かが憑依したかのような絶唱が続く。「ホエア・ユー・カム・フロム」での限界を超えて声を絞りだす場面は、師匠のティナ・ターナーも凌駕しているのでは？

壮大なソウル・バラード「アンカミング・トラフィック」なんか、マジに喉がハチ切れそうで心配なほどだ。これまでのイメージを覆す、野性味あふれるセクシーなジャケットも、本人の気合いの表れに違いない。

次作からは、いくぶん力の抜けた余裕あるスタイルに変化するため、シャウト系をご所望の方はコチラを是非！

Lady's Choice

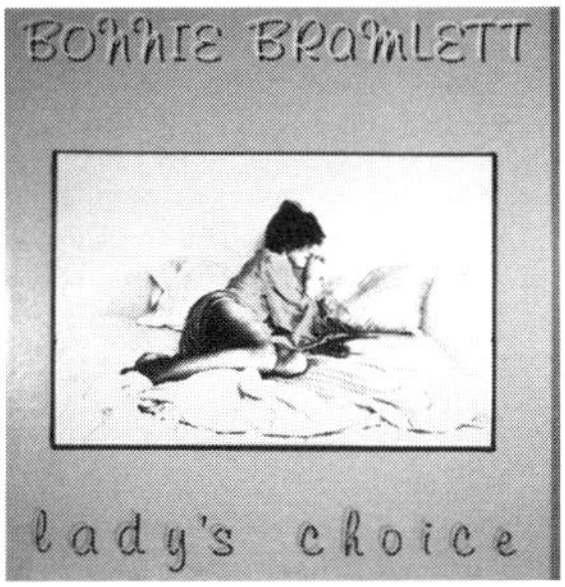

米・Capricorn：CP 0169
発売：1976年

[A] 1. Think (About It) / 2. Hold On I'm Coming / 3. You Send Me / 4. Never Gonna Give You Up / 5. Let's Go Get Stoned / 6. Two Steps From The Blues
[B] 1. If I Were Your Woman / 2. Ain't That Lovin' You Baby / 3. You've Really Got A Hold On Me / 4. Let's Go, Let's Go, Let's Go / 5. Forever Young

プロデューサー：Johnny Sandlin
エンジニア：Sam Whiteside, Carolyn Harris
参加ミュージシャン：Bobby Whitlock (vo), Gregg Allman (vo, org), Jimmy Hall (vo), Mickey Thomas (vo)...etc

ジェイムズ・ブラウン、サム&デイヴ、ジミー・リード、サム・クックといった、著名な黒人アーティストの代表曲を多数とりあげたソロ第3作。ボニーの趣味を反映した、ソウル・ミュージックの歴史をつまみ食いするような選曲はベタすぎて、好みの分かれるところだろう。

前作に引き続き、キャプリコーン組で制作された曲と、マッスル・ショールズに赴いて、現地の腕利きプレイヤー、〝スワンパーズ〟とレコーディングしたテイクが混在しているが、不思議と統一感があるのは、スケールの大きな歌唱力のおかげだ。

異色なのはラストに収められたボブ・ディランのカヴァー「フォエヴァー・ヤング」で、フィリー風の流麗なストリングスと管楽器隊を配して、極上のR&Bチューンへと生まれ変わらせている。最後までブラック・ミュージックで引っぱっていたのが、この曲／アレンジへの〝フリ〟だとしたらボニー女史、相当な策士である。

Memories

米・Capricorn：CPN-0199
発売：1978年

[A] 1. Holdin' On To You / 2. Writing On The Wall / 3. Except For Real / 4. Lies / 5. I've Just Seen A Face
[B] 1. Can't Find My Way Home / 2. The Flame Blinds The Moth / 3. Can't Stay / 4. Memories

プロデューサー：Deke Richards
エンジニア：Steve Pouliot
参加ミュージシャン：Richard Hirsch (g), Steve Beckmeier (g), Fred Beckmeier (b), Jay Armentrout (ds), Robert A. Martin (kbd, sax), Clydie King (cho), Sherlie Matthews (cho), Venetta Fields (cho)

キャプリコーンでの最終作は、モータウンで重要な仕事に携わってきたディーク・リチャーズによるプロデュース。ツボを心得た選曲とアレンジが光る傑作だ。コンポーザーとしても貢献したリチャーズ作の「ライティング・オン・ザ・ウォール」は、ストリングスが印象的なスウィート・ソウルで、ボニーのヴォーカルが軽やかに宙を舞う。

本書の読者には、ブラインド・フェイスの「キャント・ファインド・マイ・ウェイ・ホーム」のカヴァーが気になるところだろう。バンジョーのトラディショナル奏法を取り入れて、アメリカンな風を吹かせている。ビートルズ「夢の人」をファンキーにモデル・チェンジさせてみせたりと、意表をついた冒険心が頼もしい。

白眉は「エクセプト・フォー・リアル」で、天才編曲家、ジーン・ペイジによるオーケストレイションと、ペダル・スティール・ギターが織りなす世界観に圧倒される。

Step By Step

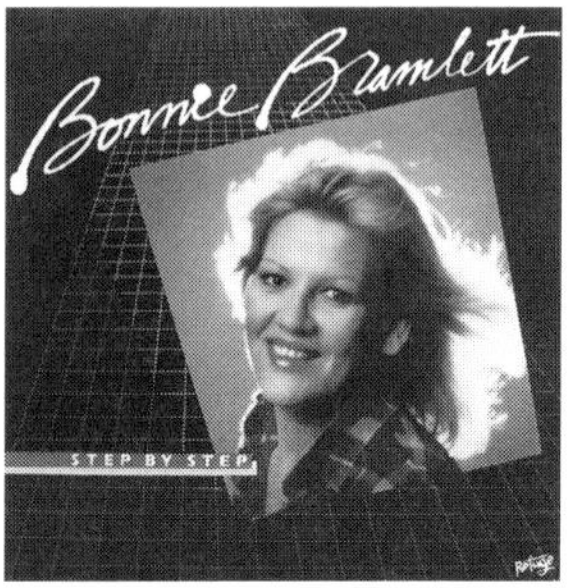

米・Refuge Records：R-3768
発売：1981年

[A] 1. Givin' It Up / 2. Back Out On The Streets / 3. For The Love Of It / 4. Let It Flow / 5. Whispering Hope
[B] 1. Step By Step / 2. White Dove / 3. Sweet Rose Of Sharon / 4. Joy

プロデューサー：Greg Nelson
エンジニア：Scott Hendricks
参加ミュージシャン：Jon Goin (g), Kenny Mims (g), Larry Paxton (b), Joe English (ds), Mitch Humphries (kbd), Bobby Jones (cho), Donna McElroy (cho)...etc

70年代後半にキリスト教へと改宗したボニー・ブラムレットが、クリスチャン系レーベルのレフュージからリリースしたポップ・アルバム。これまでの土着的な肌触りから、シンセを大胆に導入したデジタル・サウンドへの転換を試みている。

ウイングスに在籍していたジョー・イングリッシュがドラムを担当しており、全体をタイトに締め上げてくれた。時代を感じるリヴァーブの増し増し処理が、一周まわって新鮮に響く。

アレンジはヨット・ロック風でも、曲のタイプや歌い回しにはスワンピーな要素が健在だ。ソロ活動以外でもバック・アップ・シンガーとして、オールマン系はもとより、デルバート・マクリントン、フランキー・ミラーなど、数々のアーティストをサポートし続けていただけに、声も全く衰えていない。

鍵盤のみで歌われる聖歌「ウィスパリング・ホープ」は、洗礼後だからか、本気度が違って聞こえるのは僕だけ？

I'm Still The Same

米・Koch/Audium：AUD-AD-8154［CD］
発売：2002年7月9日
プロデューサー：Billy Joe Walker Jr., Bonnie Bramlett, John Jonethis, Robby Turner, Stephen Nix
エンジニア：Patrick Kell

前作から20年以上の時を経て突如リリースされた本盤は、ジャジーな雰囲気をまとった本格ヴォーカル・アルバム。

全体のキーも無理しない範囲で低めに設定されており、ハスキー成分はそのままに、より太くなった歌声を堪能できる。

鳥瞰図を眺めるように演奏を把握する幅広い視野と、次の展開を予測する能力は全てのシンガーの憧れるところだろう。

どの曲も素晴らしいが、余裕綽々のヴォーカリゼイションが味わえるスタンダード「ユー・ビロング・トゥー・ミー」は珠玉の出来栄え。また、「スーパー・スター」のセルフ・カヴァーではミッキー・ラファエルがハープで参加、熱のこもった共演は感涙モノだ。

BONNIE BRAMLETT & MR. GROOVE BAND
Roots, Blues And Jazz

米・ZOHO：ZM 200604［CD］
発売：2006年3月14日
プロデューサー：Bonnie Bramlett, Tim Smith

スタンダードをしっとりと歌い上げた復活アルバムに続いてリリースされた本作は、アダルトな雰囲気を残したものもあれば、腕利き集団〝ミスター・グルーヴ・バンド〟と一体となって煽りまくる、ボニーのパワフルな一面にもスポット・ライトを当てた一枚となっている。

選曲やアレンジも攻めモードで、スティヴン・スティルスの「ラヴ・ザ・ワン・ユア・ウィズ」、グラム・パーソンズで知られる「ラヴ・ハーツ」といった共演経験のあるロック・アーティストのレパートリーも巧みに取り入れている。

それにしても、これが六十代の歌唱だと思うと恐ろしい。ニュアンスの妙が細部にまで行き届いている。

Beautiful

米・Rockin' Camel Music：RCM-DT005［CD］
発売：2008年
プロデューサー：Johnny Sandlin
エンジニア：Jeremy Stephens, Johnny Sandlin

キャプリコーン期以来、久々にジョニー・サンドリンをプロデューサーに迎えて制作された、現時点での最新作。オールマン関係で知られる南部サウンドの伝道師の手腕により、スワンプ・ロックに回帰、昔からのファンを喜ばせた。

フリートウッド・マックへの参加も話題となった、娘でシンガーのベッカ・ブラムレットをフィーチャーしているのも特徴で、カウンター・メロの仕掛けや、息の合ったハーモニー・パートに、お互いの信頼関係が垣間見えて嬉しくなる。

なお、「ウィットネス・フォー・ラヴ」で素敵な歌声を聞かせたランドール・ブラムレットは、ボニーやベッカと血縁関係はないので混同されぬよう。

“レイラ”ことパティ・ボイド、2011年（撮影：前むつみ）

The Complete
ERIC CLAPTON #3

Solo Years 1973-2000

欧米より遅れていた日本における初期エリックの存在

塩野章彦

プライヴェイトでの来日も多い大の親日家として知られるエリックだが、キャリアの初期において、日本でどのように受け入れられていたのか、いまとなってはよくわからなくなっている。ここでは初来日公演が行われた74年あたりまでにスポットを当てて、〝日本における初期のエリック・クラプトン〟を検証してみたい。

60年代の日本でのリリース状況

ご存知のようにエリックに関する音源でいちばん古いのはヤードバーズ時代のものだが、63年のレコード・デビューから約2年間、日本でのリリースは一枚もなく、65年6月に発売されたシングル「フォー・ユア・ラヴ」が最古のものと思われる。エリックがヤードバーズを脱退した原因ともなったグレアム・グールドマン作のポップ・ナンバーだが、日本盤のジャケットにはクルーカットにした若き日のエリックが写っている。

エリックが抜け、ジェフ・ベックが加入したヤードバーズは、「フォー・ユア・ラヴ」に続いて「ハートせつなく」などを英米でシングル・ヒットさせ、それなりに認知度が高まっていた。そのおかげで日本でもアルバム〝Five Live Yardbirds〟が、『ヤードバーズ・オン・ステージ』のタイトルで66年4月にリリースされている。ただ、この時点ではまだ、エリック・クラプトンというギタリストに注目していた日本人はほとんどいなかったのではないかと思う。

したがってエリックが本国で大きな注目を集めるきっかけとなった66年のアルバム『ブルース・ブレイカーズ・ウィズ・エリック・クラプトン』も日本では発売を見送られ、その直後に結成されたクリームも当初はまったく話題にならなかったのだ。ファースト・アルバム『フレッシュ・クリーム』は未発売、翌67年にシングル「アイ・フィール・フリー」がようやくリリースされるもののヒットには至らず、といった状況だった。

ところがこの年の11月に発売されたセカンド『ディズラエリ・ギアーズ』がアメリカで大ヒット、ライヴの評判がニュースとして日本にも伝わり、折からのサイケ・ブーム、アート・ロック・ブームと相俟って「どうやらクリームというすごいグループがいるらしい」と音楽ファンの間で噂が広がっていく。

そうなるとさすがにレコード会社も無視はできず、急いで国内発売を計画するのだが、当時はリリースを決めてから発売まで最短で半年近くもかかった時代。結局シングル「ストレンジ・ブルー」のリリースは68年の4月、アルバム『カラフル・クリーム（ディズラエリ・ギアーズ）』は同年の6月までずれ込んでしまった。

しかし、その後は6月からシングル「サンシャイン・ラヴ」「エニィワン・フォー・デニス」「ホワイト・ルーム」などがほぼ2か月おきに出て、保留になっていた『フレッシュ・クリーム』が2年遅れで発売される。

ようやく盛り上がってきたクリームの人気だったが、ここで日本のファンは「解散」という残念なニュースを聞くことになるのだ。サード・アルバム『ホィールズ・オブ・ファイア』は日本ではやはり半年遅れ、69年2月に『クリームの素晴らしき世界』というタイトルで発売されるのだが、この2枚目のライヴでのワイルドですさまじい演奏を聴いて、日本でもエリックが大注目されるようになった。ビートルズ、ストーンズ、アニマルズあたりから、いきなりクリームのライヴを体験した日本の音楽ファンは、果たしてどのような気持ちだったのか――。

60年代末という状況を考えれば欧米とのタイムラグは致し方ないが、ライヴを見ることも叶わず（当時の日本人で実際にクリームを観ることができたのは、アメリカに留学中だった亀渕昭信とザ・タイガース加入前に渡米していた岸部シロー、たまたまニューヨークで見たと言う横尾忠則ほか、ごくわずかな人たちだった）、存在を知ったとたんに手から離れていってしまった喪失感は、その後のエリックの評価（というか立ち位置）に、大きな影響を及ぼしたと思う。

当時の雑誌などを見てみると、69年半ばの時点でエリックは既に「スーパー・ギタリスト」としての不動の地位を得ていて、クリーム解散後の活動に大きな期待が寄せらせていたのが確認できる。同年8月に英米で発売された『ブラインド・フェイス』は国内盤が発売される12月まで待ちきれずに多くの人々が当時出回り始めた高額な輸入盤を買い求め、一説によるとそれは2千枚も売れたという。ただ、どちらかというとトラフィックに近い音楽性のブラインド・フェイスは、クリームのようなハードなブルース・ロックを期待するファンの嗜好には合わなかったようで、あまり良い評価を得られなかったのだ。これはその後のエリックがアメリカ南部の音楽への志向を強めてデレク&ドミノスに至ってからも同様で、音楽誌ではそれなりの評価は得られるものの、どうにも歯切れの悪い論調でのレヴューが目立っている。

日本のロック・ファンの72年の心情

話は少々飛ぶが、『ニューミュージック・マガジン』72年6月号の「ブリティッシュ・ロックを考える」という特集の中に、中村とうよう、小倉エージ、水上はる子、木崎義二の4名による座談会の模様が掲載されている。タイトルは「クリームを軸としてイギリス・ロックの歩みをとらえ直してみよう」。これはNHKの「ヤング・ミュージック・ショー」でクリームの解散コンサートの映像が放映された（初回は72年5月7日、同年7月29日再放送）のに合わせた企画だったはずだが、その時点での4人の評論家の〝クリームの捉え方〟を窺うことができて非常に面白い。みなさん、「クリームの登場は日本ではビートルズが出てきた時に匹敵するほどのショッキングな出来事だった」とか、「グループの時代から個人プレイヤー活躍の時代に移行する時期の象徴的存在だった」といった冷静な分析をしていて、小倉からは「ジョン・メイオール経由でエリック・クラプトンに早くから注目していた」という興味深い話も聞ける。けれど水上の「今は非常に良いと思えるけど、当時はクリームの後遺症で頭が一杯だったから、『ブラインド・フェイス』も『ドミノス』も意識として良くないっていう風につっぱねてし

ニューミュージックマガジン
1972年6月号

座談会「クリームを軸としてイギリス・ロックの歩みをとらえ直してみよう」
参加者：木崎義二、水上はる子、小倉エージ、中村とうよう（司会）

まった」という発言が、当時の一般リスナーの心情に近かったのではないかと思う。

この座談会でも触れられているが、クリームが日本のロック界に与えた影響についても、やはり書かなければならないだろう。

水上や木崎の証言にもあるように、別格は横浜のザ・ゴールデン・カップスだ。新しい音楽をいち早く入手できる土地柄を強みにしてレパートリーを広げていった彼らは、「アイム・ソー・グラッド」「スプーンフル」「ストレンジ・ブルー」「ホワイト・ルーム」「悪い星の下に」などをほぼリアルタイムで取り上げていたが、いずれも単なるコピーではなく、彼らのテイストを加味した素晴らしい演奏を聴かせていた。多くの評論家やミュージシャンが、カップスのカヴァーする曲を聴いて最新のロックを勉強していたという逸話も納得できる。

他にもヘルプフル・ソウルやパワー・ハウスなどが69年春にはクリームのレパートリーを収録したアルバムをリリースしているが、正直なところ出来はいまひとつ。
同年10月には竹田和夫、布谷文夫が在籍したブルース・クリエイションのファースト・アルバムが日本グラモフォンより発売。15歳の時に『ファイヴ・ライヴ・ヤードバーズ』や『ブルース・ブレイカーズ・ウィズ・エリック・クラプトン』を聴いてショックを受け懸命に研究したという竹田らしく、全8曲中7曲がエリック絡みの曲である。その成果もあってか、ギターのフレーズや音色は同時代のグループより頭ひとつ抜き出ていて、いま聴いてもなかなかの完成度だ。その後の竹田はエリックの影響を表立って出すことは少なくなったが、73年にマウンテンの前座をクリエーションが務めた縁で、フェリックス・パパラルディとレコーディングとツアーを共にすることになるのだから面白い。竹田もそうだが、森園勝敏やＣｈａｒなど、のちに日本ロック界のスターとなるギタリストの多くがクリーム時代のエリックのギターを懸命にコピーした時期があったと証言している。つまり、それ以前はヴェンチャーズや寺内タケシのプレイに学んだギター・キッズが、エリックを〝新しいお手本〟としたのが69年だったということである。

ようやくクリームが認知された当時の日本では、ブームだったグループ・サウンズが急激に失速し、本格的にロックの時代が始まりつつあった。しかし楽器やアンプ、

ＰＡなどがロックを聴かせる環境には遠く、演奏テクニックも手探りの状態だったのだ。本格的なロックの開花は海外アーティストがこぞって来日公演を行ない、国内のギター・メーカーからフェンダーやギブソンのコピー・モデルが発売されるようになる70年代まで待たなければならなかった。

初来日の絶妙なタイミング

数か月ごとに目まぐるしく移り変わっていた60年代末の音楽シーンで、欧米に1年以上の遅れを取ってしまっていたことで、日本ではクリーム以降のエリックの正しい評価がなされていなかったという事実は否めない。それは単純に時間軸だけの問題ではなく、エリックの新しい試みを理解するだけの音楽的素養がこちら側になかったり、音や写真から勝手に求道的でシリアスなイメージを求めてしまっていたということもあったのかもしれない。71年以降ドラッグ問題などで約3年にわたってのブランクができてしまったのは残念なことだったが、逆に日本では、その時期に充分な時間をかけてクリームの幻影を追い払うことが出来た、という面もあったのではないかと思う。

74年、『461オーシャン・ブールヴァード』がリリースされたころには日本でもエリックの新しい路線を受け入れる下地ができていたし、同作はそれを裏づけるようなヒットを記録している。そして、これ以上ないというベストなタイミングで待望の初来日公演を迎えることになったのが、その後50年の変わらぬ人気につながったのではないだろうか。（文中敬称略）

ヤードバーズ
フォー・ユア・ラヴ
日・東芝音楽工業：OR-1276［7″］
発売：1965年

ヤードバーズ
ヤードバーズ・オン・ステージ
日・東芝音楽工業：OP-7479
発売：1966年

ジョン・メイオールとブルース・ブレイカーズとエリック・クラプトン
ジョン・メイオールとエリック・クラプトン
日・キング：SLC-228
発売：1969年

クリーム
フレッシュ・クリーム
日・日本グラモフォン：SLPM-1402
発売：1968年

ERIC CLAPTON JAPANESE RELEASE LIST 1965-1971

ヤードバーズ			
65年6月	7″	フォー・ユア・ラヴ	東芝音楽工業：OR-1276
66年4月	LP	ヤードバーズ・オン・ステージ ※“Five Live Yardbirds”と同内容	東芝音楽工業：OP-7479
69年5月	LP	不滅のヤードバーズ＝二大ギタリストの競演	東芝音楽工業：OP-8639
69年6月	LP	サニー・ボーイ・ウィリアムソンとヤードバーズ	ビクター：SFL-7375
70年2月	LP	ヤードバーズ・イン・コンサート ※“Five Live Yardbirds”と同内容	東芝音楽工業：OP-8865
ジョン・メイオール&ブルース・ブレイカーズ			
68年12月	7″	オール・ユア・ラヴ	キング：TOP-1343
69年2月	LP	ジョン・メイオールとエリック・クラプトン	キング：SLC-228
クリーム			
67年6月	7″	アイ・フィール・フリー	日本グラモフォン：DP-1527
68年4月	7″	ストレンジ・ブルー	日本グラモフォン：DP-1561
68年5月	LP	カラフル・クリーム	日本グラモフォン：SLPM-1390
68年6月	7″	サンシャイン・ラヴ	日本グラモフォン：DP-1568
68年8月	7″	アウトサイド・ウーマン・ブルース	日本グラモフォン：DP-1578
68年9月	LP	フレッシュ・クリーム	日本グラモフォン：SLPM-1402
68年10月	7″	エニィワン・フォー・デニス	日本グラモフォン：DP-1588
69年1月	7″	ホワイト・ルーム	日本グラモフォン：DP-1601
69年2月	LP	クリームの素晴らしき世界＝スタジオ録音	日本グラモフォン：SMP-1416
69年2月	LP	クリームの素晴らしき世界＝フィルモア実況録音	日本グラモフォン：SMP-1417
69年5月	7″	クロスロード	日本グラモフォン：DP-1619
69年7月	LP	グッバイ・クリーム	日本グラモフォン：SMP-1435
69年9月	LP	ベスト・オブ・クリーム	日本グラモフォン：SMP-1445
70年1月	LP	ライヴ・クリーム	日本グラモフォン：MP-2105
70年11月	7″	ローディ・ママ	日本グラモフォン：DP-1741
72年5月	LP	ライヴ・クリーム Ⅱ	日本グラモフォン：MP-2247
ブラインドフェイス			
69年12月	LP	スーパー・ジャイアンツ	日本グラモフォン：MP-1456
70年1月	7″	プレゼンス・オブ・ザ・ロード	日本グラモフォン：DP-1667
70年4月	7″	オール・ライト	日本グラモフォン：DP-1686
デラニー&ボニー&エリック・クラプトン			
70年6月	7″	カミン・ホーム	日本グラモフォン：MT-2031
70年9月	LP	オン・トゥアー	日本グラモフォン：DT-1152
エリック・クラプトン・ソロ			
70年12月	LP	ソロ	日本グラモフォン：MP-2122
71年2月	7″	アフター・ミッドナイト	日本グラモフォン：DP-1759
デレク&ドミノス			
71年3月	LP	いとしのレイラ	日本グラモフォン：MP-1435
71年6月	7″	いとしのレイラ	日本グラモフォン：DP-1782
その他			
69年6月	LP	ホワッツ シェイキン　ニューロックのスターたち ※“パワー・ハウス”収録	ビクター：SJET8128

[1995 Remastered CD]

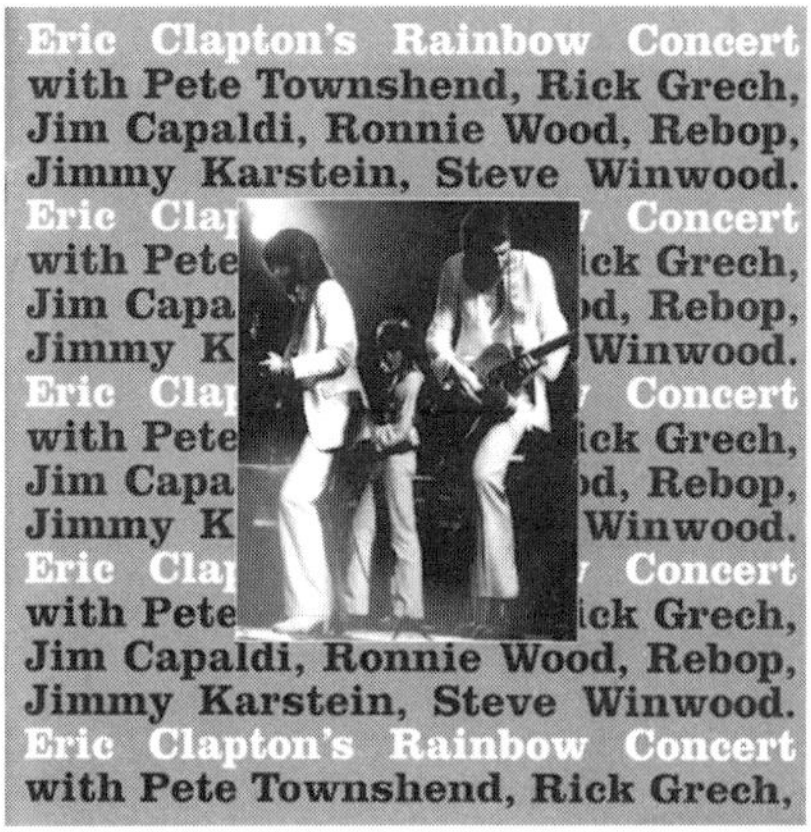

米・Polydor：P2 27472

1. Layla
2. Badge
3. Blues Power
4. Roll It Over
5. Little Wing
6. Bottle Of Red Wine
7. After Midnight
8. Bell Bottom Blues
9. Presence Of The Lord
10. Tell The Truth
11. Pearly Queen
12. Key To The Highway
13. Let It Rain
14. Crossroads

プロデューサー：Andy MacPherson, Jon Astley

Rainbow Concert
レインボー・コンサート

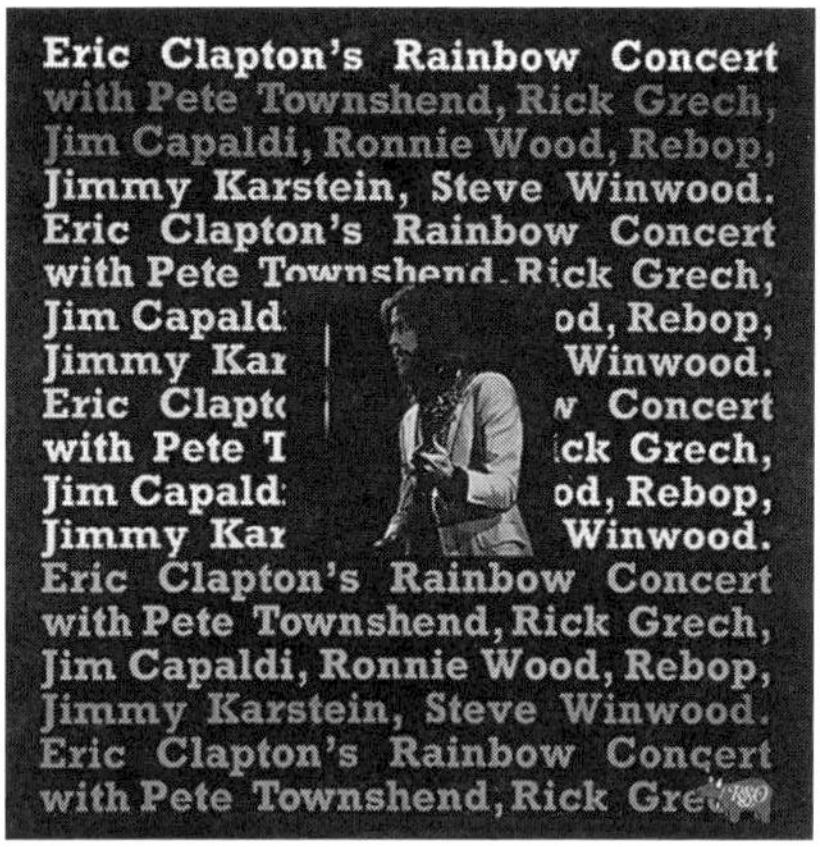

英・RSO：2394 116
発売：1973年9月10日
米・RSO：SO 877
発売：1973年9月

[A]
1. Badge
2. Roll It Over
3. Presence Of The Lord

[B]
1. Pearly Queen
2. After Midnight
3. Little Wing

プロデューサー：Bob Pridden
エンジニア：Phil Chapman
参加ミュージシャン：Pete Townshend (g, vo), Ron Wood (g, vo), Steve Winwood (kbd, vo), Jim Capaldi (ds, vo), Ric Grech (b), Rebop Kwaku Baah (per), Jimmy Karstein (ds)

ドミノス解散後、ヘロイン中毒を克服すべくサリーの自宅に引き篭もっていたエリックは、71年8月1日にマジソン・スクエア・ガーデンで開かれたバングラ・デシュ救済コンサートの2回のショウで演奏した以外は一切人前に姿を現さなかった。

そんな彼を復帰させようと、ピート・タウンゼンドの呼びかけで開催されたのがレインボー・シアターでのコンサートで、73年1月13日の17時半と20時半の2回のショウからベスト・テイクを選んだのがこのライヴ盤『レインボー・コンサート』だった。

ギターはタウンゼンドとロン・ウッド、ベースはリック・グレッチ、トラフィックからスティーヴ・ウィンウッド（キーボード）、ジム・キャパルディ（ドラムス）、リーバップ（パーカッション）が加わり、ジョー・コッカー・バンドにいたジミー・カーステインがダブル・ドラムの一方を担当。録音はグリン・ジョンズ、リミックスはボブ・プリッデンによる。

オリジナル版に収録されたのはわずか6曲だったが、『エリック・クラプトン』と『レイラ』にうまく反応することができなかった日本のリスナーが、ようやくエリックの現在を受け止めたアルバムだった。演奏は粗っぽくグチャグチャしているものの、ブルース・ロックでもハード・ロックでもスワンプ・ロックでもない〝王道〟ぶりに、70年代ロックの〝大人感〟があふれているのには感心させられたのだ。

94年のリマスターＣＤでは曲が倍以上となり、当日のセット・リストがわかるようになったが、ボロボロの「レイラ」から次第に調子を取り戻していって、後半はみごとな演奏を聴かせるエリックを、無理やり演出した感がある。94年のスタジオ技術では、別テイクのいいところを抜き出して、もとのテイクと編集することもできるようになってはいたが、ヴォーカル／コーラスの整い方や、ギター・ソロの出来などはちょっと嘘くさい。

けれども、一夜かぎりのショウの全貌がわかる形で蘇ったのはちょっと感動的であり、オールド・ファンのひとりとしては〝やりすぎ〟もこれならいいか、と思ったものだった。

ロバート・スティグウッドはこのショウを観るまでエリックの復帰には半信半疑だったはずだが、ＲＳＯの看板スターに相応しいと判断し、『461オーシャン・ブールヴァード』の制作を全力でサポートするのだ。ヘロインは抜けたとは言え、コカインとアルコールに依存しているのは明らかだった当時のエリックが、次なる一歩をどう踏み出すかを予想させた一枚として、やはり本作は忘れられない。

和久井

[2004 Deluxe Edition]

欧・Polydor：0602498252468
発売：2004年

[1] 461 Ocean Boulevard Remastered
1-10. "461 Ocean Boulevard" Session Out-Takes
11. Walkin' Down The Road
12. Ain't That Lovin' You
13. Meet Me (Down At The Bottom)
14. Eric After Hours Blues
15. B Minor Jam

[2] Live At Hammersmith Odeon, London. December 4th and 5th, 1974
1. Smile
2. Let It Grow
3. Can't Find My Way Home
4. I Shot The Sheriff
5. Tell The Truth
6. The Sky Is Crying / Have You Ever Loved A Woman / Ramblin' On My Mind
7. Little Wing
8. Singin' The Blues
9. Badge
10. Layla
11. Let It Rain

コンピレーション・プロデューサー：Bill Levenson

461 Ocean Boulevard

461 オーシャン・ブールヴァード

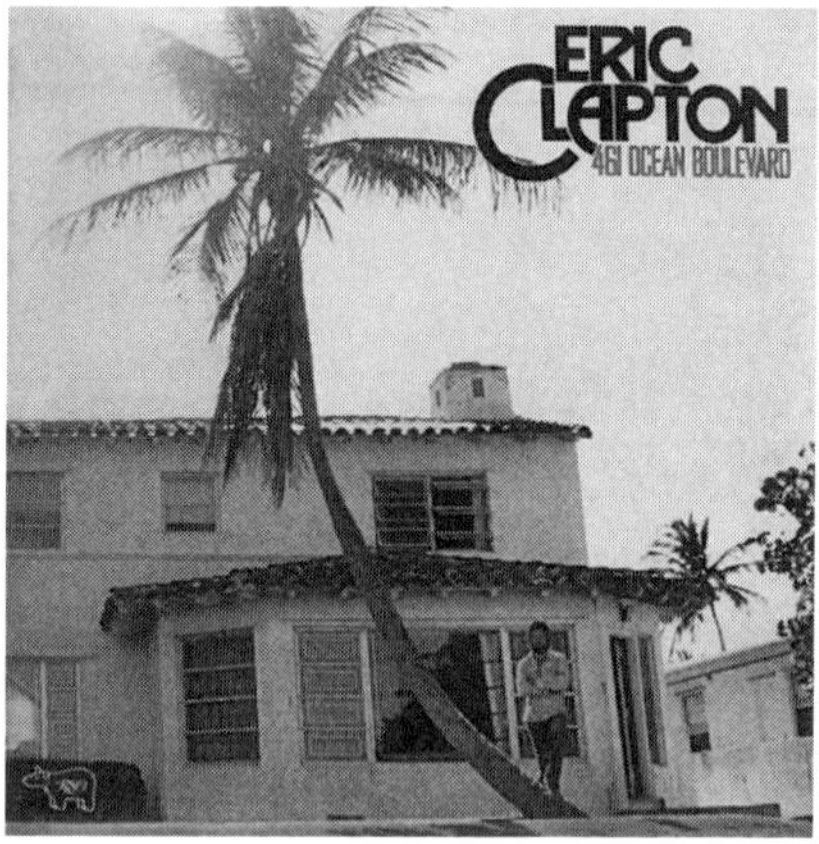

英・RSO：2479 118
発売：1974年8月
米・RSO：SO 4801
発売：1974年8月

[A]
1. Motherless Children
2. Give Me Strength
3. Willie And The Hand Jive
4. Get Ready
5. I Shot The Sheriff

[B]
1. I Can't Hold Out
2. Please Be With Me
3. Let It Grow
4. Steady Rollin' Man
5. Mainline Florida

プロデューサー：Tom Dowd
エンジニア：Ron Fawcus, Andy Knight, Karl Richardson
参加ミュージシャン：Carl Radle (b), Jamie Oldaker (ds, per), Yvonne Elliman (cho), George Terry (g, Cho), Albhy Galuten (kbd), Dick Sims (org), Al Jackson Jr. (ds), Jimmy Fox (ds), Tom Bernfield (cho)

レゲエを演る、というアイディアがどこで明確になったのかは定かではないが、60年代のロンドンではブルー・ビートと呼ばれたスカやレゲエをエリックが知らないわけはなかった。ジャマイカ〝島〟の音楽を英国で発売するためにアイランド・レコーズを始め、その後ロックに移行したクリス・ブラックウェルが、いよいよレゲエ界の首領ボブ・マーリーを世界に売り出そうとしていることも摑んでいただろう。LAスワンプを形にしたひとりだったエリックが、ジム・ゴードンが参加したジョニー・リヴァースのアルバム『LAレゲエ』(72年)を聴いていないわけはないから、マーリーのレゲエを都会的なロックに仕立て直せば話題になることは容易に想像できただろう。おそらくスティグウッドはマーリーの曲を売るのを条件に、ブラックウェルにも出資させたのではないだろうか。ミュージカルや映画の製作に踏み込んでいた彼は、そういう資金の集め方に精通していたと思える。

マイアミのクライテイア・スタジオで本作がレコーディングされたのは74年4月〜5月。カール・レイドルと、RSOの幹部夫人イヴォンヌ・エリマンに、マイアミのギタリスト、ジョージ・テリー、セッションマンのディック・シムズとジェイミー・オールデイカーという布陣でのニュー・バンドは、コントロールしやすかったはずだ。

ゴールデン・ビーチのオーシャン・ブールヴァード461番地に建つ家を借りたエリックは、シェールがマッスル・シュールズ・スタジオの住所をアルバム・タイトルにしたのにあやかって、本作を『461オーシャン・ブールヴァード』と名づけた。

プロデューサー／エンジニアは気心の知れたトム・ダウド。『レイラ』から4年、シャープなサウンドこそが時代のトレンドだ、ということで意見の一致を見たのは明らかな音だ。

マーリーの「アイ・ショット・ザ・シェリフ」は発明とも言えるアレンジのインパクトもあってエリック初の全米ナンバー・ワン・シングルとなり、アルバムも米1位、英3位を記録。相変わらずオリジナル曲は少ないが、心に染みる「レット・イット・グロウ」とグルーヴで選んだようなカヴァー曲のバランスもよかった。

ちなみに英国初版はジャケットの背にレコード番号がないデザインで、米国盤より音質もいいと言われている。

04年のリマスター拡大版には、アウトテイク5曲と、初来日公演初日の武道館を思い出させるセット・リストの74年12月4、5日のハマースミス・オデオンでのライヴ11曲が追加されている。いま買うならこれがいい。 **和久井**

There's One In Every Crowd
安息の地を求めて

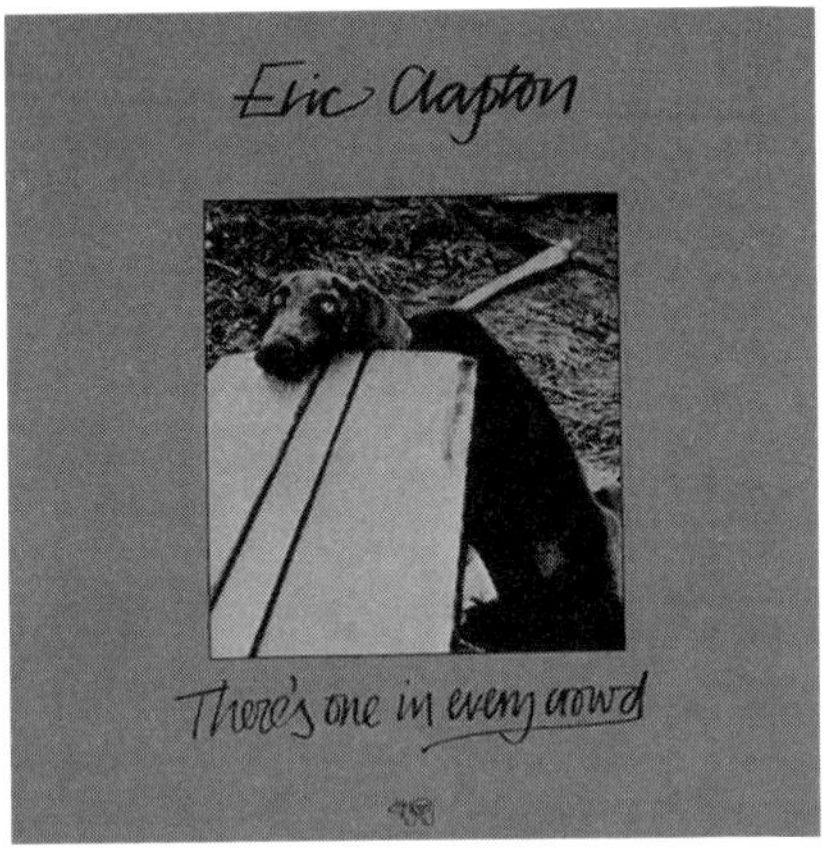

英・RSO：2479-132
発売：1975年3月25日
米・RSO：SO 4806
発売：1975年3月

[A]
1. We've Been Told (Jesus Coming Soon)
2. Swing Low Sweet Chariot
3. Little Rachel
4. Don't Blame Me
5. The Sky Is Crying

[B]
1. Singin' The Blues
2. Better Make It Through Today
3. Pretty Blue Eyes
4. High
5. Opposites

プロデューサー：Tom Dowd
エンジニア：Graeme Goodall, Carlton Lee, Ronnie Logan, Don Gehman, Steve Klein, Karl Richardson
参加ミュージシャン：Yvonne Elliman (vo), Marcy Levy (vo), George Terry (g, cho), Carl Radle (g, b), Jamie Oldaker (ds, per), Dick Sims (kbd), Albhy Galuten (syn)

前作の録音を終えて英国に戻ったエリックは、ケン・ラッセル監督によって映画化されたザ・フーの『トミー』の撮影に参加している。伝道師を演じた彼は、サニー・ボーイ・ウィリアムソンⅡの「アイサイト・トゥ・ザ・ブラインド」を演奏。75年3月に映画が公開されると、復活ぶりを伝える名シーンとして話題になった。

同じころリリースされた本作は、前年夏にジャマイカのキングストン・スタジオで録音されたアルバムで、「オポジット」のみがマイアミのクライテリア録音だった。プロデュースはトム・ダウド、前作の布陣にコーラスのマーシー・レヴィ（マルセラ・デトロイト名義でも録音を残している）を加えたのは、ツアー再開に向けての音固めという意識があったからだろう。

当初は“The World's Greatest Guitar Player”というタイトルでリリースが予定されたが、ジョークが通じないリスナーに誤解されると困るという理由で、プレス・リリースが出る前にタイトルが変更さた。“There's One In Every Crowd”とは30歳のロック・ミュージシャンにしては達観が過ぎるようにも思えたが、『安息の地を求めて』という邦題はナイスで、フロント・カヴァーの何か言いたげな犬の写真と相俟って、とても意味深に感じたものだった。

内容もジャケットも地味だったため、シングル「スウィング・ロウ・スウィート・チャリオット」が英19位、アルバムは英15位、米21位に終わり、その後はほとんど語られない作品になってしまったが、私にとってはエリック・クラプトンの真骨頂を物語るフェイヴァリット・アルバムで、これを超えるものはないと思っている。

実は英国盤のジャケットには仕掛けがあって、銅のような特色で刷った地色の中に置かれた犬の写真はエンボスになっているのだ。エリックが描いた絵を片面に刷ったインサートには初回1万枚のみシリアルナンバーがスタンプされているので、秘かな限定感がファンのあいだで話題になった。

トム・ダウドは英国のリスナーの方が耳が肥えていると思っているのか、それともエリックが自分のオーディオ・ルームに合った音を要求しているのか、鮮度にこだわったマスタリングが英国初版の特徴になっている。

収録曲は、冒頭のウィリー・ジャンソン作「ウィヴ・ビーン・トールド（ジーザス・カミング・スーン）」でゴスペルのレゲエ化がうまくいったからか、渋いナンバーばかりだ。トラディショナルの「スウィング・ロウ・スウィート・チャリオット」は体温が低い感じの女性コーラスを活かしたレゲエ、ジム・ビィフィールドの「リトル・レイチェル」は弾んだワン・コードのブルースだが、エリックの冷めたヴォーカルがいい。ジョージ・テリーと共作した「ドント・ブレイム・ミー」はジャマイカ録音の効果が現れたレゲエで、ヴォーカルはマーリーを意識している。そうなるとエルモア・ジェイムズのスロー・ブルース「スカイ・イズ・クライング」までとんでもなく渋いまとめ方となるわけだ。

リオン・ラッセル夫人となるメアリー・マクリーリーの「シンギン・ザ・ブルース」はスワンプっぽく演っているものの、リズムのキレがデラボニ時代とはまったく違う。その後の4曲はエリックのオリジナル曲だが、バンドの全員で音の隙間をたゆたうような演奏はみごとと言うほかない。

グリーン・オン・レッドのふたりにインタヴューしたときに、チャック・プロフィットに「君のギターの〝間〟が大好きなんだよ」と言ったら、「嬉しいなぁ。だって俺、クラプトンの犬のアルバムを高校生のころ死ぬほどコピーしたんだよ」と頬を赤らめるから、「なんだー、兄弟だぜ、俺たち」と返したら飛び上がって喜んでいた。ミュージシャンにとってはこれこそが神のプレイなのである。

和久井

E. C. Was Here
エリック・クラプトン・ライヴ

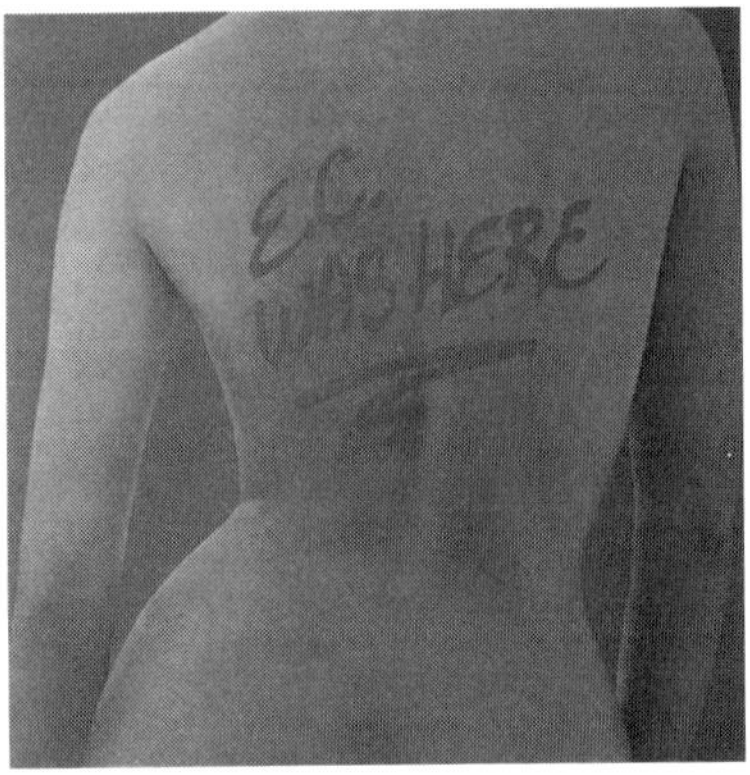

英・RSO：2394 160
発売：1975年8月
米・RSO：SO 4809
発売：1975年8月

[A]
1. Have You Ever Loved A Woman
2. Presence Of The Lord
3. Drifting Blues

[B]
1. Can't Find My Way Home
2. Rambling On My Mind
3. Further On Up The Road

プロデューサー：Tom Dowd
エンジニア：Wally Heider, Ed Barton, Brian Engolds, Ralph Moss, David Hewitt
参加ミュージシャン：Yvonne Elliman (vo), George Terry (g), Carl Radle (b), Jamie Oldaker (ds), Dick Sims (org), Marcy Levy (Tambourine)

74～75年のツアーで収録されたライヴ・アルバム。「ハヴ・ユー・エヴァー・ラヴド・ア・ウーマン」と「キャント・ファインド・マイ・ウェイ・ホーム」は74年7月19日のカリフォルニア、ロング・ビーチ・アリーナ、「プレゼンス・オブ・ザ・ロード」と「ドリフティン・ブルース」は同所の翌日のショウ、「ランブリン・オン・マイ・マインド」は74年12月4日のロンドン、ハマースミス・オデオン、「ファーザー・オン・アップ・ザ・ロード」は75年6月28日のニューヨーク、ナッソウ・コロシアムでのテイクだ。

エリック、ジョージ・テリー、ディック・シムズ、カール・レイドル、ジェイミー・オールデイカー、イヴォンヌ・エリマン、マーシー・レヴィからなるバンドの最盛期の録音だから悪くないが、アナログLPの収録時間の関係で「ドリフティン・ブルース」が3分25秒でフェイド・アウトとなるなど、いささか不満が残るアルバムだった。英14位、米20位、日本のオリコンでは11位という記録が残っている。

この時期のライヴはコンピレイションCD“Give Me Strength (The 74/75 Recordings)”のディスク3、4にまとめられたため、“E.C.Was Here”の拡大版は出ていないが、12曲ぐらいを70分前後にまとめたリマスターCDをこのジャケットで出した方が気持ちが動いたと思う。

和久井

No Reason To Cry
ノー・リーズン・トゥ・クライ

英・RSO：2479 179
発売：1976年8月27日
米・RSO：RS-1-300
発売：1976年8月27日

[A]
1. Beautiful Thing
2. Carnival
3. Sign Language
4. County Jail Blues
5. All Our Pastimes

[B]
1. Hello Old Friend
2. Double Trouble
3. Innocent Times
4. Hungry
5. Black Summer Rain

プロデューサー：Eric Clapton, Rob Fraboni, Carl Radle
エンジニア：Ed Anderson, Nat Jeffrey, Ralph Moss
参加ミュージシャン：Bob Dylan (g), Robbie Robertson (g), Ron Wood (g), Rick Danko (b), Garth Hudson (kbd, sax), Richard Manuel (p), Levon Helm (ds), Yvonne Elliman (vo), Marcy Levy (vo), Billy Preston (kbd), Jesse Ed Davis (g), Chris Jagger (vo), George Terry (g), Georgie Fame (kbd)...etc

1996 Reissue CD
米・Polydor：31453 1824-2
Binus Track
11. Last Night

　ツアー・バンド&大量のゲストによるロサンゼルス録音で、マリブのシャングリラ・スタジオ、LAのヴィレッジ・レコーダーが使用された。つまりはボブ・ディランとザ・バンドのお膝元、プロデュースもディランで知られるロブ・フラボニだ。リック・ダンコとリチャード・マニュエルが書いた「ビューティフル・シング」、ディラン作の「サイン・ランゲージ」、エリックとダンコの共作した「オール・アワー・パスト・タイム」には作曲者がヴォーカルで参加し、ロビー・ロバートソンとガース・ハドソンも加わっているからディラン／ザ・バンドの色が強いが、ロン・ウッド、ジェシ・エド・デイヴィス、ジョージー・フェイム、ビリー・プレストン、クリス・ジャガーの参加も見逃せない。

　エリックが書いた「カーニヴァル」と「ブラック・サマー・レイン」、エリックとマーシー・レヴィによる「イノセント・タイムス」、レヴィとディック・シムズが共作した「ハングリー」とオリジナル曲もポップだから明るい印象だが、その反面、深みに欠けるからか、出たときに繰り返し聴いたわりには軽視しがちな一枚になってしまったような気がする。

　英8位、米15位、オリコンでは11位。90年のCDにはウォルター・ジェイコブズ作の「ラスト・ナイト」がボーナス収録された。

和久井

35th Anniversary [Super Deluxe Edition]

欧・Polydor/Universal：0600753407257 [LP+CD+DVD Audio]
発売：2012年11月26日

[1] Slowhand (Remastered And Expanded)
1-9. "slowhand"/10. Looking At The Rain/11. Alberta/12. Greyhound Bus/13. Stars, Strays And Ashtrays

[2] Live At Hammersmith Odeon, April 27, 1977
1. Hello Old Friend/2. Sign Language/3. Alberta/4. Tell The Truth/5. Knocking On Heaven's Door/6. Steady Rolling Man/7. Can't Find My Way Home/8. Further On Up The Road/9. Stormy Monday

[3] Live At Hammersmith Odeon, April 27, 1977
1. Badge/2. Nobody Knows You When You're Down And Out/3. I Shot The Sheriff/4. Layla/5. Key To The Highway

[DVD] Slowhand (Hi-Res Stereo And 5.1 Surround Sound DVD)
1. Cocaine/2. Wonderful Tonight/3. Lay Down Sally (Hi-Res)/4. Lay Down Sally (Surround)/5. Next Time You See Her/6. We're All The Way/7. The Core/8. May You Never (Hi-Res)/9. May You Never (Surround)/10. Mean Old Frisco/11. Peaches And Diesel

[LP] Slowhand Vinyl L.P.

コンピレーション・プロデューサー：Bill Levenson

Slowhand
スローハンド

米・RSO：RS-1-3030
発売：1977年11月25日
英・RSO：2479 201
発売：1977年11月26日

[A]
1. Cocaine
2. Wonderful Tonight
3. Lay Down Sally
4. Next Time You See Her
5. We're All The Way

[B]
1. The Core
2. May You Never
3. Mean Old Frisco Blues
4. Peaches And Diesel

プロデューサー：Glyn Johns
エンジニア：Glyn Johns
参加ミュージシャン：Marcy Levy (vo, cho), Yvonne Elliman (cho), Mel Collins (sax), George Terry (g), Carl Radle (b), Jamie Oldaker)ds), Dick Sims (kbd)

77年5月にロンドンのオリンピック・スタジオで録音。プロデューサーはグリン・ジョンズである。本人たちとの〝ザ・バンドごっこ〟で気がすんだのか、『461』以来のバンド、タルサ・トップスに、サックスのメル・コリンズを加えただけで、〝王道ロック〟と呼べるアルバムに仕上げたのは立派だったと思う。

「レイ・ダウン・サリー／コカイン」のシングルがビルボード3位のヒットになったアメリカではアルバムも2位まで上がったが、英国のチャートではシングルが39位、アルバムが23位と、あまり奮わなかった。ヤードバーズ時代の渾名をタイトルにしたのに〜と本人は思ったことだろう。

さすがにグッとくる「ワンダフル・トゥナイト」は別格だが、「ネクスト・タイム・ユー・シー・ハー」、レヴィが曲づくりに絡んだ「レイ・ダウン・サリー」と「ザ・コア」、エリックとアルビー・ガルテンの共作したインスト曲「ピーチェス・アンド・ディーゼル」といったオリジナル曲がいい。ドン・ウィリアムズの「ウィ・アー・オール・ザ・ウェイ」と、ジョン・マーティンの「メイ・ユー・ネヴァー」が効いて、AOR的な面が出たのもアルバムの幅になったと思う。

私はグリン・ジョンズのエンジニアリングをあまり評価していないのだが、このアルバムのサウンドは彼の仕事の中ではかなりいい方だ。トム・ダウドならもっとベースのグルーヴが出たと思うのだが、このぐらいなら許せる範囲。しかし文句を言わずにやってるカール・レイドルって、どうなんだろうね。自分のパートが終わったらスタジオに来なかったり、ミックスには立ち会わないミュージシャンもいるが、そういうタイプだったのかな。

2012年に出た35周年版のスーパー・デラックス・エディションは、LPと、アウトテイク4曲を加えたCD、ハイレゾ5.1サラウンド版のDVDオーディオ、77年4月27日にハマースミス・オデオンで収録されたライヴCD2枚（計14曲）と、ツアー・パンフ3冊やポスターのセットだった。

アウトテイクに聴きごたえがあるのはレコーディングがうまくいった証拠だし、『アンプラグド』の路線を予感させる曲たちは一聴に値する。ハマースミス・オデオンのライヴも選曲が文句なしだから、お買い得感がある。

箱からアナログLPのジャケットがはずせない変わったパッケージはいただけないが、中古市場にあるうちに買っておくことをオススメしたい。

水増ししただけのような拡大版も少なくないから箱ものは内容を精査するべきだが、これは必携だ。

和久井

Backless
バックレス

英・RSO：2479 221
発売：1978年11月
米・RSO：RS-1-3039
発売：1978年11月

[A]
1. Walk Out In The Rain
2. Watch Out For Lucy
3. I'll Make Love To You Anytime
4. Roll It
5. Tell Me That You Love Me

[B]
1. If I Don't Be There By Morning
2. Early In The Morning
3. Promises
4. Golden Ring
5. Tulsa Time

プロデューサー：Glyn Johns
エンジニア：Glyn Johns, Jon Astley
参加ミュージシャン：Marcy Levy (vo, cho), George Terry (g), Carl Radle (b), Jamie Oldaker (ds), Dick Sims (kbd), Benny Gallagher and Graham Lyle (cho)

　前作に続いてグリン・ジョンズのプロデュース、オリンピック・スタジオ録音である。エリック作の「ゴールデン・リング」にベニー・ギャラガーとグレアム・ライルがコーラス参加している以外はクラプトン・バンドでの演奏で、ボブ・ディランとヘレナ・スプリングスが書いた「ウォーク・アウト・イン・ザ・レイン」と「イフ・アイ・ドント・ビー・ゼアー・バイ・モーニング」が収録された効果はそれほどでもなかった。英18位、米8位、カナダでは6位。ノルウェイでは2位まで上がったのにオリコンでは53位というのはどういうわけだろう？『スローハンド』のように象徴的でないと、日本ではつらいということか。

　エリックが書いた「ウォッチ・アウト・フォー・ルーシー」の妙な軽さと、J．J．ケイルの「アイル・メイク・ラヴ・トゥ・ユー・エニシング」の手癖にはついていけないなと思っていると、エリックのリフにマーシー・レヴィが適当に歌を乗せたような「ロール・イット」が出てくるのだから、バンドとしてもアイディアが尽きていたのかもしれない。

「テル・ミー・ザット・ユー・ラヴ・ミー」の路線は悪くないが、アレンジと録音がよくなかったり。シングル・カットされた「プロミシズ」がビルボード9位まで上がったから、アメリカではアルバムも売れたのだろう。**和久井**

Just One Night
ジャスト・ワン・ナイト〜エリック・クラプトン・ライヴ・アット武道館〜

英・RSO：RSDX 2
発売：1980年4月16日
米・RSO：RS-2-4202
発売：1980年4月16日

[A]
1. Tulsa Time
2. Early In The Morning
3. Lay Down Sally
4. Wonderful Tonight

[B]
1. If I Don't Be There By Morning
2. Worried Life Blues
3. All Our Past Times
4. After Midnight

[C]
1. Double Trouble
2. Setting Me Up
3. Blues Power

[D]
1. Rambling On My Mind
2. Cocaine
3. Further On Up The Road

プロデューサー：Eric Clapton, Jon Astley
エンジニア：Jon Astley
参加ミュージシャン：Albert Lee (g, vo, cho, org), Chris Stainton (kbd), Dave Markee (b), Henry Spinetti (ds)

『バックレス』リリース後のツアー中にジョージ・テリーとマーシー・レヴィが脱退、79年3月にアイルランドからスタートしたマディ・ウォーターズがゲストのツアーでは、通称タルサ・トップスの残りのメンバー（レイドル、オールデイカー、シムズ、エリマン）に、アルバート・リーを加えた布陣だった。そして10月からのツアーでメンバーを一新。リー、デイヴ・マーキー、クリス・ステイントン、ヘンリー・スピネッティという英国人バンドで4度目の来日公演が行われ、12月4日の武道館公演が本作となったのだ。

2枚組で全14曲、ソロ・キャリアの代表曲が並んでいることから評判はよく、英3位、米2位というチャート成績を残している。

演奏がシャープだから実にわかりやすいのだが、その分〝初心者向け〟っぽくなってしまったのは否めない。ライヴの現場にいれば〝明快さ〟が気持ちいいだろうが、録音で聴くと歌謡ロックみたいに感じられてしまう。

このころからエリックのヴォーカルが安定してくるのだが、ブルース・ナンバーで力まれたりすると気持ちが冷めるのだ。79年に私が夢中だったのはポップ・グループやスロッピング・グリッスルやスリッツ。武道館のころはＰＩＬの『メタル・ボックス』を聴いていたはずだから、申し訳ないがエリックが入り込む隙はなかった。**和久井**

Another Ticket
アナザー・チケット

英・RSO：2479 285
発売：1981年2月17日
米・RSO：RX-1-3095
発売：1981年2月20日

[A]
1. Something Special
2. Black Rose
3. Blow Wind Blow
4. Another Ticket
5. I Can't Stand It

[B]
1. Hold Me Lord
2. Floating Bridge
3. Catch Me If You Can
4. Rita Mae

プロデューサー：Tom Dowd
エンジニア：Tom Dowd, Michael Carnevale
参加ミュージシャン：Albert Lee (g), Gary Brooker (kbd, cho), Dave Markee (b), Chris Stainton (kbd), Henry Spinetti (ds, per)

　クラプトンはソロ・キャリアで初、そして唯一となる全員英国人によるバンドを編成。長年の友人であるプロコル・ハルムのゲイリー・ブルッカーを中心とした、地元でのセッション仲間のようなバンドで、ブルッカーを除くメンバーで来日も果たしている。本作は80年の3月から4月にかけて、グリン・ジョンズのプロデュースのもとロンドンでレコーディングされたが、この頃のクラプトンは進むべき道を見失っていたようで、薄味のザ・バンドといった仕上がりとなった作品はＲＳＯに拒否されてしまう。

　そこでトム・ダウドのプロデュースで仕切り直しとなり、（ダウドの希望で）この頃ブームのようになっていたバハマのコンパス・ポイント・スタジオで7月から8月にかけて作業が行われた。クラプトンは再びブルースに向かうことを望み、マディ・ウォーターズやスリーピー・ジョン・エステスの曲をカヴァー。サウンドは適度に乾きながらも、ブルージーな色を持った仕上がりとなった。「アイ・キャント・スタンド・イット」がシングル・ヒットし、アルバムもビルボード7位に。しかし、ＲＳＯからの最後のアルバムとなった。81年2月にツアーが始まると、8公演をこなしたところでクラプトンは倒れ、長期入院を余儀なくされる。アルコール依存症に起因する潰瘍で、かなり危険な状態だった。　**池上**

Money And Cigarettes
マネー・アンド・シガレッツ

英・Warner Bros./Duck：92.3773-1
発売：1983年1月31日
米・Warner Bros./Duck：1-23773
発売：1983年2月

[A]
1. Everybody Oughta Make A Change
2. The Shape You're In
3. Ain't Going Down
4. I've Got A Rock 'N' Roll Heart
5. Man Overboard

[B]
1. Pretty Girl
2. Man In Love
3. Crosscut Saw
4. Slow Down Linda
5. Crazy Country Hop

プロデューサー：Eric Clapton, Tom Dowd
エンジニア：Tom Dowd, Michael Carnavale
参加ミュージシャン：Albert Lee (g, kbd, cho), Ry Cooder (g), Peter Solley (org), Donald Dunn (b), Roger Hawkins (ds), Chuck Kirkpatrick (cho), John Sambataro (cho)

アルコール依存症と戦うクラプトンに追い討ちをかけたのはレーベル問題。ポリドールに吸収されたRSOはクラプトンのレコードを売る気がなかったため、自身のレーベル、ダック・レコーズをワーナー傘下に設立することになった。施設で依存症の治療を受けたあと、82年9月に前作の録音メンバー（英国人バンドとプロデューサーのトム・ダウド）で再びコンパス・ポイント・スタジオへ向かうも、制作は遅々として進まず、ダウドの進言でアルバート・リーを残してメンバーが交代。マッスル・ショールズの名ドラマー、ロジャー・ホウキンスとMG'sのドナルド・ダック・ダン、少し遅れてライ・クーダーが加わった。

オープニングを飾るスリーピー・ジョン・エステスの「メイク・ア・チェンジ」のアレンジのアイディア、トロイ・シールズが書きシングルとなった「ロックン・ロール・ハート」や、アルバート・キングの「クロスカット・ソウ」は悪くないし、「ウィリー・アンド・ザ・ハンド・ジャイヴ」をアップデイトしたようなジョニー・オーティスの「クレイジー・カントリー・ホップ」も興味深い。徐々に関係が悪化し始めた妻パティについて歌った曲もある。リズム隊のずぶ太い演奏は素晴らしいのだが、全体の印象は確たる方向性が見いだせなかったため着地点が定まらず、という感じ。苦しい再出発作となった。**池上**

Behind The Sun
ビハインド・ザ・サン

欧・Warner Bros./Duck：925 166-1
発売：1985年3月11日
米・Warner Bros./Duck：1-25166
発売：1985年3月11日

[A]
1. She's Waiting
2. See What Love Can Do
3. Same Old Blues
4. Knock On Wood
5. Something's Happening

[B]
1. Forever Man
2. It All Depends
3. Tangled In Love
4. Never Make You Cry
5. Just Like A Prisoner
6. Behind The Sun

プロデューサー：Eric Clapton, Phil Collins, Ted Templeman, Lenny Waronker
エンジニア：Nick Launay, Lee Herschberg
参加ミュージシャン：Phil Collins (ds, per, syn, cho), Steve Lukather (g), Jeff Porcaro (ds), Lindsey Buckingham (g), Donald Dunn (b), Nathan East (b, cho), Jamie Oldaker (ds, cho), Marcy Levy (cho), Shaun Murphy (cho), Greg Phillinganes (kbd, cho), J. Peter Robinson (kbd), Chris Stainton (kbd), Michael Omartian (kbd), James Newton Howard (kbd), John Robinson (ds), Ray Cooper (per), Lenny Castro (per), Ted Templeman (per), Jerry Lynn Williams (cho)

かつて〝GOD〟と呼ばれた男はどのように80年代に向き合おうとしたのか。フィル・コリンズをプロデューサーに迎えることで、ひとつの結論を導き出そうとしたのだろう。ジェネシスのドラマーだったコリンズは、81年のソロ・アルバム『夜の囁き』でコンテンポラリーなサウンドを確立して成功。80年代半ばには〝世界で一番忙しい男〟とまで呼ばれたほどで、バンドにプロデュースにサポート・ミュージシャンにと大活躍していた。

レコーディングは84年の3月に、ジョージ・マーティンがモントセラト島につくったエアー・スタジオで始まる。ベースは前作から残ったドナルド・ダック・ダン、キーボードは『アナザー・チケット』に参加したクリス・ステイントン、ドラムには70年代のクラプトンを支えたジェイミー・オールデイカーが呼び戻された。ただしドラムのサウンドはまるでコリンズの音になっていて、「ジャスト・ライク・ア・プリズナー」ではコリンズとオールデイカーのツイン・ドラムスが聴ける。これがなかなか熱い。コリンズのプロデュース手法は、同時期に手がけたアバのフリーダやフィリップ・ベイリーの作品と同様、自身の音作りの中に〝主役〟を落とし込むこと。その結果、多くのファンが期待したであろう〝クラプトンのギター〟が前面に出ることはなく、80年代的なコンプかかりまくりのコンテンポラリーなロック作品ができあがった。プロダクションに合わせたソング・ライティングには苦労したようだが、何よりも身体的なコンディションが良かったのだろう、クラプトンのヴォーカルは生き生きしているし、たまに聴こえてくるギターも非常に良い。「ジャスト・ライク・ア・プリズナー」のギター・ソロなどは、かなりの熱演だ。「ネヴァー・メイク・ユー・クライ」ではローランドのギターシンセ、GR－700をプレイ。新しいことにトライするレコーディングはクラプトン自身も楽しかったようで、手応えを感じていたようだ。

　しかし前作『マネー・アンド・シガレッツ』の出来に納得していなかったワーナーは、シングルに相当する曲がないとして却下。差し替え用に、テッド・テンプルマンとレニー・ワロンカーのプロデュースで、ジェリー・リン・ウィリアムスが書いた3曲を録音することになる。これが大当たりだった。「ラヴ・キャン・ドゥ」「サムシング・ハプニング」、そしてシングル・ヒットとなった「フォーエヴァー・マン」。これらの曲はクラプトンの感性にフィットするもので、ジェリーとは人間としての相性も良かったようだ。結果『ジャーニーマン』での再起用につながっていく。これらの曲が以降のコンテンポラリー路線の基盤になったと言っていいだろう。この3曲のレコーディングに参加した西海岸の腕利きセッションマンの中にいたのが、ベースのネイザン・イーストとキーボードのグレッグ・フィリンゲインズで、その後のクラプトン・サウンドを支える重要なプレイヤーとなっていく。ちなみに、落とされた曲の中には映画『バック・トゥ・ザ・フューチャー』のサントラに収録された「ヘヴン・イズ・ワン・ステップ・アウェイ」や、現在までお蔵入りしている「ワン・ジャンプ・アヘッド・オブ・ザ・ストーム」があるが、充分にシングル向きのクオリティを持った楽曲のように思う。

　しかし、アルバムは、米34位と前作よりも大幅にランクを落としてしまう（最終的なセールスはそこそこ伸びたのだが）。日本でも欧米でも、ブルースとギターを期待したファンは裏切られたような気持ちになったのだろう。しかしクラプトンに対してそういったものを求める気がまったくない僕のようなリスナーからすれば、コンテンポラリーなクラプトンの原点として聴けるし、ダメな感じはしない。何よりも、本人にとっては納得のいく作品だったというのがいいではないか。　**池上**

August
オーガスト

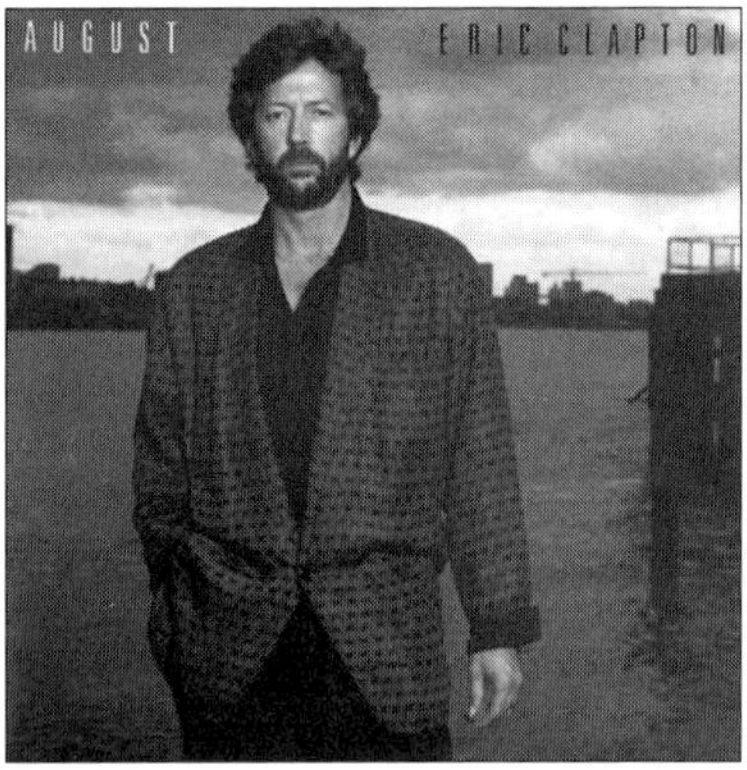

英・Warner Bros./Duck：925 476-1
発売：1986年11月24日
米・Warner Bros./Duck：1-25476
発売：1986年11月24日

[A]
1. It's In The Way That You Use It
2. Run
3. Tearing Us Apart
4. Bad Influence
5. Walk Away
6. Hung Up On Your Love

[B]
1. Take A Chance
2. Hold On
3. Miss You
4. Holy Mother
5. Behind The Mask

プロデューサー： Eric Clapton, Phil Collins, Tom Dowd
エンジニア： Steve Chase, John Jacobs, Paul Gommersall, Peter Hefter, Magic Moreno
参加ミュージシャン： Phil Collins (ds, per, cho), Tina Turner (vo, cho), Michael Brecker (sax), Gary Brooker (kbd, cho), Greg Phillinganes (kbd, cho), Nathan East (b), Laurence Cottle (b), Katie Kissoon (cho), Tessa Niles (cho), Magic Moreno (cho), Dave Bargeron (trombone), Jon Faddis (trumpet), Randy Brecker (trumpet), Richard Cottle (syn)

米・Warner Bros./Duck：9 25476-2［CD］
発売：1986年11月24日
CD Only Bonus Track
12. Grand Illusion

前作に引き続き、フィル・コリンズがプロデュースを担当。コンテンポラリーかつハードなロッキンR&B路線の仕上がりとなった。録音メンバーは、前作の追加曲で初顔合わせとなったベースのネイザン・イーストとキーボードのグレッグ・フィリンゲインズ、ドラムスはフィル・コリンズ自身が叩き、ブレッカー・ブラザーズなどのホーンズが加わった。また、2曲で復活後の絶頂期にあったティナ・ターナーのヴォーカルが聴ける。しかし、ギターがうしろに置かれているのは変わらず、ヴォーカルも常に力み気味で、オーヴァー・プロデュースの感は否めない。

オープニングを飾る「イッツ・イン・ザ・ウェイ・ザット・ユー・ユーズ・イット」のみトム・ダウドがプロデュースし、英国人バンドが演奏を担当。これはロビー・ロバートソンとの共作で、ザ・バンドへの憧れがあったクラプトンにとっては感慨深い曲だったのだろう。また「ホリー・マザー」は86年3月に自殺したリチャード・マニュエルに捧げられた曲である。YMOの「ビハインド・ザ・マスク」は、フィリンゲインズがレコーディングに参加したマイケル・ジャクソンのカヴァー版（当時は未発表）をベースにしている。この頃からヴェルサーチやアルマーニを着ることが増えたのは、息子のコナーの母親となったロリー・デル・サントがきっかけだったようだ。 **池上**

Journeyman
ジャーニーマン

米・Reprise / Duck：9 26074-2［CD］
発売：1989年11月6日

1. Pretending
2. Anything For Your Love
3. Bad Love
4. Running On Faith
5. Hard Times
6. Hound Dog
7. No Alibis
8. Run So Far
9. Old Love
10. Breaking Point
11. Lead Me On
12. Before You Accuse Me

プロデューサー：Russ Titelman
エンジニア：Steve "Barney" Chase, Dave O'Donnell, Jack Joseph Puig, Dave Wittman
参加ミュージシャン：George Harrison (g, cho), Phil Collins (ds, cho),Daryl Hall (vo), Nathan East (b, cho), Jim Keltner (ds, per), Alan Clark (kbd), Richard Tee (p), David Sanborn (sax), Chaka Khan (cho), Darryl Jones (b), Pino Palladino (b), Jerry Lynn Williams (g, cho), Robert Cray (g), Steve Ferrone (ds), Tawatha Agee (cho)...etc

　ファンからすればご乱心にも見えた80年代の終わりに、クラプトンはようやく落ち着くべきところを見つけたのだろう。プロデューサーにラス・タイトルマンを起用し、従来のルーツ・ロック色と前2作のコンテンポラリー色をほどよくブレンドした仕上がりとなった。80年代的なバキバキの音色が残ってはいるものの、ギターもしっかり聴こえるし、ここまでシンガーとしての魅力にスポットを当てたのは初めてと言ってもいい。自身もお気に入りのアルバムとのこと。

　クラプトンが作曲に関与したのは2曲のみ。「バッド・ラヴ」はフォリナーのミック・ジョーンズとの共作で、クラプトンに初のグラミー賞をもたらした。前作で1曲カヴァーし、ツアーを一緒に回ったロバート・クレイが4曲でギターを弾き、「オールド・ラヴ」を共作。ブルージーかつコンテンポラリーなサウンドという点で、クレイからの影響は大きかったのではないだろうか。『ビハインド・ザ・サン』以来となるジェリー・ウィリアムスは5曲を提供。この時代の代表曲となった「ランニング・オン・フェイス」や「ノー・アリバイ」が誕生している。「ラン・ソー・ファー」はジョージ・ハリスンの書き下ろしで、ハリスン本人もギターで参加。カヴァー曲も、ボウ・ディドリーなど3曲あり。クラプトンらしい選曲が復活した。

池上

24 Nights
24ナイツ

米・Reprise/Duck：9 26420-2［CD］
発売：1991年10月8日

[1]
1. Badge
2. Running On Faith
3. White Room
4. Sunshine Of Your Love
5. Watch Yourself
6. Have You Ever Loved A Woman
7. Worried Life Blues
8. Hoodoo Man

[2]
1. Pretending
2. Bad Love
3. Old Love
4. Wonderful Tonight
5. Bell Bottom Blues
6. Hard Times
7. Edge Of Darkness

プロデューサー：Russ Titelman
参加ミュージシャン：Phil Collins (Tambourine), Buddy Guy (g), Phil Palmer(g), Robert Cray (g), Jimmie Vaughan (g), Nathan East (b, vo), Richard Cousins (b), Joey Spampinato (b), Jamie Oldaker (ds), Steve Ferrone (ds), Ray Cooper (per), Greg Phillinganes (kbd, vo), Johnnie Johnson (p), Chuck Leavell (kbd), Alan Clark (kbd), Chuck Leavell (kbd), Ed Shearmur (kbd), Katie Kissoon (cho), Tessa Niles (cho), Jerry Portnoy (harmonica)

　アルコール依存症から抜け出したクラプトンは、お気に入りの会場だったというロイヤル・アルバート・ホールでの連続公演を始める。最初は87年で6公演。88年に10公演、89年は12公演ときて、90年の18公演、91年の24公演をピークに、毎年12公演ずつ96年まで続いた。以降も毎年ではないものの、5回程度の連続公演が現在まで続いていて、ロンドンでは1〜3月ごろの風物詩のようになっている。ロイヤル・アルバート・ホールでのライヴ・アルバムは、もともとは90年に出そうと企画されていたが、演奏に納得がいかなかったクラプトンは、企画を翌年に持ち越し、91年に追加録音が行われた。

　90年は1月18日から2月10日という日程で、4人編成のバンドで6夜、メンバーを5人追加した9人編成で6夜、ブルース・バンドで3夜、9人編成のバンドにオーケストラを加えた編成で3夜という構成。91年は2月5日から3月9日まで、若干のメンバー変更がありつつも、90年と同じ構成ですべて6夜ずつ行われた。そこから15トラックを収録したのがこのアルバムだ。ディスク1の最初の4曲が4人編成、続く4曲が9人編成、ディスク2の最初の4曲がブルース。最後の3曲がオーケストラとなっている。なお、23年の拡大版には未収録で、このオリジナル版にしか入っていないトラックも数曲あるので要注意だ。

ディスク1のメンバーは、基本編成となる4人に、ベースにネイザン・イースト、キーボードにグレッグ・フィリンゲインズ、ドラムスにスティーヴ・フェローン。9人編成ではそこにギターのフィル・パーマー、キーボードのアラン・クラーク、パーカッションのレイ・クーパー、コーラスのケイティ・キッスーンとテッサ・ナイルズが加わる。当時の最新アルバム『ジャーニーマン』からの曲を中心に、クリーム、デレク&ザ・ドミノスなど、クラプトンの代表曲を網羅というセットリストは、この時期の通常のツアーと同様のもの。クラプトンは好調で、ギターにもヴォーカルにも力が張った好演となった。6分を超えるような長尺な演奏が多いが、名うてのメンバーが揃っていることもあり、演奏がダレることはない。しかし、このころ使っていたストラトのレースセンサーのピックアップはミッドがブーストされた硬質な音で、洗練されてはいるものの趣には欠けており、クラプトンのプレイとの相性はあまり良くないと感じられる。

ディスク2で聴けるブルース・ナイトは、クラプトンの夢であったと言えるもの。収録されているのはすべて90年の録音からで、ピアノはチャック・ベリーのバンドからのジョニー・ジョンソン、ベースはロバート・クレイのバンドからのリチャード・カズンズ。ドラムスは70年代のクラプトン・バンドのジェイミー・オールデイカー。ゲストとしてバディ・ガイとロバート・クレイが加わっている。このころ、二人とはさまざまなイヴェントで共演していて、それはブルースが再び注目されるのをあと押しした。

オーケストラ・セクションは、9人バンドの演奏にマイケル・ケイメンの指揮によるナショナル・フィルハーモニック・オーケストラが加わったものだが、オーケストラ用の独自のアレンジにはなっていない。よって、ゴージャスではあるが大仰。音楽的な意味よりも、クラプトンのビッグ・ネーム感に箔をつけることが目的だったのではないかと思われる。このセットで聴きものなのは、クラプトンのギターをフィーチャーしたケイメン作曲のシンフォニー「コンチェルト・フォー・エレクトリック・ギター」だろうか。

しかし、この直後に起きた事件で事態は一変する。連続公演終了後の91年3月20日、4歳だった息子のコナーが、母親のロリーと訪ねていたニューヨークの友人のアパートの53階の窓から転落死。このことはクラプトンに深い影を落とすことになる。

池上

24 Nights : Rock

Reprise / Bushbranch : 093624866398［CD+DVD］

24 Nights : Blues

Reprise / Bushbranch : 093624866381［CD+DVD］

24 Nights : Orchestral

Reprise / Bushbranch : 093624866374［CD+DVD］

The Definitive 24 Nights ［Limited Edition Box］

米・Reprise：093624866404［CD+Blu-ray］
発売：2023年6月23日

24 Nights : Rock
[1] 1. Pretending / 2. Running On Faith / 3. Breaking Point / 4. I Shot The Sheriff / 5. White Room / 6. Can't Find My Way Home / 7. Bad Love / 8. Before You Accuse Me / 9. Lay Down Sally
[2] 1. Knockin' On Heaven's Door / 2. Old Love / 3. No Alibis / 4. Tearing Us Apart / 5. Cocaine / 6. Wonderful Tonight / 7. Layla / 8. Crossroads / 9. Sunshine Of Your Love

24 Nights : Blues
[3] 1. Key To The Highway / 2. Worried Life Blues / 3. You Better Watch Yourself / 4. Have You Ever Loved A Woman / 5. Everything's Gonna Be Alright / 6. Something On Your Mind / 7. All Your Love (I Miss Loving)
[4] 1. It's My Life Baby / 2. Johnnie's Boogie / 3. Black Cat Bone / 4. Reconsider Baby / 5. My Time After A While / 6. Sweet Home Chicago / 7. You Better Watch Yourself (Reprise)

24 Nights : Orchestral
[5] 1. Crossroads / 2. Bell Bottom Blues / 3. Lay Down Sally / 4. Holy Mother / 5. I Shot The Sheriff / 6. Hard Times / 7. Can't Find My Way Home / 8. Edge Of Darkness / 9. Old Love
[6] 1. Wonderful Tonight / 2. White Room / 3. Concerto For Electric Guitar / 4. A Remark You Made / 5. Layla / 6. Sunshine Of Your Love

[BD-1]
1-18. CD-1、CD-2と同内容

[BD-2]
1-14. CD-3、CD-4と同内容

[BD-3]
1-15. CD-5、CD-6と同内容

プロデューサー：Simon Climie

90年と91年のロイヤル・アルバート・ホールでの連続公演からセレクトされた『24ナイツ』の拡大版。全47トラックが収録されているが、うち36トラックが未発表だったもの。11トラックが既発ということになるが、オリジナル版には15トラックが収録されていたので、拡大版と言いながら4トラックが外されたことになる。イチから選曲し直した新編集版と言った方が正しいかもしれない。コンサートは両年とも、4人編成のバンド、9人編成、ブルース・バンド、9人編成+オーケストラという4つの形態で行われた。それを〈ロック〉(4人編成+9人編成)、〈ブルース〉、〈オーケストラ〉のカテゴリーでそれぞれ2枚のディスクに拡張して収録。CD2枚+DVDの3枚組が3種類のバラ売りと、全部をぶっこんでおまけをつけた9枚組のスーパー・デラックス・ボックスという形でリリースされた。

〈ロック〉編は、オリジナル版では未収録だった90年の9人編成から、今回は3トラックが選ばれた。逆に、「バッヂ」が外されたことで91年の4人編成が未収録に。「オールド・ラヴ」は91年の9人編成から90年の4人編成へ差し替え。逆に「サンシャイン・オブ・ユア・ラヴ」は90年の4人編成から91年の9人編成に差し替えられた。レギュラー的に演奏されていた曲がセットリストの順に追加され、イレギュラー的に演奏された「バッヂ」が外されたということは、この拡大版のコンセプトは平均的なセットリストの再現だったのではないだろうか。なお、9人編成バンドのキーボード、アラン・クラークが、91年はチャック・リーヴェルにチェンジしている。

〈ブルース〉編のみ、両年でセットリストがかなり違い、プレイヤーも入れ替わった。ここだけは俺の好きにさせてくれ!という感じだろうか。両年に共通するのはドラムスとピアノのみで、ベースはリチャード・カズンズからジョーイ・スタンピナートへ替わり、キーボードにチャック・リーヴェル、ハーモニカにジェリー・ポートノイが加わった。ゲストもバディ・ガイとロバート・クレイにジミー・ヴォーンとアルバート・コリンズが加わり、個性的なギタリストが揃った。よってCDの選曲は両年の合体版で、最初の6曲が90年、残りが91年という分かりやすい構成となった。なお、オリジナル版からは「フードゥー・マン」が外された。

〈オーケストラ〉編は、オリジナル版からの全曲と、コンサートで演奏された曲目をすべて収録。全日ほぼ同内容だったため、完全版と言っていいだろう。

DVDの映像もCDと同じ曲目が収録されていて二度楽しめる。 **池上**

Unplugged
Deluxe+DVD

米・Reprise/Duck/MTV Music Television：R2 536565［CD+DVD］
発売：2013年10月15日

［1］ Unplugged
1-14. "Unplugged" The Orijinal Album

［2］ Outtakes & Alternates
1. Circus
2. My Father's Eyes (Take 1)
3. Running On Faith (Take 1)
4. Walkin' Blues (Take 1)
5. My Father's Eyes (Take 2)
6. Worried Life Blues

［DVD］
1. Intro
2. Signe
3. Before You Accuse Me
4. Hey Hey
5. Tears In Heaven
6. Lonely Stranger
7. Nobody Knows You When You're Down And Out
8. Layla
9. Running On Faith
10. Walkin' Blues
11. Alberta
12. San Francisco Bay Blues
13. Malted Milk
14. Old Love
15. Rollin' & Tumblin'

Bonus Track
16. Unplugged Rehearsal

プロデューサー：Russ Titelman, Alex Coletti

Unplugged
アンプラグド〜アコースティック・クラプトン

米・Reprise/Duck：9 45024-2［CD］
発売：1992年8月21日

1. Signe
2. Before You Accuse Me
3. Hey Hey
4. Tears In Heaven
5. Lonely Stranger
6. Nobody Knows You When You're Down & Out
7. Layla
8. Running On Faith
9. Walkin' Blues
10. Alberta
11. San Francisco Bay Blues
12. Malted Milk
13. Old Love
14. Rollin' & Tumblin'

プロデューサー：Russ Titelman
エンジニア：James Barton
参加ミュージシャン：Andy Fairweather-Low (g, mandolin, harmonica, kazoo), Nathan East (b, cho, kazoo), Steve Ferrone (ds, per kazoo), Ray Cooper (per, kazoo), Chuck Leavell (p, kazoo), Katie Kissoon (cho, kazoo), Tessa Niles (cho, kazoo)

息子のコナーが不慮の事故で亡くなってから、クラプトンが公の場所に最初に姿を現したのは、91年の12月。ジョージ・ハリスンの来日公演のメンバーとしてだった。クラプトンが音楽を担当したサントラ盤『ラッシュ』が発売された2日後の92年1月16日、クラプトンは〈MTVアンプラグド〉の収録に臨んだ。収録はウィンザーにあるブレイ・スタジオでごく少数の観客を前に行われ、日本以外では、これがクラプトンの復活の場となった。

　この時のメンバーは、ベースのネイザン・イースト、ドラムスのスティーヴ・フェローン、パーカッションのレイ・クーパー、コーラスのケイティ・キッスーンとテッサ・ナイルズというい つものメンバーに、『24ナイツ』から加わったキーボードのチャック・リーヴェル、そして、ギターで初参加となった元エイメン・コーナーのアンディ・フェアウェザー・ロウ。セットリストの約半分はブルースのカヴァーだったが、軽快にアレンジされたものが多く、クラプトンが使ったマーティンの〈000-42〉のエレガントなサウンドもあって、コンテンポラリーな色が出た。フェアウェザー・ロウとアコギ2本だけで演奏する曲も複数あるが、シブさよりもオシャレな印象が際立つ。「サンフランシスコ・ベイ・ブルース」のようにカズーを吹きながら陽気に演奏する曲はクラプトンには珍しい。「ローリン&タンブリン」が途中から始まるのは、休憩時間にクラプトンがアドリブで弾き始めたのを途中から録り始めたため。オリジナル曲では「ランニング・オン・フェイス」や「オールド・ラヴ」などのバラッドと共に、ホンキー・トンク調に緩やかにスウィングするアレンジが施された「レイラ」が評判となった。また、「ティアーズ・イン・ヘヴン」は、ここでの演奏がシングル・ヒットを後押しした。

　結果としてクラプトンにとっていちばんのヒット作となったわけだが、この背景には、湾岸戦争を経て癒しを求める人たちの心情が、子を失ったクラプトンの悲しみと同調したという側面もあったのではないか。また、ブルースという音楽を一般のリスナーにも聴きやすく翻案してみせたことも大きな功績だろう。日本においても、このアルバム以降、〈ギターの神クラプトン〉ではなく〈歌手のエリック・クラプトンさん〉となるほどに浸透した。

　13年にリリースされた『デラックス・エディション』では、新曲として演奏されながら、公式には『ピルグリム』が初出となった「サーカス（・レフト・タウン）」と「マイ・ファザーズ・アイズ」（2テイク）ほか、未発表の6トラックを追加収録。

池上

From The Cradle
フロム・ザ・クレイドル

米・Reprise / Duck：9 45735-2［CD］
発売：1994年9月12日

1. Blues Before Sunrise
2. Third Degree
3. Reconsider Baby
4. Hoochie Coochie Man
5. Five Long Years
6. I'm Tore Down
7. How Long Blues
8. Goin' Away Baby
9. Blues Leave Me Alone
10. Sinner's Prayer
11. Motherless Child
12. It Hurts Me Too
13. Someday After A While
14. Standin' Round Crying
15. Driftin'
16. Groaning The Blues

プロデューサー：Eric Clapton, Russ Titelman
エンジニア：Alan Douglas, Alex Haas
参加ミュージシャン：Andy Fairweather-Low (g), Jim Keltner (ds), Richie Hayward (per), Chris Stainton (kbd), Dave Bronze (b), Jerry Portnoy (harmonica), Simon Clarke (sax), Tim Sanders (sax), Roddy Lorimer (trumpet)

ついに登場したブルースのカヴァー・アルバム。『アンプラグド』の成功で、「ブルースへの恩返しをするなら今がそのタイミングだ」と思ったようだ。クラプトンはキーを原曲と同じに設定し、アレンジのムードやグルーヴもできるだけ近づけ、ほぼ一発録りでレコーディングに臨んだ。完コピに近いものを目指したのが純粋な気持ちからなのはわかるが、ある意味では趣味的とも思えてしまうのが残念なところか。クラプトンのブルースへの思いが本物なのは誰もが知るところとはいえ、これが全米・全英でナンバー1になるのだからわからないものだ。

マディ・ウォーターズの「フーチー・クーチー・マン」のような有名曲からバーベキュー・ボブのようなマニアックなブルーズマンまでを採り上げ、そのサウンドを再現するためか、『アンプラグド』で相棒的な役割を担ったギターのアンディ・フェアウェザー・ロウがさらに中心に躍り出ている。ベースはロビン・トロワーのバンドや90年代のドクター・フィールグッドでプレイしたデイヴ・ブロンズ、ドラムスにジム・ケルトナー、キーボードにはクリス・ステイントンを呼び戻して、みごとな演奏を聴かせている。ただしクラプトンのヴォーカルは、ブルースらしくあろうとしたのか、終始力みっぱなし。歌だけは自分らしく唄った方がよかった気がする。

池上

Pilgrim
ピルグリム

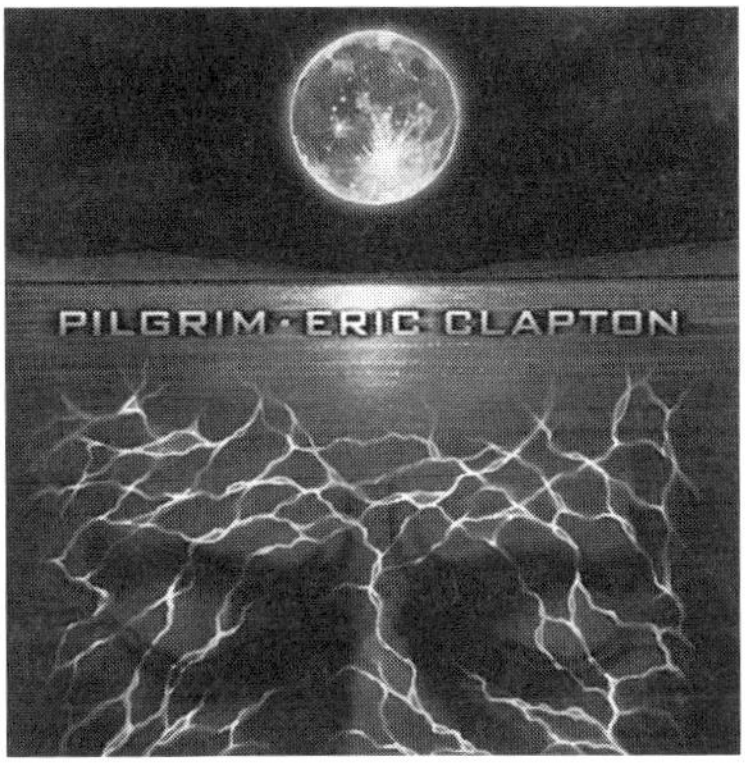

米・Reprise/Duck：9 46577-2［CD］
発売：1998年3月10日

1. My Father's Eyes
2. River Of Tears
3. Pilgrim
4. Broken Hearted
5. One Chance
6. Circus
7. Going Down Slow
8. Fall Like Rain
9. Born In Time
10. Sick And Tired
11. Needs His Woman
12. She's Gone
13. You Were There
14. Inside Of Me

プロデューサー：Eric Clapton, Simon Climie
エンジニア：Alan Douglas, Adam Brown
参加ミュージシャン：Steve Gadd (ds), Joe Sample (p), Chris Stainton (org), Andy Fairweather-Low (g), Nathan East (b), Pino Palladino (b), Simon Climie (kbd, cho), Paul Carrack (kbd), Greg Phillinganes (kbd), Luis Jardim (b, per), Dave Bronze (b), Kenneth Edmonds (cho), Tony Rich (cho)

Japanese Edition Bonus Track
日・Reprise/WEA Japan：WPCR-1400［CD］
15. Theme From A Movie That Never Happened (Orchestral)

　オリジナル曲中心の作品としては8年半ぶり。元クライミー・フィッシャーのサイモン・クライミーとのプライヴェイトでのつきあいから、匿名で共同制作したTDF『リテイル・セラピー』を経て、再びクライミーと共に取り組んだアルバムだった。このころから体調とメンタルをコントロールできるようになってきたクラプトンは、ヤードバーズのころ以来と認める創作への純粋な気持ちを復活させた。しかし、90年代初頭から関係性が悪化し、このアルバムにも懸念を示したマネジメントとの亀裂を決定的なものにしてしまう。『アンプラグド』で披露されていた「マイ・ファザーズ・アイズ」と「サーカス」を入り口に制作に取り掛かったためか、コンテンポラリーな楽曲が揃った。「ボーン・イン・タイム」はボブ・ディランから贈られた曲だ。『巡礼者』を意味するタイトルには、『ジャーニーマン』からの連続性が見られるのがいい。問題は打ち込みのダンス・ビートで、どう考えても楽曲の世界観に合っていない。ここでストップをかけられるマネージャーがいなかったのは痛いところだ。それでも好セールスを上げ、グラミー賞も獲得してしまうんだから、これをアーティスト・パワーと言わずして何と言おうか。
　ジャケットのイラストはクラプトンがファンだという「エヴァンゲリオン」の貞本義行によるもの。

池上

B.B. KING & ERIC CLAPTON
Riding With The King

米・Reprise：9 47612-2［CD］
発売：2000年6月12日

1. Riding With The King
2. Ten Long Years
3. Key To The Highway
4. Marry You
5. Three O'Clock Blues
6. Help The Poor
7. I Wanna Be
8. Worried Life Blues
9. Days Of Old
10. When My Heart Beats Like A Hammer
11. Hold On I'm Coming
12. Come Rain Or Come Shine

プロデューサー：Eric Clapton, Simon Climie
エンジニア：Alan Douglas
参加ミュージシャン：Joe Sample (p), Steve Gadd (ds), Susannah Melvoin (cho), Doyle Bramhall II (g, cho), Andy Fairweather-Low (g), Nathan East (b), Jimmie Vaughan (g), Tim Carmon (org), Wendy Melvoin (cho)

2020 20th Anniversary Reissue CD
米・Repris/Bushbranche：093624895213［CD］
Previously Unreleased Tracks
13. Rollin' And Tumblin'
14. Let Me Love You Baby

B.B.キングとのコラボレーション・アルバム。いつか実現させようと以前から二人で相談していた企画だった。クラプトン曰く、B.B.と初めて共演したのは、クリーム時代の67年、ニューヨークのカフェ・オ・ゴー・ゴーだったというが（B.B.は覚えていなかったようだ）、以降、ライヴでの共演は数あれど、スタジオ・レコーディングが実現するのは、B.B.の97年のアルバム『デューシズ・ワイルド』まで待たなくてはならなかった。コンヴァーチブルの後部座席にB.B.を乗せクラプトンが運転するジャケットは、両者の関係性がそのまま表現されているようで、実にほほえましい。

前作『ピルグリム』のツアー・メンバーを軸にした編成で録音。『アンプラグド』以降は不動のセカンド・ギタリストとなったアンディ・フェアウェザー・ロウ、ベースは80年代から断続的に参加してきたネイザン・イースト、ドラムスは『フロム・ザ・クレイドル』の〈ナッシング・バット・ザ・ブルース・ツアー〉の途中、95年の初頭から合流したスティーヴ・ガッド、オルガンは98年の〈ピルグリム・ツアー〉から加わったティム・カーモン。新規メンバーは、ピアノの名手ジョー・サンプル、バック・コーラスはウェンディ・

メルヴォワン（ウェンディ&リサ）とその双子の妹スザンナ・メルヴォワンだ。クラプトンは「ギタリストがいっぱい参加しているアルバムにしたかった」そうで、ドイル・ブラムホールⅡとジミー・ヴォーンもゲスト参加している。プロデューサーは意外にも、前作に続いてサイモン・クライミー。ドラム・プログラミングのポール・ウォーラーも前作からの居残り組だ。クライミーは現在に至るまでクラプトンのほとんどの作品を共同プロデュースすることになるのだが、それはクラプトンの良き相談役として（人間的な）信頼を得ている証拠だろう。

　選曲はクラプトンによるもので、B.B.からの異論はなかったという。B.B.の50~60年代のレパートリーからは、「テン・ロング・イヤーズ」「スリー・オ・クロック・ブルース」「ヘルプ・ザ・プア」「デイズ・オブ・オールド」「ホウェン・マイ・ハート・ビーツ・ライク・ア・ハマー」の5曲。ビッグ・ビル・ブルーンジーの「キー・トゥ・ザ・ハイウェイ」と、ビッグ・メイシオの「ウォリード・ライフ・ブルース」は、クラプトンがこれまでにも採り上げてきたナンバーだ。サム&デイヴの「ホールド・オン・アイム・カミング」は大胆にもロウエル・フルスンのようなファンキーなブルースにアレンジされている。スタンダードの「カム・レイン・オア・カム・シャイン」はアルバムを締めくくる曲にふさわしいB.B.のヴォーカルが聴ける。これはABC時代のレイ・チャールズ的なイメージだろうか。また、ジョン・ハイアットの「ライディング・ウィズ・ザ・キング」は83年の同名アルバムから。ブラムホールが書いた「マリー・ユー」と「アイ・ウォナ・ビー」は、99年の『ジェリークリーム』収録曲。メルヴォワン姉妹の参加はこのアルバムからの流れかもしれない。ロックなこの3曲は、アルバムにモダンな風味を加えている。こういった選曲からは、B.B.に対する敬意とアルバムとしての面白さをどう両立させるかというチャレンジが透けて見えるようだ。一方でB.B.は懐が深く、どんなものでも受けとめてしまう人。それでいて一音弾いただけで「B.B.だね」とわかる個性は凄いとしか言いようがない。

　結果、ビルボード3位まで上がるヒットに。00年のグラミーでは最優秀トラディショナル・ブルース・アルバム賞に輝き、クラプトンは『フロム・ザ・クレイドル』以来、B.B.は2年連続で同賞の受賞となった。なお、20年に出た『20周年記念エディション』には、未発表だった「ローリン・アンド・タンブリン」と「レット・ミー・ラヴ・ユー」が追加されている。

池上

ロイヤル・アルバート・ホール外観（撮影：前むつみ）

The Complete
ERIC CLAPTON #4

Solo Years 2001-2025

Reptile
レプタイル

米・Reprise/Duck：9 47966-2［CD］
発売：2001年5月5日

1. Reptile
2. Got You On My Mind
3. Travelin' Light
4. Believe In Life
5. Come Back Baby
6. Broken Down
7. Find Myself
8. I Ain't Gonna Stand For It
9. I Want A Little Girl
10. Second Nature
11. Don't Let Me Be Lonely Tonight
12. Modern Girl
13. Superman Inside
14. Son&Sylvia

プロデューサー：Eric Clapton, Simon Climie
エンジニア：Alan Douglas, Adam Brown
参加ミュージシャン：Billy Preston (kbd, harmonica), Joe Sample (p), Steve Gadd (ds), The Impressions (cho), Doyle Bramhall II (g), Andy Fairweather-Low (g), Nathan East (b), Pino Palladino (b), Paul Carrack (kbd), Tim Carmon (kbd), Paulinho da Costa (per)

Japanese Edition Bonus Track
日・Reprise/Duck：WPCR-11100［CD］
15. Losing Hand

　92年の『アンプラグド』の大ヒットで経済的にも精神的にも余裕ができたのか、以降のエリックは自分のキャリアと人生を見つめ直すような活動が目立ってくる。しかしそれも98年の『ピルグリム』でひと区切り。以降はB.B.キングとの共演、クリームの再結成、スティーヴ・ウィンウッドやジェフ・ベックといった旧友とのコラボなど、やり残したことに積極的に取り組んでいるように見える。

　3年ぶり、21世紀最初のリリースとなった本作は、カナダで暮らしていた叔父さん（実母の弟）の訃報を聞いたのが制作のきっかけだった。幼少時代は家庭環境に恵まれず、祖父母に育てられたエリックを、弟のようにかわいがり、ファッション、車、音楽など、多くのことを教えたのが彼だ。そんな叔父の死を悲しんだエリックは、ローティーンのころの思い出を蘇らせ、楽しかった良き時代への〝回帰〟をコンセプトにしたのだった。

　２０００年以降は思うように曲を書けなくなり、アルバム制作に行き詰ることも多くなるエリックだが、本作では半数の7曲を書き下ろしてやる気を見せている。そのほかは、J.J.ケイル、レイ・チャールズ、スティーヴィー・ワンダー、ジェイムス・テイラーらの既発曲のカヴァー。
バックは、スティーヴ・ガッド（ドラムス）、ジョー・サンプル（キーボード）、ネイザン・イースト（ベース）ら鉄壁の布陣。さらに若かりしころよくセッションに参加し、何度も共演した旧友ビリー・プレストンと32年ぶりにスタジオで共演、のちにエリックの右腕となるドイル・ブラムホール2世の参加も話題に。またグッド・オールド・デイズを再現するためにインプレッションズ（かつてカーティス・メイフィールドが在籍）をゲストに迎えている。彼らの参加曲はドゥー・ワップ・テイストが濃厚だが、ブラジル、リオデジャネイロ出身のパウリーニョ・ダ・コスタのパーカッションを多用して軽快なラテン・フレイヴァーを醸し出したエリックの自作曲がそれらと交互に配置されているのが好対象で、聴き飽きることがない。この曲順は絶妙と言っていいと思う。

聴きどころはジョアン・ジルベルトにインスパイアされてつくったというフュージョン・テイストのインスト・ナンバー「リプタイル」、スティーヴィー・ワンダーの「アイ・エイント・ゴナ・スタンド・フォー・イット」（80年の『ホッター・ザン・ジュライ』に収録されていた曲）、アイズリー・ブラザーズのヴァージョンを参考にしたと思われるJT作の「ドント・レット・ミー・ビー・ロンリー・ナイト」、叔父さん夫妻に捧げたインスト「サン・アンド・シルヴィア」（なんとビリー・プレストンの哀愁のハーモニカがフィーチャーされている！）あたりか。

これだけ曲調がヴァラエティに富んでいるのに聴き終わったあとに不思議と統一感を感じるのはなぜだろう？　これ以前のエリックには肩に力が入ったような悲壮感があったが、それがなくなった。ギターや歌い方にも無理がなくなって本当に自然体だ。速弾きやシャウトをしなくても、何気ない一音や歌だけで説得力が出てくるようになったのだ。どんなことをやっても一聴でエリックだと判る個性、現在に至るまでの〝ブルースマン〟としての円熟の始まりはこのアルバムだったことが、いま、より強く感じられる。

ジャケットには9歳のときのエリックの写真が使われ、ブックレットには参加ミュージシャン／スタッフの9歳のときの写真や、さらには幼馴染の古い写真、自分の子供たちの写真が掲っている。これは「純真で楽しかった子供のころを思い出してほしい」という本作のコンセプトにみごとにマッチした素晴らしいアートワークである。

本作はアナログ盤も作られたが、極少数のプレスだったため、かなりのプレミアが付いているので要注意。**塩野**

One More Car, One More Rider
ワン・モア・カー、ワン・モア・ライダー～ベスト・ライヴ

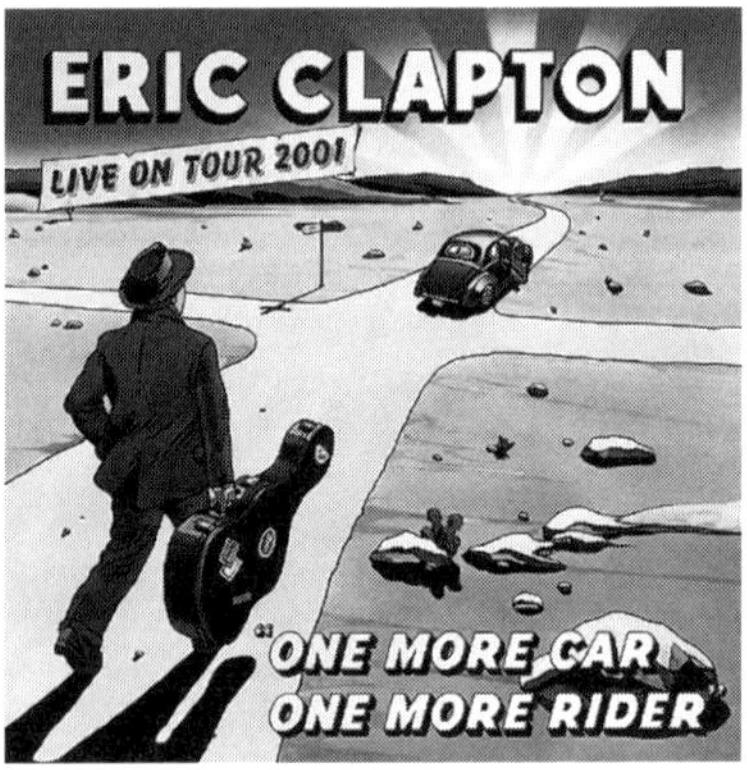

米・Reprise：48374-2［CD］
発売：2002年11月5日

[1]
1. Key To The Highway
2. Reptile
3. Got You On My Mind
4. Tears In Heaven
5. Bell Bottom Blues
6. Change The World
7. My Father's Eyes
8. River Of Tears
9. Goin' Down Slow
10. She's Gone
11. I Want A Little Girl (Video Track)

[2]
1. I Want A Little Girl
2. Badge
3. Hoochie Coochie Man
4. Have You Ever Loved A Woman?
5. Cocaine
6. Wonderful Tonight
7. Layla
8. Sunshine Of Your Love
9. Over The Rainbow
10. Badge (Video Track)

プロデューサー：Eric Clapton, Simon Climie
エンジニア：Guy CHarbonneau, Yoshiyasu Kumada
参加ミュージシャン：Billy Preston (kbd, cho), Steve Gadd (ds), Nathan East (b, cho), David Sancious (kbd, g, cho), Andy Fairweather-Low (g, cho), Greg Phillinganes (kbd)

本作は『リプタイル』の発売に合わせたツアーの模様を収録したアルバムだが、開始前にエリックがツアーからの引退をほのめかしたため、結果的に全世界が注目することとなった。

したがってこの音源も、ツアー生活を終える記念碑的なアルバムとしてのリリースを予定してレコーディングされている。収録会場には01年8月13日のロサンゼルス・ステイプル・センターと、同年12月3日の日本武道館が選ばれ、差し替えやオーヴァーダビングは一切行われていない。

バックを務めるのは、スティーヴ・ガッド（ドラムス）、ネイザン・イースト（ベース）、ビリー・プレストン（キーボード）ら。ビリーが参加したステイプル・センターでのテイクでは彼のスリリングなハモンド・オルガンを随所で聴くことができる（ビリーは06年6月6日に亡くなったため、結果的に公式に収録された最後のライヴ・アクトとなってしまった）。

のちにツアーからの引退は正式に撤回されたが、一時は本気で考えて企画されたレコーディングであったことが伺える代表曲網羅のリアル・ライヴは、明らかに〝ベスト〟を狙った内容。ファンにはたまらない選曲だ。

なお、ロサンゼルス公演のみをそのまま完全収録したDVDも同時にリリースされているので、ぜひそちらもご覧いただきたい。

塩野

Me And Mr. Johnson

米・Reprise/Duck：48423-2［CD］
発売：2004年3月23日

1. When You Got A Good Friend/2. Little Queen Of Spades/3. They're Red Hot/4. Me And The Devil Blues/5. Traveling Riverside Blues/6. Last Fair Deal Gone Down/7. Stop Breakin' Down Blues/8. Milkcow's Calf Blues/9. Kind Hearted Woman Blues/10. Come On In My Kitchen/11. If I Had Possession Over Judgement Day/12. Love In Vain/13. 32-20 Blues/14. Hell Hound On My Trail

プロデューサー：Eric Clapton, Simon Climie

Sessions For Robert J

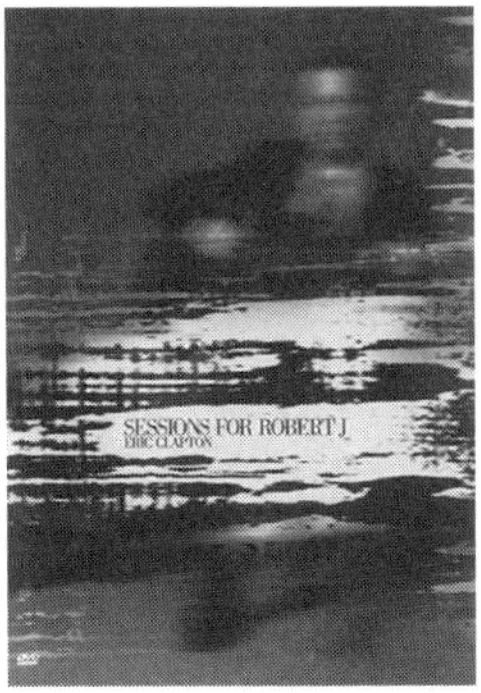

米・Warner Reprise Video/Duck：48926-2［CD+DVD］
発売：2004年12月7日

[CD] 1. Sweet Home Chicago/2. Milkcow's Calf Blues/3. Terraplane Blues/4. If I Had Possession Over Judgement Day/5. Stop Breakin' Down Blues/6. Little Queen Of Spades/7. Traveling Riverside Blues/8. Me And The Devil Blues/9. From Four Until Late/10. Kind Hearted Woman Blues/11. Ramblin' On My Mind

[DVD] 1-5. Session I/6-8. Session II/9-13. Session III/14-16. Session IV, 17-19. Bonus Tracks

困ったときは原点に返る。なかなか曲が書けず、アルバム制作に行き詰まったエリックが取り組んだのは、少年時代からのアイドル、ロバート・ジョンソンのカヴァー・アルバムだった。安直な企画ものに見えてしまうアルバムだが、決してそうではなく、確固としたポリシーに則って丁寧に制作されているのが聴きこむとよくわかる。

バックは気心が知れたメンバーが中心だが、リラックスした中にも緊張感が見える引きしまった演奏で、これが悪くない。当初のCCCDが評判を落とす原因にはなったが。

さらに本作から1年も経たない04年12月には、続編とも言えるDVD+CDのセット『セッションズ・フォー・ロバート・J』がリリースされてファンを驚かせたが、こちらは映像がメインで、ロンドンとテキサスのスタジオでのライヴ・リハーサル、サンタモニカのホテルの一室でのエリックの弾き語り、そして、ロバート・ジョンソンが実際にレコーディングしたというダラスにある倉庫でのドイル・ブラムホール2世とのデュオが収められている。『ミー&Mr.ジョンソン』が一般には知られていないナンバーが多かったのに較べて、比較的有名なナンバーが多く収録されているので、こちらも必聴である（前作に収録されていたナンバーも一部メンバーを差し替えてリ・レコーディングされている）。

塩野

Back Home
バック・ホーム

米・Reprise/Duck：49395-2［CD］
発売：2005年8月29日

1. So Tired/2. Say What You Will/3. I'm Going Left/4. Love Don't Love Nobody/5. Revolution/6. Love Comes To Everyone/7. Lost And Found/8. Piece Of My Heart/9. One Day/10. One Track Mind/11. Run Home To Me/12. Back Home

プロデューサー：Eric Clapton, Simon Climie
エンジニア：Alan Douglas, Simon Climie
参加ミュージシャン：Steve Winwood (kbd), Billy Preston (kbd), Steve Gadd (ds), Chris Stainton (kbd), Simon Climie (kbd), Doyle Bramhall II (g), Andy Fairweather-Low (g), Nathan East (b), Pino Palladino (b), Robert Randolph (g), Vince Gill (g), John Mayer (g)...etc

Back Home［Limited Edition］

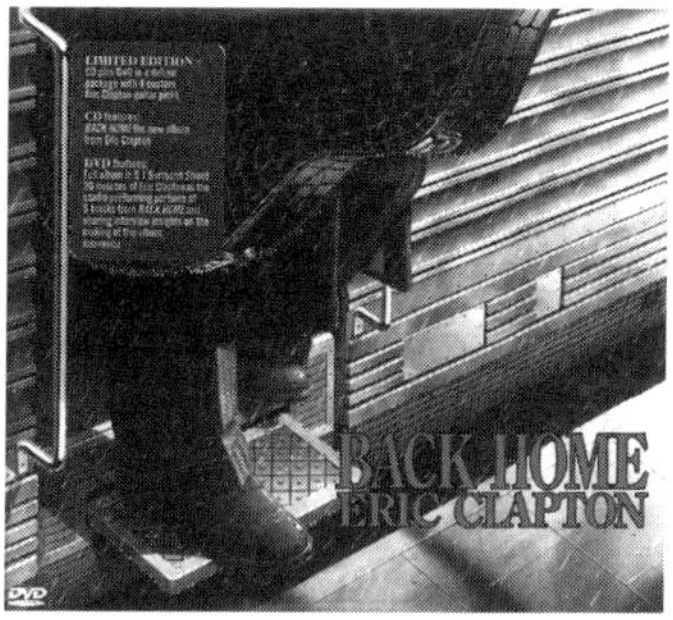

欧・Reprise/Duck：9362-49440-2［CD+DVD］

［CD］ 1-12. "Back Home"
［DVD］ Full Album In 5.1 Advanced Resolution Surround Sound/Full Album In Advanced Resolution Stereo
1-12."Back Home"
13. Interview With Eric Clapton
Performance
14. Revolution/15. Back Home/16. Say What You Will/17. One Track Mind/18. So Tired

ロバート・ジョンソン・プロジェクトを経て4年ぶりに発売されたオリジナル・アルバム。〝家に帰ろう〟というタイトル通り、収録曲の半数は〝家庭〟をテーマに書かれたナンバーだ。ここに来てようやく〝普通の幸せ〟を手に入れることができたエリックの正直な心境が窺えて、胸が熱くなる。

「セイ・ワット・ユー・ウィル」は愛知万博のためにつくられたもので、チャリティ・アルバム『ラヴ・ジ・アース』に別ヴァージョンが収録されたほか、日本語の歌詞をつけたSMAPによるシングルもリリースされた。

自作曲以外では、01年に亡くなった親友ジョージ・ハリスンの「ラヴ・カムズ・トゥ・エヴリワン」をスティーヴ・ウィンウッドとデュエットしているのが感動的だ。

このアルバムのプロモーション・ツアーでは、エリック、ドイルに続く3人目のギタリストとしてスライドを得意とするデレク・トラックスが起用され、06年の日本公演でもデレク&ドミノスを彷彿させる素晴らしいステージを見せてくれた。憶えておられる方も多いだろう。

なおCDとDVD（サラウンド・ミックスやハイレゾ・ミックスなどを収録）がデュアル・ディスクになったメディアとギター・ピック4枚が収められたリミテッド・エディションもリリースされている。

塩野

J.J. CALE & ERIC CLAPTON
The Road To Escondido

米・Reprise：44418-2［CD］
発売：2006年11月7日

1. Danger
2. Heads In Georgia
3. Missing Person
4. When This War Is Over
5. Sporting Life Blues
6. Dead End Road
7. It's Easy
8. Hard To Thrill
9. Anyway The Wind Blows
10. Three Little Girls
11. Don't Cry Sister
12. Last Will And Testament
13. Who Am I Telling You?
14. Ride The River

プロデューサー：J.J. Cale, Eric Clapton, Simon Climie
エンジニア：J. J. Cale, Alan Douglas, Simon Climie

参加ミュージシャン：Albert Lee (g), Billy Preston (kbd), Steve Jordan (ds), John Mayer (g), Derek Trucks (g), Doyle Bramhall II (g), Nathan East (b), Christine Lakeland (g), Pino Palladino (b), Willie Weeks (b), Abe Laboriel Jr.(ds), Simon Climie (per), Marty Grebb (horns), Taj Mahal (harmonica)...etc

「アフター・ミッドナイト」や「コカイン」といった代表曲とも言える名カヴァーを残しながらも、なぜか35年に渡って互いに“憧れの存在”として距離を置き続けていたエリックとJ.J.ケイル。二人が急接近したのは04年のクロスロード・ギター・フェスティヴァルでの共演がきっかけだった。

B.B.キングとのコラボ・アルバムやクリームの再結成と同じように、「死ぬ前にやりたいことは全部やってしまおう」というエリックの想いが生んだのが本作である。

共同プロデュースとはいえ、ほとんどの曲はケイルが中心となって制作を進めたため、サウンドのテイストはケイル色が濃厚。ただエリック人脈の名うてのミュージシャンたちが主たるバックを務めたため、レイドバックした雰囲気の中にもシャープさを感じさせるサウンドになった。そこがケイルのソロ作とはひと味違う感じなのだ。

多くの曲でヴォーカルを分け合い、対等にソロも取っているが、要所要所でデレク・トラックス、アルバート・リー、ジョン・メイヤーらのプレイもフィーチャー。渋くなり過ぎないようにバランスを取っているのは、さすがの采配というべきか。

なお本作は、レコーディングに参加しながらもリリースを待たずに（直前に）亡くなったビリー・プレストンに捧げられている。

塩野

ERIC CLAPTON & STEVE WINWOOD
Live From Madison Square Garden
ライヴ・フロム・マディソン・スクエア・ガーデン

欧・Reprise：517684-2［CD］
発売：2009年5月19日

[1]
1. Had To Cry Today
2. Low Down
3. Them Changes
4. Forever Man
5. Sleeping In The Ground
6. Presence Of The Lord
7. Glad
8. Well All Right
9. Double Trouble
10. Pearly Queen
11. Tell The Truth
12. No Face, No Name, No Number

[2]
1. After Midnight
2. Split Decision
3. Rambling On My Mind
4. Georgia On My Mind
5. Little Wing
6. Voodoo Chiled
7. Can't Find My Way Home
8. Dear Mr. Fantasy
9. Cocaine

プロデューサー：James Pluta, John McDermott, Scooter Weintraub
エンジニア：James Towler
参加ミュージシャン：Willie Weeks (b), Ian Thomas (ds), Chris Stainton (kbd)

21世紀に入ってから明らかに音楽人生のまとめに入った感があるエリックが、クリームの再結成の次に手がけたのは、かつての盟友スティーヴ・ウィンウッドとの双頭バンドだった。07年の「クロスロード・ギター・フェスティヴァル」における久々の共演に手ごたえを感じた二人が決めたのが、ニューヨーク、マディソン・スクエア・ガーデンでの3公演だった。

本作はその最終日、08年2月28日のライヴの模様を完全収録したものだ。セット・リストは当然ブラインド・フェイスのナンバーと当時のレパートリーを中心に組まれたが、互いのソロ・キャリアでのヒット曲、ブルースやソウルのカヴァーも積極的にプレイ。結果的に、予想以上に充実したライヴ・アルバムとなった（内容のわりに評価が低いと思う）。

特筆すべきは、エリックにまったく引けを取らないウィンウッドのギター・プレイだ。彼の場合、ヴォーカルやキーボードに注目が集まったため、ギタリストとしてのイメージがあまりない。「こんなに弾ける人だったのか！」と驚いた方も多かったことだろう。この日の映像はDVDになっているので、未見の方は要チェックである。

双頭プロジェクトはその後も断続的に続き、11年の11月から12月にかけて、待望の来日公演も実現。日本中のファンを喜ばせた。

塩野

Clapton
クラプトン

欧・Reprise：9362-49635-9［CD］
発売：2010年9月27日

1. Travelin' Alone / 2. Rocking Chair / 3. River Runs Deep / 4. Judgement Day / 5. How Deep Is The Ocean / 6. My Very Good Friend The Milkman / 7. Can't Hold Out Much Longer / 8. That's No Way To Get Along / 9. Everything Will Be Alright / 10. Diamonds Made From Rain / 11. When Somebody Thinks You're Wonderful / 12. Hard Times Blues / 13. Run Back To Your Side / 14. Autumn Leaves

プロデューサー：Eric Clapton, Doyle Bramhall II, Justin Stanley
エンジニア：Justin Stanley
参加ミュージシャン：J. J. Cale (g, vo), Jim Keltner (ds, per), Doyle Bramhall II (g, vo, per), Allen Toussaint (p), Sheryl Crow (vo), Derek Trucks (g), Jeremy Stacey (ds), Greg Leisz (g), Walt Richmond (kbd), James Poyser (org), Paul Carrack (org), Willie Weeks (b), Abe Laboriel Jr. (ds), Thomas Brenneck (horns), Kim Wilson (harmonica)...etc

ericclapton.com Deluxe Limited Edition bonus track
15. You Better Watch Yourself

Barnes & Noble and Best Buy bonus track
15. Take A Little Walk With Me

iTunes bonus track
15. I Was Fooled

Amazon.com bonus track
15. Midnight Hour Blues

　例によって作曲に行き詰ってしまったため、オリジナル・アルバムをあきらめ、かねてから構想していた往年のスタンダード・ナンバーやブルース・ナンバーのカヴァー・アルバムにシフト。つまり企画ものに近いのだが、そこはさすがにエリック、やるからにはとことんということで、J.J.ケイルをLAに呼んだり、ニューオリンズに乗り込んでアラン・トゥーサンを引っぱり出したり（さらに当地のブラス・セクションを大々的に起用するなど）、気合が入ったアルバムに仕上がった。珍しくフラット・マンドリンをプレイしたりしているので、エリック自身のプレイにも注目だ。

　スタンダード・ナンバーのカヴァーというのは曲の完成度が高い分、オリジナリティを出すのが難しいのだが、本作では曲本来のアレンジを活かしつつ自分の声とギターで個性を加えるという難題に挑み、結果的に〝クラプトン流のスタンダード〟を完成させるのに成功している。エリックが歌う「枯葉」なんて昔なら想像もつかなかったが、これが思った以上に良い！

　エリックの古くからの友人であるポール・マッカートニーも、およそ2年後に同趣向のスタンダード・ナンバーを集めたアルバム『キス・オン・ザ・ボトム』（エリックも参加！）を作ったが、本作と一緒に聴くとさらに楽しめるかもしれない。

塩野

Old Sock
オールド・ソック

米・Surfdog/Bushbranch：2-18015［CD］
発売：2013年3月12日

1. Further On Down The Road
2. Angel
3. The Folks Who Live On The Hill
4. Gotta Get Over
5. Till Your Well Runs Dry
6. All Of Me
7. Born To Lose
8. Still Got The Blues
9. Goodnight Irene
10. Your One And Only Man
11. Every Little Thing
12. Our Love Is Here To Stay

プロデューサー：Eric Clapton, Doyle Bramhall II, Justin Stanley, Simon Climie
エンジニア：Simon Climie, Alan Douglas, Steve Price, Justin Stanley
参加ミュージシャン：Paul McCartney (b, cho), J. J. Cale (vo, g), Steve Winwood (org), Steve Gadd (ds), Jim Keltner (ds), Chaka Khan (vo), Doyle Bramhall II (g, cho. mandlin), Chris Stainton (kbd), Julie Clapton (vo), Ella Clapton (vo), Sophie Clapton (vo), Taj Mahal (banjo, harmonica), Simon Climie (p, per), Frank Marocco (accordion), Walt Richmond (kbd), Wendy Moten (vo)...etc

Limited Edition
米・Surfdog/Bushbranch：2-18015［CD+USB］
USB Only Bonus Track
13. No Sympathy

プロ・デビュー50周年に当たる2013年、長年配給を任せていたワーナーからインディーのサーフ・ドッグ・レコーズに移籍しての第一弾アルバム。〝古い靴下〟という変わった一語は、亡きデイヴィッド・ボウイが13年1月8日に配信したシングル「ホエア・アー・ウィー・ナウ?」に感銘を受けたエリックが彼にメールを打ったところ、その返信の冒頭にOld Sockという親しみを込めた呼びかけがあったのをエリックが気に入って、急遽タイトルに採用したとのこと。

大手レーベルならではのセールス面でのプレッシャーから逃れて、やりたい音楽を親しい仲間と好きなようにやりたいという思いからの移籍だったと想像できるが、結果的にはそれは成功したと思う。強力なナンバーこそないが、内容はヴァラエティに富んでいて、大物らしいアルバムになった。

新曲が2曲しかなく、ほぼカヴァーとなっているが、前作『クラプトン』とはテイストがまったく違う。ジャケットの健康的なポートレイトのイメージ通りの軽快なレゲエ・チューンなど、明るい曲調のナンバーが多いのが特徴だろう。70年代の一時期のレイドバック路線を思い出す〝オールド・ソック〟も多いのではないだろうか?

エリック、ジャスティン・スタンリーとサイモン・クライミーの3人による共同プロデュース。バックはスティーヴ・ガッド（ドラムス）、ジム・ケルトナー（ドラムス）、ウイリー・ウィークス（ベース）、クリス・ステイトン（キーボード）らエリックのアルバムではすっかりおなじみとなった鉄壁の布陣である。

主体となったのは、おなじみのJ．J．ケイルや、スティーヴ・ウィンウッド、レッドベリー、ピーター・トッシュ、ハンク・スノウ、ジョージ・ガーシュウィンらのカヴァーで、レコーディングにはポール・マッカートニー、チャカ・カーンらも参加している。

自作曲が「ゴッタ・ゲット・オーヴァー」と「エヴリ・リトル・シング」しかないのは少々寂しいが、いずれの曲も良い出来だし、そもそも今世紀のエリックに新曲を期待するファンも多くはないだろう。それよりも、ヴォーカリストとしての円熟味を評価したい。10年代以降エリックの歌は本当に上手いし、味もある。本作ではヴォーカルがいつもよりオンにミックスされているが、これも自信の表れと見るのは考え過ぎだろうか？

ブルースにレゲエ、ジャズのスタンダード、ロック・ナンバーと多彩な選曲だが、中でも古くからのファンが目を止めるのはレッドベリーの「グッドナイト・アイリーン」だろう。82年から85年にかけてよくライヴでは演奏されていたこの曲、本作ではよりカントリー・フレイヴァーを強めたアレンジが施され、エリックが弾くドブロの音色も聴くことができる。

さらに注目したいのは、11年に急逝したゲイリー・ムーアに捧げたカヴァー「スティル・ゴット・ザ・ブルース」だ。生前エリックとゲイリーがセッションなどで共演したという公式な記録はないようだが、同じブルースをルーツに持つアーティストとしてのリスペクトがあったのだろう。ゲイリーの90年のアルバム『スティル・ゴット・ザ・ブルース』に入っていた彼のオリジナル曲だが、本作でのエリックはアコースティック・ギターで挑む。ハモンド・オルガンで参加したスティーヴ・ウィンウッドのプレイも素晴らしい。気合が感じられるカヴァーになった。

93年のロックンロール・ホール・オブ・フェイムの授賞式でクリームが一時的に再結成したあと、ゲイリーがジャック・ブルース、ジンジャー・ベイカーと結成して短命に終わったバンド、BBMを思い出して複雑な気持ちになった人も少なからずいるはずだが、そういうロック・ファンに寄り添ったアルバムでもあった。〝それも俺の役目〟と思っているのかもしれない。　**塩野**

Slowhand At 70 : Live At The Royal Albert Hall

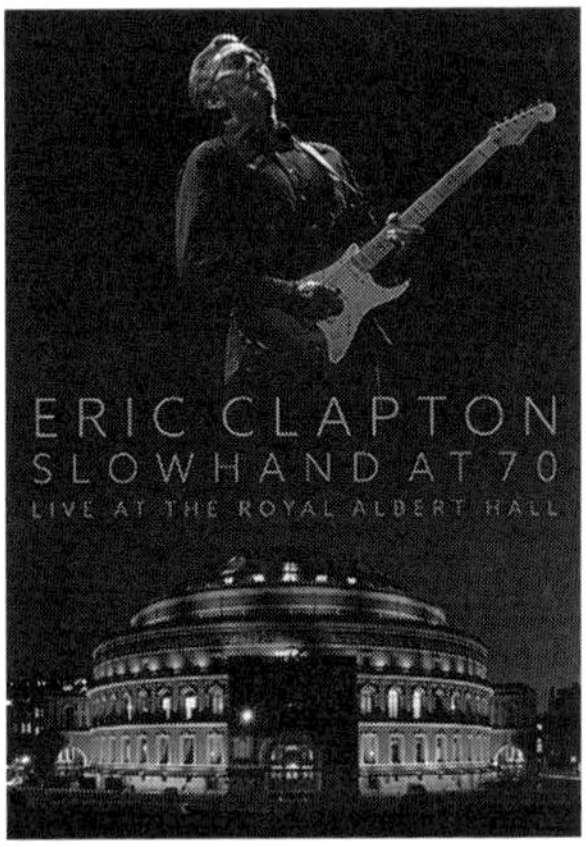

欧・Eagle Vision / Universal Music：EAGDV052
［CD+DVD］
発売：2015年11月13日

［CD-1］
1. Somebody's Knockin' On My Door
2. Key To The Highway
3. Tell The Truth
4. Pretending
5. Hoochie Coochie Man
6. You Are So Beautiful
7. Can't Find My Way Home
8. I Shot The Sheriff

［CD-2］
1. Driftin' Blues
2. Nobody Knows You When You're Down And Out
3. Tears In Heaven
4. Layla
5. Let It Rain
6. Wonderful Tonight
7. Crossroads
8. Little Queen Of Spades
9. Cocaine
10. High Time We Went

［DVD］
1-15. CDと同じ
16. Cocaine
17. High Time We Went
Bonus Song
18. Little Queen Of Spades

プロデューサー：Audrey Davenport
エンジニア：Alan Douglas
参加ミュージシャン：Steve Gadd (ds), Chris Stainton (kbd), Paul Carrack (kbd, cho), Andy Fairweather-Low (g, vo), Nathan East (b, cho), Michelle John (cho), Sharon White (cho)

２０１５年５月21日にエリック・クラプトンの生誕70年を記念して、ロイヤル・アルバート・ホールで行われたライヴを記録したアルバムだ。このコンサートは世界各地の映画館で上映されたほか、ＤＶＤ／Ｂｌｕ-ｒａｙ、ＣＤ、アナログ盤ＬＰなど、さまざまなフォーマットでも発売された。

クラプトンとロイヤル・アルバート・ホール（以下ＲＡＨ）は切っても切れない関係にある。最初にこの由緒あるホールに出演したのは、ザ・ヤードバーズ在籍時であったとされる。残念ながら文献資料が残っていないので正確な日時は判らないのだが、クラプトン自身は「最初はヤードバーズ時代だった」と語っている。

クリームの解散コンサートも、ここＲＡＨで開催された。68年11月26日に昼夜２セットのライヴが行われ、その模様は『フェアウェル・コンサート』のタイトルで映像作品となった。２００５年のクリーム再結成の際の公演場所もこのＲＡＨだったことなどを考えても、不思議な縁で繋がれていると言っていいだろう。

以降もクラプトンはＲＡＨを愛し、87年からは、この会場でソロ・ライヴをするのが毎年の恒例となり、いわば〝ホーム〟のような特別な場所になっている。

5月21日の当夜、ブルーのシャツを着て登場したクラプトンは愛用のストラトキャスターを手に取り、J．J．ケイル作の「サムバディズ・ノッキン・オン・マイ・ドア」を歌い出す。何の気負いもなく自然体。やはりこれが〝ホーム〟でのライヴの強みなのだろう。

当夜のメンバーは、クリス・ステイントン（キーボード）、ポール・キャラック（キーボード、ハモンド・オルガン）、アンディ・フェアウェザー・ロウ（ギター、ボーカル）、ネイザン・イースト（ベース）、スティーヴ・ガッド（ドラム）といった鉄壁の常連たち。それに、ミシェル・ジョンとシャロン・ホワイトのバッキング・ヴォーカルが加わっている。

続いて、エレクトリック・アレンジの「キー・トゥ・ザ・ハイウェイ」が始まる。この曲はクラプトンのブルース・チューンの中で、もっとも多く演奏しているナンバーのひとつで、しっかりと身体に染み付いている。足踏みを交えながら、気迫のギター・ソロを聞かせてくれる。

バック・メンバーをフィーチャーした曲も用意されていて、元スクイーズのポール・キャラックがキーボードの弾き語りで「ユー・アー・ソー・ビューティフル」を熱唱するシーンが登場する。ネイザン・イーストのベース・ソロに続いて、ブラインド・フェイス時代の「キャント・ファインド・マイ・ウェイ・ホーム」が彼のヴォーカルによって歌われる。

メンバーのフィーチャー曲では、クラプトンはバックに回り、優しいオブリガードを奏でるなど、その和気あいあいとした雰囲気が楽しい。まさしく息のあった仲間たちといった雰囲気だ。

当夜のライヴはアニヴァーサリーだということもあり、クラプトンのキャリアを鳥瞰するようなレパートリーが選ばれている。その中に、「アイ・ショット・ザ・シェリフ」や「レット・イット・レイン」が含まれているのが嬉しい。定番の「レイラ」はアコースティック・ヴァージョンで、スパニッシュ風のイントロダクションが付け加えられていた。

後半は「ワンダフル・トゥナイト」「クロスロード」「コカイン」と続いて盛り上がり、アンコールではジョー・コッカーの「ハイ・タイム・ウイ・ウェント」が演奏される。ここではヴォーカルをキャラックに、リード・ギターをフェアウェザー・ロウに任せ、自分は微笑みながら気持ちよさそうにバッキングに徹している。ソロのコンサートでありながら、グループの一員でもあることを示したかったのだろうか。とても楽しげであった。

小川

I Still Do
アイ・スティル・ドゥ

米・Surfdog/Bushbranch：51279-2［CD］
発売：2016年5月20日

1. Alabama Woman Blues
2. Can't Let You Do It
3. I Will Be There
4. Spiral
5. Catch The Blues
6. Cypress Grove
7. Little Man, You've Had A Busy Day
8. Stones In My Passway
9. I Dreamed I Saw St. Augustine
10. I'll Be Alright
11. Somebody's Knockin'
12. I'll Be Seeing You

プロデューサー：Glyn Johns
エンジニア：Martin Hollis, Glyn Johns
参加ミュージシャン：Simon Climie (g, kbd), Paul Brady (g, cho), Andy Fairweather-Low (g, cho), Angelo Mysterioso (g, cho), Paul Carrack (org, cho), Dave Bronze (b), Henry Spinetti (ds, per), Ethan Johns (per), Sharon White (cho), Michelle John (cho), Dirk Powell (accordion, mandolin, cho)

Limited Edition Denim Box Version
米・Surfdog/Bushbranch：51279-2［CD+USB］

USB Only Bonus Track
13. Freight Train
14. Lonesome
MP4 Video
15. I Still Do Television Special
16. Can't Let You Do It Lyric Video
17. Spiral Music Video

プロデューサーのグリン・ジョンズと組んだのは、『スローハンド』以来なので約40年ぶりとなる。だからと言って何が大きく変わるわけでもなく、二人はきっと世間話でもしながらレコーディングを進めたのではないだろうか。そんなリラックスした雰囲気に包まれている。

ブルースのカヴァーあり、書き下ろしのオリジナル曲あり、古いポピュラー・ソングありで、最近のクラプトンらしい曲構成のアルバムだ。新機軸としては、ブルース・チューンにアコーディオンを入れたこと。弾いているのはダーク・パウエルで、かつてはバルファ・トゥジュールの一員としても活躍したケイジャン・アコの名手。引きずるようなアコディーオンの音色が加わると曲のムードが一変する。

「聖オーガスティンを夢でみた」にもアコがフィーチャーされているが、こちらはボブ・ディランの67年のアルバム『ジョン・ウェズリー・ハーディング』からのセレクト。こんな解釈でディランを歌ってくれるのは、何かとても嬉しい。この曲からトラディショナル・ソングの「アイル・ビー・オールライト」と続いていくのだが、まるでライ・クーダーのアルバムを聞いているような心地よさを感じる。ゆるやかなバック・ビートに乗って、クラプトンのスライド・ギターが伸びやかに流れていく。

小川

Live in San Diego with special guest J.J. Cale
ライヴ・イン・サン・ディエゴ with スペシャル・ゲスト J.J. ケイル

米・Reprise/Bushbranch：556370-2［CD］
発売：2016年9月30日

[1]
1. Tell The Truth
2. Key To The Highway
3. Got To Get Better In A Little While
4. Little Wing
5. Anyday
6. Anyway The Wind Blows - with J.J. Cale
7. After Midnight - with J.J. Cale
8. Who Am I Telling You? - with J.J. Cale
9. Don't Cry Sister - with J.J. Cale

[2]
1. Cocaine - with J.J. Cale
2. Motherless Children
3. Little Queen Of Spades
4. Further On Up The Road
5. Wonderful Tonight
6. Layla
7. Crossroads - with Robert Cray

プロデューサー：Eric Clapton, Simon Climie
エンジニア：Alan Douglas
参加ミュージシャン：J. J. Cale (g, vo), Robert Cray (vo), Steve Jordan (ds), Doyle Bramhall II (g, cho), Chris Stainton (kbd), Derek Trucks (g), Willie Weeks (b), Tim Carmon (kbd), Michelle John (cho), Sharon White (cho)

2007年の3月15日にカリフォルニア州サンディエゴで収録されたライヴ・アルバム。ドイル・ブラムホール2世、デレク・トラックスという二人の若手ギタリストと周るワールド・ツアーの一環として開催された。

やはり圧巻は、特別ゲストとして招いたJ．J．ケイルの登場シーンだ。クラプトン、ケイル、トラックス、ブラムホールの四人がステージ上に横並びに座り、ゆるゆると演奏が始まっていく。これこそまさにレイドバック・スタイル。当時69歳のケイルが声を振り絞り、そこにトラックスの艶めかしいスライド・ギターが絡んでいく。この微熱をおびたようなセッションは、永遠に聞いていたくなってしまう。ケイルを迎え入れたコーナーでは「アフター・ミッドナイト」「コカイン」など、5曲が演奏されたのだが、このライヴがクラプトンとの最後の共演となってしまう。

最後に、飛び入りでロバート・クレイがステージにあがる。その彼のヴォーカルをフィーチャーした「クロスロード」がスリリングだ。まずはクレイが先陣を切り、そこにブラムホールのギター・ソロが続いていく。リード・ヴォーカルがクラプトンに代わったあとは、全員参加のギター・バトルに突入。スワンプ・モードの女性コーラス隊にも煽られ、会場は興奮の坩堝と化していくのだった。

小川

Happy Xmas

ハッピー・クリスマス

米・Surfdog / Bushbranch：57843-2［CD］
発売：2018年10月12日

1. White Christmas
2. Away In A Manger (Once In Royal David's City)
3. For Love On Christmas Day
4. Everyday Will Be Like A Holiday
5. Christmas Tears
6. Home For The Holidays
7. Jingle Bells
8. Christmas In My Hometown
9. It's Christmas
10. Sentimental Moments
11. Lonesome Christmas
12. Silent Night
13. Merry Christmas Baby
14. Have Yourself A Merry Little Christmas

プロデューサー：Eric Clapton, Simon Climie
エンジニア：Alan Douglas
参加ミュージシャン：Jim Keltner (ds), Simon Climie (kbd, per, g), Doyle Bramhall II (g), Nathan East (b), Walt Richmond (kbd), Tim Carmon (org), Dirk Powell (accordion, fiddle), Melia Clapton (cho), Sophie Clapton (cho), Sharon White (cho), Emlyn Singleton (violin)...etc

2018 Deluxe Version CD
欧・Polydor：7716173［CD］
Bonus Tracks
15. A Little Bit Of Xmas Love
16. You Always Hurt The One You Love

エリック・クラプトンは妻のメアリの勧めがきっかけで、クリスマス・アルバムの制作を思い立ったという。だが他にも理由は色々とあったはずだ。クラプトンはもともとクリスマス・ソングが大好きで、毎年のように自分用のプレイ・リストを作っていた。もしも自身がクリスマス・アルバムを作るのならば、他の誰とも違ったものにしてみたい、そんな密かな野望があったのだろう。

このアルバムには、クリスマス・ソングばかり13曲が集められている。アーヴィング・バーリン作のクリスマスの大定番曲「ホワイト・クリスマス」がセレクトされているのだが、よくある甘いバラードにせず、レイ・チャールズが歌いそうなソウル・マナーに仕立てている。コード進行にも工夫が施してあり、ブルージーなギター・ソロが登場してきても違和感はない。アレンジと選曲を凝らし、ビターな色合いをもった自分らしいクリスマス・アルバムを作り上げるというのが、クラプトンの目論見だったのだ。

「エヴリデイ・ウィル・ビー・ライク・ア・ホリデイ」はブッカー・T・ジョーンズとウィリアム・ベルの共作曲で、あまりクリスマス・ソングらしくないこともあり、さまざまなジャンルのミユージシャンが取りあげている。ソウルではリオン・ヘイウッドやスウィート・インスピレイションズのヴァージョンがあるが、もちろん作者であるウィリアム・ベルの本人歌唱ヴァージョンも素晴らしい。ロック系では、ホール&オーツやスワンプ・デュオのデルバート&グレンが歌っている。クラプトンのヴァージョンは、転調の使い方がうまく、メロディーの良さを際立たせている。

ジャイヴ／ジャンプ・ブルース系のギタリストのジョニー・ムーアが作った「メリー・クリスマス・ベイビー」もR&Bチューンで、チャック・ベリー、ジェイムス・ブラウン、オーティス・レディングなど、多くのソウル歌手が歌っている。クラプトンはチャールズ・ブラウンを意識した朗々としたヴォーカルを聞かせている。

「ホーム・フォー・ザ・ホリデイズ」は、クラプトン自身が見つけ出してきた曲。ネオ・ソウルのジャンルで注目を浴びているアンソニー・ハミルトンの作品で、この曲はスポティファイを聞いて発見したそうだ。ハミルトンのオリジナルよりも、クラプトンのほうがディープなフィールを出しているのが面白い。もう1曲ハミルトンの「イッツ・クリスマス」を取りあげているのだが、クラプトンに言わせると彼は「地球上で最高のソウル歌手」だそうだ。

このアルバムのために、クラプトンも1曲書き下ろしている。元クライミー・フィッシャーのメンバーで本作のプロデューサーでもあるサイモン・クライミーと、ソングライターのデニス・モーガンが共作した「フォー・ラヴ・オン・クリスマス・デイ」だ。心に染み入るようなバラードで、愛する人と一緒にクリスマスを過ごすことの出来ない哀しみが、切々と歌われていく。

クリスマス・ソングの「ジングル・ベル」には〝アヴィーチーの思い出に〟という副題が付けられている。アヴィーチーは２０１８年に28歳の若さで亡くなったスウェーデン出身のＤＪ／音楽プロデューサー。彼がクラプトンのファンであったことから追悼の意を表したそうだ。エレクトロ風のサウンド・デザインがなされているのは、このような理由からなのだ。打ち込みを主体とした音作りでありながら、ブルージーなギター・ソロをフィーチャーしているところがクラプトンの流儀である。

ジャケットのサンタクロースのイラストはクラプトン自身が描いたという。こんな絵心があるのは知らなかった。といったように、クリスマス・ソングもクラプトンの手にかかれば一味違うものになる。それを証明したアルバムだといえる。

小川

- Gary Clark Jr./6. Tonight The Bottle Let Me Down - Vince Gill With Albert Lee & Jerry Douglas/7. Tulsa Time - Vince Gill With Bradley Walker, Albert Lee & Jerry Douglas/8. Drifting Too Far From The Shore - Bradley Walker With Vince Gill, Albert Lee & Jerry Douglas/9. Badge - Eric Clapton/10. Layla - Eric Clapton With John Mayer & Doyle Bramhall II/ 11. Purple Rain - Eric Clapton & Ensemble/12. High Time We Went - Eric Clapton & Ensemble

[BR-1] Friday, September 20, 2019
1. Introduction/2. Native Stepson - Sonny Landreth/ 3. Wonderful Tonight - Eric Clapton & Andy Fairweather-Low/4. Lay Down Sally - Eric Clapton & Andy Fairweather-Low/5. illion Miles - Bonnie Raitt, Keb' Mo' & Alan Darby/6. Son's Gonna Rise - Citizen Cope With Gary Clark Jr./7. Lait / De Ushuaia A La Quiaca - Gustavo Santaolalla/8. I Wanna Be Your Dog - Doyle Bramhall II With Tedeschi Trucks Band/ 9. That's How Strong My Love Is - Doyle Bramhall II With Tedeschi Trucks Band/10. Lift Off - Tom Misch/ 11. Cognac - Buddy Guy & Jonny Lang/ 12. Everything Is Broken - Sheryl Crow & Bonnie Raitt/13. Every Day Is A Winding Road - Sheryl Crow With James Bay/14. Retrato - Daniel Santiago & Pedro Martins/15. B Side - Kurt Rosenwinkel With Pedro Martins/16. Baby, Please Come Home - Jimmie Vaughan With Bonnie Raitt/17. I Shiver - Robert Cray/18. How Long - The Marcus King Band/ 19. Goodbye Carolina - The Marcus King Band/ 20. While My Guitar Gently Weeps - Peter Frampton With Eric Clapton/21. Space For The Papa - Jeff Beck/ 22. Big Block - Jeff Beck/23. Caroline, No - Jeff Beck

[BR-2] Saturday, September 21, 2019
1. Cut Em Loose - Robert Randolph/2. Hold Back The River - James Bay/3. When We Were On Fire - James Bay/4. Mas Y Mas - Los Lobos/5. Am I Wrong? - Keb' Mo'/6. Slow Dancing In A Burning Room - John Mayer/7. How Blue Can You Get? - Tedeschi Trucks Band/8. Shame - Tedeschi Trucks Band/9. Is Your Love Big Enough - Lianne La Havas/10. I Say A Little Prayer - Lianne La Havas/11. Feed The Babies - Gary Clark Jr./12. I Got My Eyes On You (Locked & Loaded) - Gary Clark Jr./13. Pearl Cadillac - Gary Clark Jr./ 14. Tonight The Bottle Let Me Down - Vince Gill With Albert Lee & Jerry Douglas/15. Tulsa Time - Vince Gill With Bradley Walker, Albert Lee & Jerry Douglas/ 16. Drifting Too Far From The Shore - Bradley Walker With Vince Gill, Albert Lee & Jerry Douglas/17. Happy Birthday (To Bill Murray) - Eric Clapton With Alan Darby, John Mayer & Pedrito Martinez/18. Badge - Eric Clapton/19. Layla - Eric Clapton With John Mayer & Doyle Bramhall II

Encore Finale
20. Purple Rain - Eric Clapton & Ensemble/21. High Time We Went - Eric Clapton & Ensemble

End Credits
22. Going Going Gone - Doyle Bramhall II With Tedeschi Trucks Band

プロデューサー：Simon Climie, David May
マスタリング：Bob Ludwig
参加ミュージシャン：Steve Gadd (ds), Chris Stainton (kbd), Paul Carrack (kbd, vo), Nathan East (b), Sonny Emory (ds), Sharon White (cho), Katie Kissoon (cho)

VARIOUS ARTISTS
Eric Clapton's Crossroads Guitar Festival 2019
クロスロード・ギター・フェスティヴァル2019

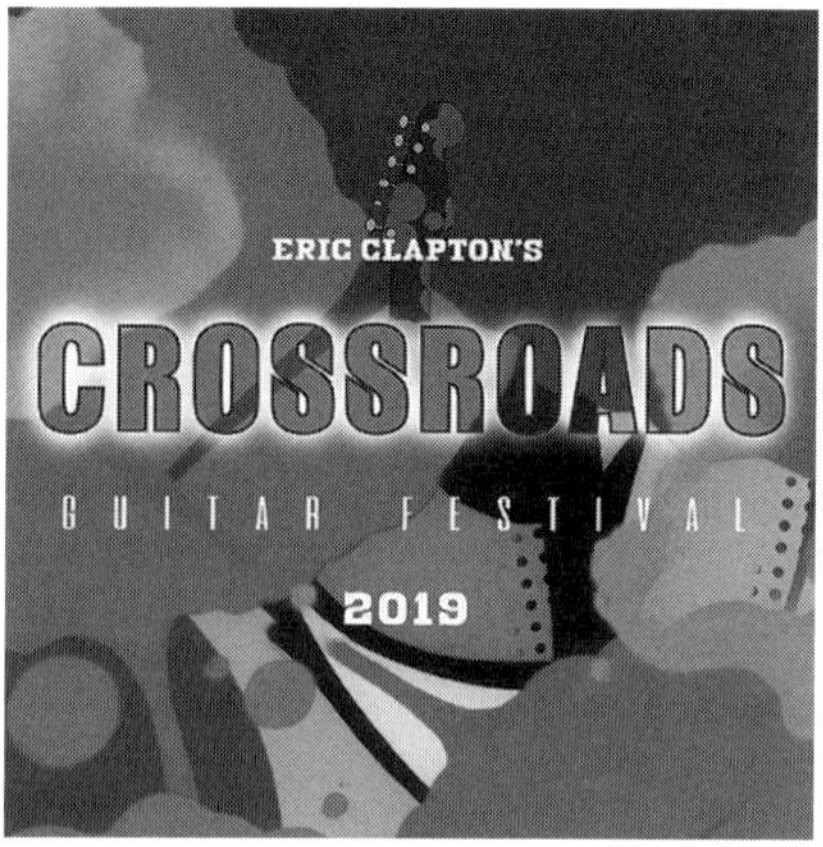

米・Reprise/Crossroads Centre Antigua：R2 628783
[CD+Blu-ray]
発売：2020年11月20日

[1] 1. Native Stepson - Eric Clapton & Andy Fairweather-Low/2. Wonderful Tonight - Eric Clapton & Andy Fairweather-Low/3. Lay Down Sally - Eric Clapton & Andy Fairweather-Low/4. Million Miles - Bonnie Raitt, Keb' Mo' & Alan Darby/5. Son's Gonna Rise - Citizen Cope With Gary Clark Jr./6. Lait / De Ushuaia A La Quiaca - Gustavo Santaolalla/7. I Wanna Be Your Dog - Doyle Bramhall II With Tedeschi Trucks Band/8. That's How Strong My Love Is - Doyle Bramhall II With Tedeschi Trucks Band/9. Going Going Gone - Doyle Bramhall II With Tedeschi Trucks Band/ 10. Lift Off - Tom Misch/11. Cognac - Buddy Guy & Jonny Lang/12. Everything Is Broken - Sheryl Crow & Bonnie Raitt/13. Every Day Is A Winding Road - Sheryl Crow With James Bay/14. Retrato - Daniel Santiago & Pedro Martins/15. B Side - Kurt Rosenwinkel With Pedro Martins/16. Baby, Please Come Home - Jimmie Vaughan With Bonnie Raitt

[2] 1. I Shiver - Robert Cray/2. How Long - The Marcus King Band/3. Goodbye Carolina - The Marcus King Band/4. While My Guitar Gently Weeps - Peter Frampton With Eric Clapton/5. Space For The Papa - Jeff Beck/6. Big Block - Jeff Beck/7. Caroline, No - Jeff Beck/8. Cut Em Loose - Robert Randolph/ 9. Hold Back The River - James Bay/10. When We Were On Fire - James Bay/11. Mas Y Mas - Los Lobos 12. Am I Wrong? - Keb' Mo'/13. Slow Dancing In A Burning Room - John Mayer/14. How Blue Can You Get? - Tedeschi Trucks Band/15. Shame - Tedeschi Trucks Band

[3] 1. Is Your Love Big Enough - Lianne La Havas/2. I Say A Little Prayer - Lianne La Havas/3. Feed The Babies - Gary Clark Jr./4. I Got My Eyes On You (Locked & Loaded) - Gary Clark Jr./5. Pearl Cadillac

２００４年からエリック・クラプトンは、クロスロード・ギター・フェスティヴァルを開催している。世界中から有名ギタリストたちが集まり、演奏を繰り広げるというイヴェント。会場はこれまで、ニューヨーク、シカゴ、ロサンジェルスなどが選ばれているが、２０１９年はテキサス州ダラスのアメリカン航空センターで開催された。そのライヴを記録したＣＤ３枚組。

このフェスは、ヴェテランや新進気鋭のギタリストが出演し、その交流の場にもなっている。ボニー・レイット、ケブ・モ、英国出身のアラン・ダービーの三人によるブルース・セッションは、他ではあまり聞かれないものだろう。アルゼンチン出身で映画「モーターサイクル・ダイアリーズ」などの音楽で知られるグスターボ・サンタオラヤは、チャランゴを手にステージに登場。そこにヴァイオリン、ウッドベース、ギターなどが加わっていく。こんな企画もクロスロード・ギター・フェスならではのものだ。

ドイル・ブラムホールとデレク・トラックスの共演が前半戦のハイライトだ。選曲が面白く、ストゥージズの「アイ・ワナ・ビー・ユア・ドッグ」、オーティス・レディングの「この強き愛」、ボブ・ディラン「ゴーイング・ゴーイング・ゴーン」と繋いでいく。

このフェスは注目されているギタリスト／ミュージシャンを招くことで有名だが、トム・ミッシュ、ペドロ・マルティンス、カート・ローゼンウィンケルといった次世代のジャズ・ギタリストたちが多く出演している。

この年の目玉はジェフ・ベックだった。白いジャンプ・スーツにサングラス姿で登場し、「ビッグ・ブロック」「キャロライナ・ノー」などを熱演した。ベックのバックには、ベースのロンダ・スミスや、チェロのヴァネッサ・フリーバーン・スミスがステージに立ち、スペシャル・ゲストとしてジョニー・デップが参加した。

ロバート・ランドルフは、いつものペダル・スティール・ギターではなく、ラップ・スティールを膝の上に乗せて登場。彼自身のアルバム『ブライト・デイズ』の中から「カット・エム・ルース」を披露した。

最後はセッション大会。クラプトンの「いとしのレイラ」では、ジョン・メイヤーが客演し、長尺のギター・ソロを繰り広げている。フィナーレではさらに人数が増え、上記のメンバーに、バディ・ガイ、ロバート・クレイ、ケブ・モ、ゲイリー・クラーク・ジュニア、デレク・トラックス、スーザン・テデスキ、ブラッドリー・ウォーカーらが所狭しと並び、大いに盛りあがりをみせた。

小川

The Lady In The Balcony : Lockdown Sessions［Deluxe Edition］

レディ・イン・ザ・バルコニー：ロックダウン・セッションズ

英・Bushbranch / Mercury Studios / Universal Music：0602438372232［CD+DVD+Blu-ray］
発売：2021年11月12日

［CD］
1. Nobody Knows You When You're Down And Out
2. Golden Ring
3. Black Magic Woman
4. Man Of The World
5. Kerry
6. After Midnight
7. Bell Bottom Blues
8. Key To The Highway
9. River Of Tears
10. Rock Me Baby
11. Believe In Life
12. Going Down Slow
13. Layla
14. Tears In Heaven
15. Long Distance Call
16. Bad Boy
17. Got My Mojo Working

［DVD］［BR］
1. Intro
2-18. CD 1-18と同じ
19. Outro

プロデューサー：Russ Titelman, Simon Climie
エンジニア：Richard King, Ollie Nesham
参加ミュージシャン：Steve Gadd (ds), Nathan East (b, vo), Chris Stainton (kbd)

　２０２１年は新型コロナウイルス感染症拡大の影響で、毎年おこなっていたロイヤル・アルバート・ホールでのコンサートが中止になった。エリック・クラプトンはその代わりの企画として、ウェスト・サセックスの古い邸宅に気心の知れたミュージシャンを集め、無観客のアコースティック・ライブを行うことを考えた。

　集められたのは、ドラムのスティーヴ・ガッド、ベースのネイザン・イースト、キーボード担当のクリス・ステイントンといったいつもの連中だ。このメンバーで、リラックスしたセッションが始まった。

　選曲が面白く、「ブラック・マジック・ウーマン」はギタリストのピーター・グリーンがフリートウッド・マック在籍時の68年に書き下ろした曲。あらためてこの曲を聞くと、オーティオス・ラッシュの「オール・ユア・ラヴ」の影響下にあることがよく判る。「マン・オブ・ザ・ワールド」も、フリートウッド・マック関連の曲で、グリーンが作詞作曲し69年にシングルとしてリリースされ全英チャートの2位に輝いている。この流れを聞いていると、アルバムの裏テーマとしてグリーンへの追悼があったことが伝わってくる。

　このライヴは２０２１年の秋に日本でも劇場公開された。これはクラプトンのライヴを待ち望んでいたファンにとって最高のプレゼントとなった。**小川**

Nothing But The Blues
ナッシング・バッド・ザ・ブルース

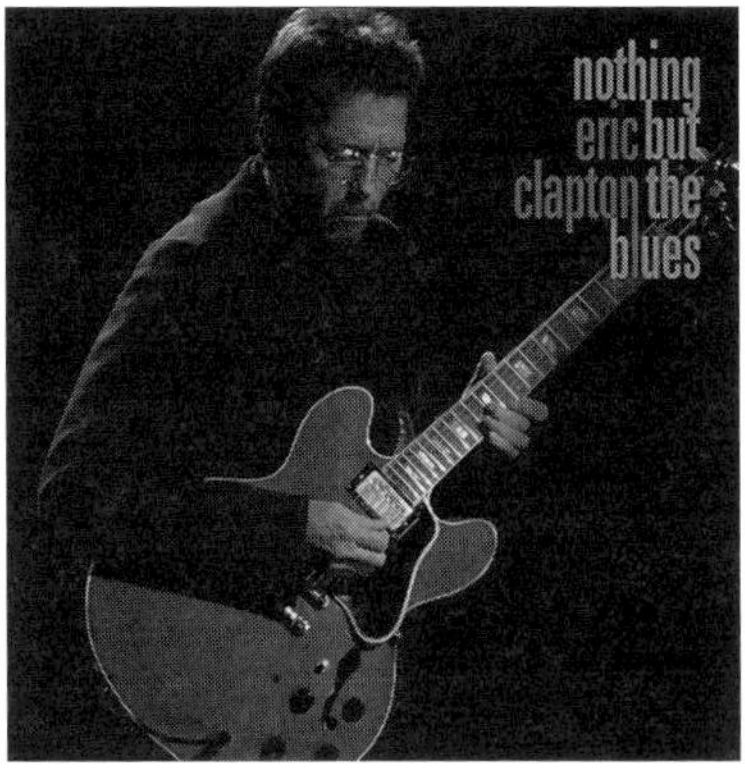

米・Reprise/Bushbranch：093624906452［CD］
発売：2022年6月24日

1. Blues All Day Long
2. Standin' Round Crying
3. Forty-Four
4. It Hurts Me Too
5. Early In The Morning
6. Five Long Years
7. Crossroads
8. Malted Milk Blues
9. Motherless Child
10. How Long Blues
11. Reconsider Baby
12. Sinner's Prayer
13. Everyday I Have The Blues
14. Someday After A While
15. Have You Ever Loved A Woman
16. I'm Tore Down
17. Groaning The Blues

プロデューサー：Eric Clapton, Russ Titelman, Simon Climie, Scooter Weintraub
エンジニア：Simon Climie, Alan Douglas
参加ミュージシャン：Chris Stainton (p), Dave Bronze (b), Andy Fairweather-Low (g), Andy Newark (ds, per), Jerry Portnoy (harmonica), The Kick Horns (horn Section)

蔵出しとなる音源集で、クラプトンが94年の11月に『フロム・ザ・クレイドル』のツアーで訪れたサンフランシスコのフィルモアで収録されたライヴ録音盤。全曲未発表でブルースばかりが17曲収められている。

ジミー・ロジャース作のダウン・ホームなシカゴ・ブルースからスタートしていくが、クリス・ステイントンのピアノがオーティス・スパンばりに転がるようなフレーズを連発している。

エルモア・ジェームスをカヴァーした「イット・ハーツ・ミー・トゥ」では、盛大にスライド・ギターをかき鳴らしていく。ブルースを習得し終えたミュージシャンは、自己流の手を抜いた演奏に走ることが多いが、この気迫、この熱意はどこから湧き上がってくるのだろうか。ヴォーカルにもギター・プレイにも、真摯な気骨が充満している。まさにブルースとともに生きた男なのだと言える。

マディ・ウォーターズ、リロイ・カー、ロウエル・フルソン、ロバート・ジョンソンと、クラプトンが敬愛するブルース・チューンが立て続けに演奏されていくが、クライマックスでは、クラプトンのアイドルのひとり、フレディ・キングの「サムデイ・アフター・ア・ホワイル」から、『いとしのレイラ』の中でも取りあげていた「ハウ・ユー・エヴァー・ラヴド・ア・ウーマン」へと、熱く歌い継がれていく。

小川

To Save A Child : An Intimate Live Concert

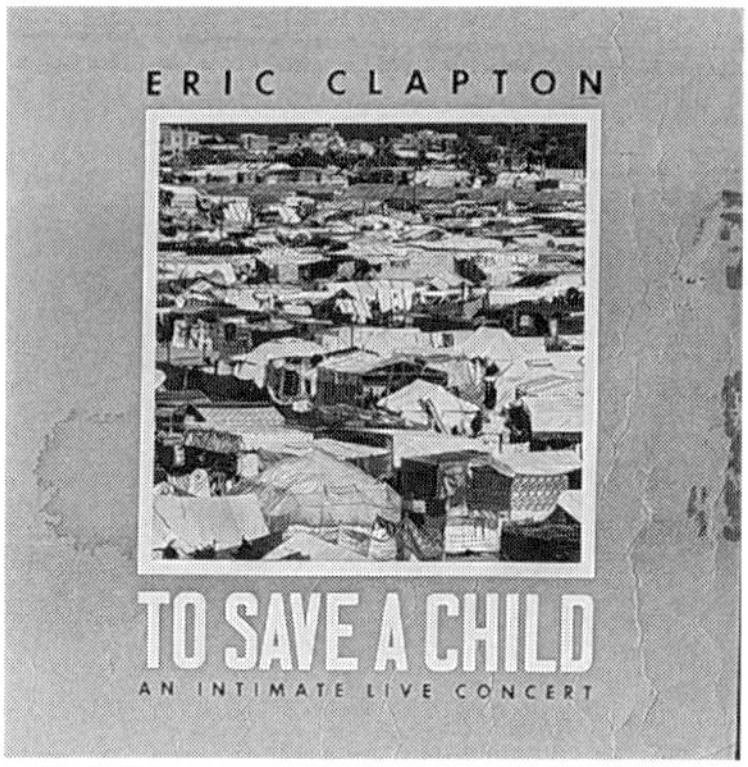

英／米・Bushbranch / Surfdog：153362［CD+Blu-ray］
発売：2024年7月12日

[CD]
1. Voice Of A Child
2. Tears In Heaven
3. Layla
4. Nobody Knows You When You're Down And Out
5. Key To The Highway
6. Hoochie Coochie Man
7. River Of Tears
8. Got To Get Better In A Little While
9. The Sky Is Crying
10. Crossroads
11. Give Me Love (Give Me Peace On Earth)
12. Prayer Of A Child

[BR」
1-12. CDと同じ内容

プロデューサー：Eric Clapton, Simon Climie
エンジニア：Simon Climie
参加ミュージシャン：Steve Winwood (kbd), Dhani Harrison, (g, vo), Doyle Bramhall II (g, vo), Nathan East (b, vo), Edward 'Sonny' Emory III (ds), Tim Carmon (kbd), Katie Kissoon (cho), Sharon White (cho)

23年12月にパレスチナのガザ地区の子供たちを支援するため開かれたチャリティ・ライヴを記録したアルバム。会場に選ばれたロンドンのパークロイヤルにあるRDスタジオは小さなホールで、ごく限られた観客の前でのパフォーマンスとなった。

メンバーは、ドイル・ブラムホール2世（ギター）、ネイザン・イースト（ベース）、クリス・ステイントン（キーボード）といったレギュラー陣が中心で、ドラムの椅子にはソニー・エモリーが座っている。「ノーバディ・ノウズ・ユー」「レイラ」「キー・トゥ・ザ・ハイウェイ」といった曲が演奏されていて、92年の『アンプラグド』に近い雰囲気ではあるが、アコースティックにこだわったショウではない。

ジョージ・ハリスンの「ギブ・ミー・ラヴ」では、ジョージの息子のダニーがスペシャル・ゲストとして登場。アコースティック・ギターを片手にコーラスで参加しているのだが、この二人の共演は何度見てもほほえましく感じられてしまう。

スタジオ録音の新曲「プレイヤー・オブ・ア・チャイルド」がボーナス・トラックとして収録されたが、紛争で傷ついてしまった子供たちへの想いがストレートな言葉で綴られている。このチャリティ・ライヴの収益は、ガザの子供たちへの支援に送られた。 **小川**

Meanwhile

米・Surfdog/Bushbranch：BBSF882926
［CD］
発売：2025年1月24日

1. Pompous Fool
2. Heart Of A Child
3. Moon River – with Jeff Beck
4. Sam Hall
5. Smile
6. Always On My Mind – with Bradley Walker
7. One Woman
8. The Rebels – with Van Morrison
9. The Call
10. How Could We Know – with Judith Hill
11. This Has Gotta Stop – with Van Morrison
12. Stand And Deliver – featuring Van Morrison
13. You've Changed
14. Misfortune

プロデューサー：Simon Climie, Eric Clapton, Jerry Douglas
参加ミュージシャン：Ron Wood (g), Steve Gadd (ds), Nathan East (b), Sonny Emory (ds), Sharon White (cho), Simon Climie (kbd, vo, tambourine),Chris Stainton (p), Tim Carmon (org), David Mansfield (p), Judith Hill (vo), Katie Kissoon (cho), Jerry Douglas (dobro), Luke Potashnick (g), Michael Thompson (g)...etc

〝年金受給日に町中華に立ち寄ったクラプトン〟と称されているジャケットだが、こんなにもリラックスした表情を浮かべた彼を見るのは久しぶりだと思った。タイトルの〝Meanwhile〟には、〈その間に〉とか〈その一方で〉という意味がある。つまり、コロナ・ウィルスによるパンデミック期間を指しているのだろう。

その引き籠もり期間中に企画されたのが、〝スローハンド&ヴァン〟の名義でEPが発表されたヴァン・モリソンとのコラボレート作品だ。二人が発した反マスク、反ロックダウンのメッセージが話題となったが、つまりは〝強制されなくても大人の対応をしよう〟ということだったのだろう。

感動を呼んだジェフ・ベックとの共演シングル「ムーン・リヴァー」も、このアルバムに収録された。ベックが亡くなる約1年前のレコーディングだが、互いのギターが美しく響きあう中で聴かせる円熟のヴォーカルは70代最後の名唱と言ってもいいはずだ。

他にも、ウィリー・ネルソンの90歳の生誕日を記念して録音されたブラッドリー・ウォーカーとのコラボ曲などが含まれていて、気さくな近況報告といった感のある作品集ながら、聴きごたえのアルバムになった。

コロナのような苦境に立っても前を向いて歩き続ける——という強い意思を感じさせてくれるのがいい。 **小川**

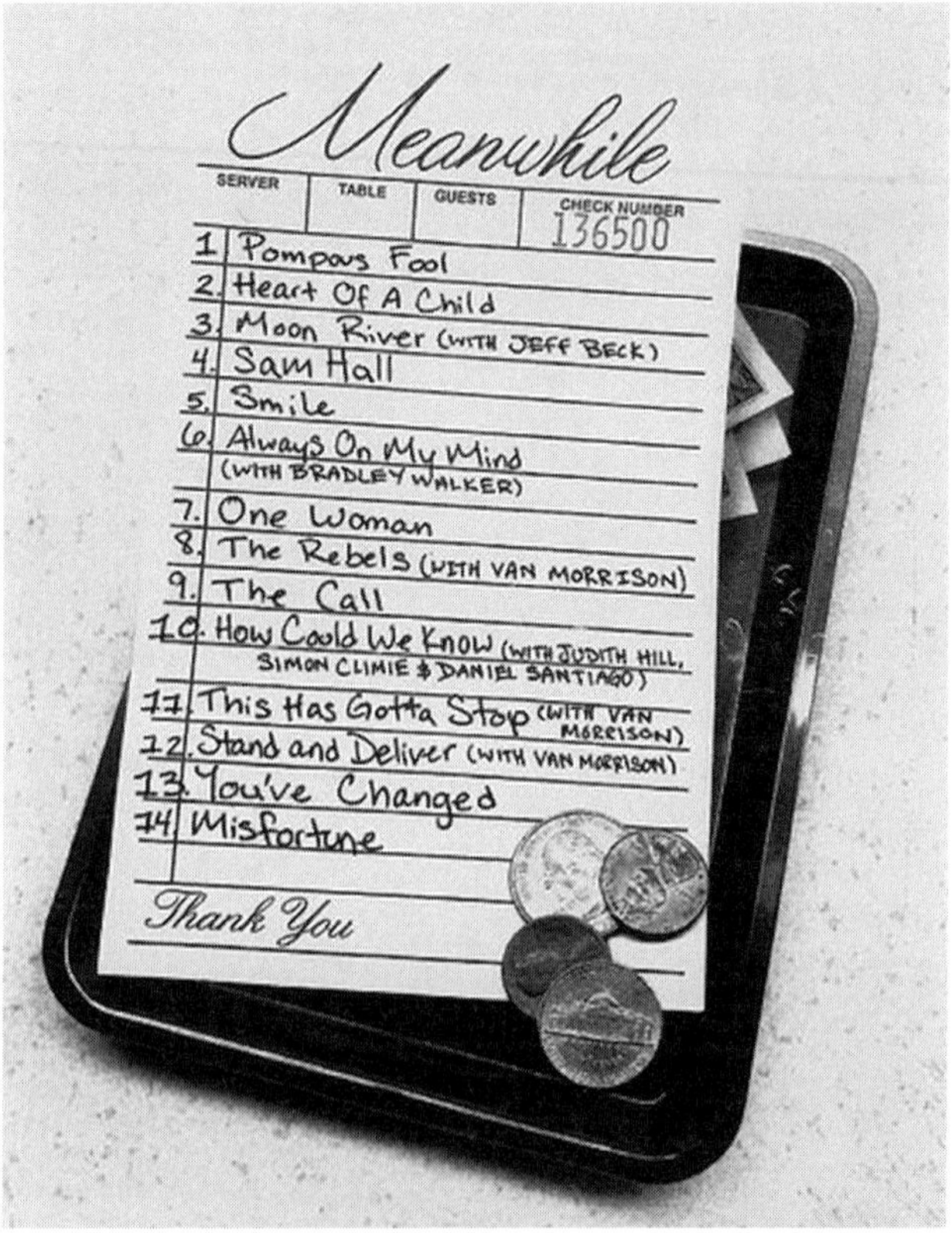
Meanwhile
SERVER
TABLE
GUESTS
CHECK NUMBER
136500
1. Pompous Fool
2. Heart Of A Child
3. Moon River (WITH JEFF BECK)
4. Sam Hall
5. Smile
6. Always On My Mind (WITH BRADLEY WALKER)
7. One Woman
8. The Rebels (WITH VAN MORRISON)
9. The Call
10. How Could We Know (WITH JUDITH HILL, SIMON CLIMIE & DANIEL SANTIAGO)
11. This Has Gotta Stop (WITH VAN MORRISON)
12. Stand and Deliver (WITH VAN MORRISON)
13. You've Changed
14. Misfortune
Thank You

ERIC
Meanwhile
CLAPTON

The Complete
ERIC CLAPTON #5

Singles, Compilations & Videos

CREAM
Singles
（UK）

Wrapping Paper

A：Wrapping Paper
B：Cat's Squirrel
Reaction：591007
1966.10

I Feel Free

A：I Feel Free
B：N.S.U.
Reaction：591011
1966.12

Strange Brew

A：Strange Brew
B：Tales Of Brave Ulysses
Reaction：591015
1967.6

Anyone For Tennis (The Savage Seven Theme)

A：Anyone For Tennis (The Savage Seven Theme)
B：Pressed Rat And Warthog
Polydor：56258
1968.5.24

Sunshine Of Your Love

A：Sunshine Of Your Love
B：SWLABR
Polydor：56286
1968.9.27

White Room

A：White Room
B：Those Were The Days
Polydor：56300
1969.1.3

Badge

A：Badge
B：What A Bringdown
Polydor：56315
1969.4.4

Wrapping Paper

A：Wrapping Paper
B：I Feel Free
Polydor：2058 120
1971.6.25

Badge

A：Badge
B：What A Bringdown
Polydor：2058 285
1972.10.13

I Feel Free

A : I Feel Free
B : Badge
Polydor : POSP 812
1986.7

Badge

A : Badge
B : Tales Of Brave Ulysses
RSO : RSO 91
1982.8.13

The Singles 1967 - 1970

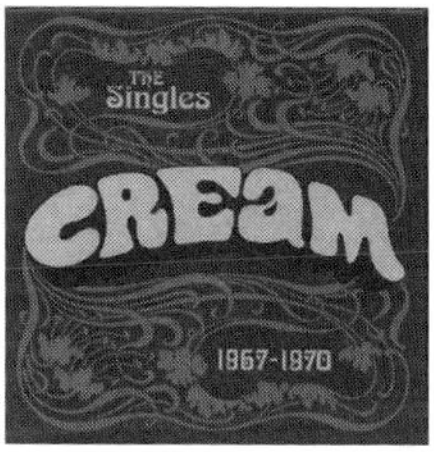

Polydor : 473 527-1
2015.12.3

A : Wrapping Paper
B : Cat's Squirrel
C : I Feel Free
D : N.S.U.
E : Strange Brew
F : Tales Of Brave Ulysses
G : Spoonful (Part I)
H : Spoonful (Part II)
I : Anyone For Tennis (The Savage Seven Theme)
J : Pressed Rat And Warthog
K : Sunshine Of Your Love
L : Swlabr
M : White Room
N : Those Were The Days
O : Crossroads
P : Passing The Time
Q : Badge
R : What A Bringdown
S : Lawdy Mama
T : Sweet Wine

I Feel Free

A : I Feel Free
B : Wrapping Paper
Old Gold : OG 9423
1984.5

Strange Brew

A : Strange Brew
B : Tales Of Brave Ulysses
Old Gold : OG 9424
1984.5

CREAM
Singles
(US)

I Feel Free

A : I Feel Free
B : N.S.U.
Atco : 45-6462
1967.1

White Room

A : White Room
B : Badge
Old Gold : OG 9425
1984.5

Sunshine Of Your Love

A : Sunshine Of Your Love
B : Anyone For Tennis? (The Savage Seven Theme)
Old Gold : OG 9426
1984.5

Crossroads

A : Crossroads
B : Passing The Time
Atco : 45-6646
1969.1

Badge

A : Badge
B : What A Bringdown
Atco : 45-6668
1969.3

Lawdy Mama

A : Lawdy Mama
B : Sweet Wine
Atco : 45-6708
1970.7

Sunshine Of Your Love

A : Sunshine Of Your Love
B : White Room
Polydor Timepieces : 871 840-7
1989

Crossroads

A : Crossroads
B : Badge
Polydor Timepieces : 871 842-7
1989

Strange Brew

A : Strange Brew
B : Tales Of Brave Ulysses
Atco : 45-6488
1967.6

Spoonful

A : Spoonful - Part I
B : Spoonful - Part II
Atco : 45-6522
1967.9

Sunshine Of Your Love

A : Sunshine Of Your Love
B : Swlabr
Atco : 45-6544
1967.12

Anyone For Tennis

A : Anyone For Tennis
B : Pressed Rat And Warthog
Atco : 45-6575
1968.4

White Room

A : White Room
B : Those Were The Days
Atco : 45-6617
1968.9

Strange Brew

A1 : Strange Brew
A2 : Tales Of Brave Ulysses
B1 : Spoonful
Polydor : 27 810
1967

Blind Faith
Singles
(UK)

Change Of Address From June 23rd 1969

A : (no title)
B : (no title)
Island : No Number (Promo Only 7″)
1969.6

Derek And The Dominos
Singles
(UK)

Tell The Truth

A : Tell The Truth
B : Roll It Over
Polydor : 2058 057 (Withdrawn)
1970.9.4

Sunshine Of Your Love

A : Sunshine Of Your Love
B : White Room
Collectables : COL 4278
1992

Crossroads

A : Crossroads
B : Badge
Collectables : COL 4825
1992

CREAM
EPs
(French)

Cream

A1 : Wrapping Paper (Diff Mix)
A2 : Sweet Wine (Diff Mix)
B1 : I'm So Glad
B2 : Cat's Squirrel (Diff Mix)
Polydor International : 27 791
1966.12

I Feel Free

A1 : I Feel Free (Diff Mix)
A2 : Rollin' And Tumblin' (Diff Mix)
B1 : N.S.U.
B2 : Four Until Late
Polydor International : 27 798 Medium
1966.12

Layla

A : Layla
B : Bell Bottom Blues
Polydor : 2058 130
1971.7.28

Layla

A : Layla
B : Bell Bottom Blues
Polydor : 2058 130
1972

Why Does Love Got To Be So Sad

A : Why Does Love Got To Be So Sad
B : Presence Of The Lord
RSO : 2090 104
1973.4.27

Layla

A : Layla
Eric Clapton
B : Wonderful Tonight (Live)
RSO : RSO 87
1982.1.22

Layla (Long Version)

A : Layla (Long Version)
Eric Clapton
B : Only You Know And I Know
Old Gold : OG 9422
1984.7

Layla (Theme tune from the Federation Cup, Nottingham '91)

A : Layla (Theme tune from the Federation Cup, Nottingham '91)
B : Bell Bottom Blues
Polydor : PO 163
1991.7.15

Got To Get Better In A Little While

A : Got To Get Better In A Little While
B : Layla
Polydor : 0600753332306
2011.3

Eric Clapton
Singles
(UK)

After Midnight

A : After Midnight
B : Easy Now
Polydor : 2001 096
1970.10.9

I Shot The Sheriff

A : I Shot The Sheriff
B : Give Me Strength
RSO : 2090 132
1974.7.19

Lay Down Sally

A : Lay Down Sally
B : Cocaine
RSO : 2090 264
1977.11.18

Wonderful Tonight

A : Wonderful Tonight
B : Peaches And Diesel
RSO : 2090 275
1978.3.10

Promises

A : Promises
B : Watch Out For Lucy
RSO : RSO 21
1978.9.22

If I Don't Be There By Morning

A : If I Don't Be There By Morning
B : Tulsa Time
RSO : RSO 24
1979.2.23

Wonderful Tonight

A : Wonderful Tonight
B : Further On Up The Road
RSO : JON 1
1980.4

Willie And The Hand Jive

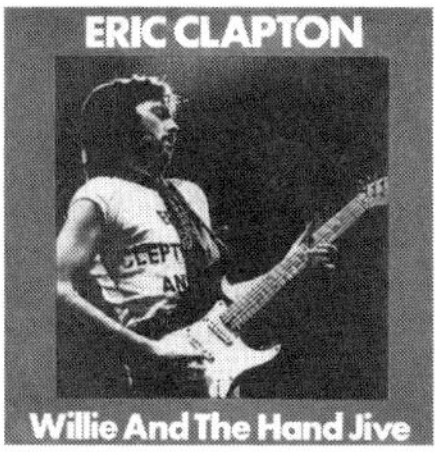

A : Willie And The Hand Jive
B : Mainline Florida
RSO : 2090 139
1974.10.4

Swing Low Sweet Chariot

A : Swing Low Sweet Chariot
B : Pretty Blue Eyes
RSO : 2090 158
1975.4.11

Knockin' On Heaven's Door

A : Knockin' On Heaven's Door
B : Someone Like You
RSO : 2090 166
1975.8.15

Hello Old Friend

A : Hello Old Friend
B : All Our Past Times
RSO : 2090 208
1976.10.8

Carnival

A : Carnival
B : Hungry
RSO : 2090 222
1977.2.11

The Shape You're In

A : The Shape You're In
B : Crosscut Saw
Duck : W 9701P (Pic. Disc)
1983.4

I Can't Stand It

A : I Can't Stand It
B : Black Rose
RSO : RSO 74
1981.2.13

Slow Down Linda

A : Slow Down Linda
B : Crazy Country Hop
Duck : W 9651
1983.5

Another Ticket

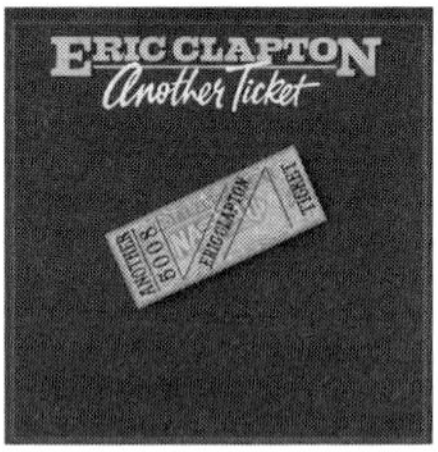

A : Another Ticket
B : Rita Mae
RSO : RSO 75
1981.4.10

Wonderful Tonight

A : Wonderful Tonight
B : Cocaine
RSO : RSO 98
1984.4

I Shot The Sheriff

A : I Shot The Sheriff
B : Cocaine
RSO : RSO 88
1982.5.28

Forever Man

A : Forever Man
B : Too Bad
Duck : W 9069
1985.3

(I've Got A) Rock And Roll Heart

A : (I've Got A) Rock And Roll Heart
B : Man In Love
Duck : W 9780
1983.2

She's Waiting

A : She's Waiting
B : Jailbait
Duck : W 8954
1985.7

The Shape You're In

A : The Shape You're In
B : Crosscut Saw
Duck : W 9701
1983.4

It's In The Way That You Use It (Edit)

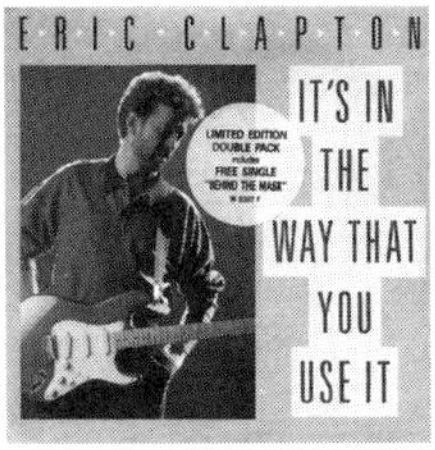

A : It's In The Way That You Use It (Edit)
B : Bad Influence
C : Behind The Mask (Edit)
D : Grand Illusion
Duck : W 8397 F
1987.3

It's In The Way That You Use It (Edit)

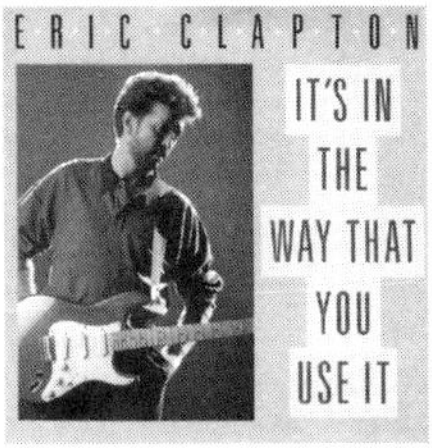

A : It's In The Way That You Use It (Edit)
B : Bad Influence
Duck : W 8397
1987.3.23

Tearing Us Apart (Eric Clapton with Tina Turner)

A : Tearing Us Apart Eric Clapton
B : Hold On
Duck : W 8299
1987.6.8

Wonderful Tonight

A : Wonderful Tonight
Polydor : POSP 881
1987.8

Derek And The Dominos
B : Layla

Holy Mother

A : Holy Mother
B : Tangled In Love
Duck : W 8141
1987.11

Edge Of Darkness

A : Edge Of Darkness
B : Shoot Out
BBC : RESL 178
1985.12

I Shot The Sheriff

A : I Shot The Sheriff
B : Knockin' On Heaven's Door
Old Gold : OG 9586
1986.3

Crossroads

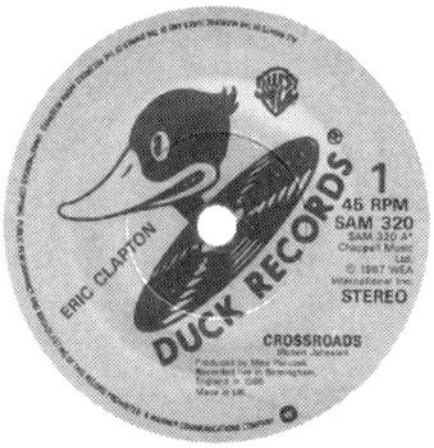

A : Crossroads
B : White Room
Duck : SAM 320 (Bonus Single)
1987

Behind The Mask

A : Behind The Mask
B : Grand Illusion
Duck : W 8461
1987.1

Behind The Mask

A : Behind The Mask
B : Grand Illusion
C : Crossroads (Live)
D : White Room (Live)
Duck : W 8461F
1987.1

No Alibis

A : No Alibis
B : Running On Faith
Duck : W 9981
1990.3.26

Pretending

A : Pretending
B : Hard Times
Duck : W 9770
1990.7

Wonderful Tonight (Live)

A : Wonderful Tonight
(Live Edit Version)
B : Edge Of Darkness (Live)
Duck : W 0069
1991.11.4

Tears In Heaven

A : Tears In Heaven
B : White Room (Live)
Duck : W 0081
1992.2.24

Layla (Live Acoustic)

A : Layla (Live Acoustic)
B : Tears In Heaven
(Live Acoustic)
Duck : W 0134
1992.9

After Midnight

A : After Midnight
B : I Can't Stand It
Polydor : PO 8
1988.7

After Midnight

Eric Clapton
1 : After Midnight
(Extended Version)
2 : I Can't Stand It
3 : Watcha Gonna Do Cream
4 : Sunshine Of Your Love
(Live)
Polydor : PZCD 8 [CD]
1988

Bad Love

A : Bad Love
B : I Shot The Sheriff (Live)
Duck : W 2644 B
1990.1

Bad Love

A : Bad Love
B : Before You Accuse Me
Duck : W 2644
1990.1.15

No Alibis

A : No Alibis
B : Running On Faith
Duck : W 9981B
1990.3

Pilgrim

1：Pilgrim (Mick Guzauski Remix Edit)
2：Pilgrim (Keith Crouch Remix)
3：Pilgrim (Organized Noize Remix)
4：Pilgrim (Album Version)
EU Reprise：9362 44548-2 [CD]
1998.11

Blue Eyes Blue

1：Blue Eyes Blue (Album Edit)
2：Circus (Album Version)
3：Old Love (Album Version)
Reprise：9362 44766-2 [CD]
1999

(I) Get Lost

1：(I) Get Lost (Album Version)
2：Main Title / (I) Get Lost (Soundtrack Version)
3：(I) Get Lost (David Morales Radio Edit)
4：(I) Get Lost (David Morales Club Mix)
Duck：9362 44809-2 [CD]
2000

I Ain't Gonna Stand For It

1：I Ain't Gonna Stand For It (Album Version)
2：Losing Hand
3：Johnny Guitar
Duck Records：9362 44987-2 [CD]
2001.4.3

Moon River (Eric Clapton / Jeff Beck)

A：Moon River
Eric Clapton Feat. Judith Hill, Simon Climie & Daniel Santiago
AA：How Could We Know
Bushbranch：83573-2
2023.7.14

Motherless Child

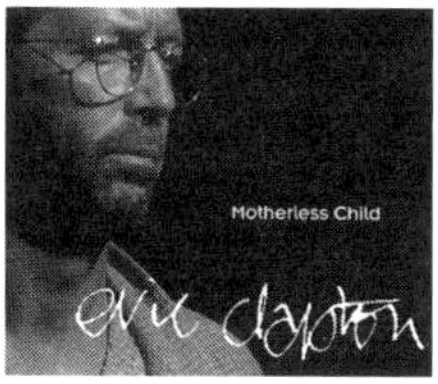

1：Motherless Child
2：Driftin'
3：County Jail
4：32-20
Duck：WO271CD [CD]
1994.10

Change The World

1：Change The World (LP Version)
2：Danny Boy
3：Change The World (Instrumental)
EU Reprise：9362-43727-2 [CD]
1996.7.5

My Father's Eyes

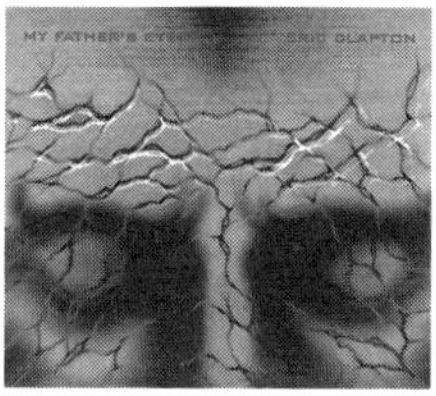

1：My Father's Eyes
2：Change The World
3：Theme From A Movie That Never Happened (Orchestral)
4：Inside Of Me (Instrumental Remix)
Duck：W0443CD [CD]
1998.1

Circus (CD1)

1：Circus (Album Version)
2：Wonderful Tonight
3：Tears In Heaven
4：Edge Of Darkness
Duck：W0447CDX [CD]
1998.6

Circus (CD2)

1：Circus (Album Version)
2：Behind The Mask
3：Bad Love
4：Tearing Us Apart
Duck：W0477CD [CD]
1998.6

編集盤・サントラ盤・参加盤から

納富廉邦

クラプトン名義の編集盤など

　72年の『エリック・クラプトンの歴史』は、パワーハウス時代から「レイラ」までの代表曲を、バンドやレーベルをまたいで収録している。90年の『レイラ・セッションズ』（80ページ参照）までは、レアだった「テル・ザ・トゥルース」のジャム・ヴァージョンも収録。米盤（Atco：SD 2-803）に収録の「トリビュート・トゥ・エルモア」は、ジミー・ペイジ、ジェフ・ベックとのセッションだが、当時ペイジがクラプトンに無断でリリースを許可し、二人の仲にひびが入る原因となった。

　82年の『ベスト・オブ・エリック・クラプトン』と、翌83年の『エリック・クラプトン・ベスト・ライヴ』は、二枚合わせて１３４０万枚以上を売り上げた。前者には主に『４６１オーシャン・ブールヴァード』と『スローハンド』からのトラックを収録。後者には、70年のフィルモア・イースト、74年ロング・ビーチ・アリーナ、79年の武道館ライヴからの既発曲を収録している。

　87年の『クリーム・オブ・エリック・クラプトン』は、クリーム、デレク&ドミノス、ソロでのヒット曲をズラリと並べた全17曲で構成したベスト盤。日本盤は16曲と曲数が減っているが、ここでしか聴けない「アフター・ミッドナイト」のロング・ヴァージョンが入っている。

　88年に発売されたボックス・セット『クロスロード』は世界中で４００万枚を売り、グラミー賞を含む６つの賞を獲得した。重要曲を網羅しつつ、未完成に終わったデレク&ドミノスのセカンド・アルバムからのトラックも収録。ジャケットのクラプトンの肖像画はローリング・ストーンズのロニー・ウッドによるものだ。

　99年発売の『ブルース』は、70年のレイラ・セッションからのアウト・テイク「ミーン・オールド・ワールド」

から、79年のライヴ録音まで、クラプトンによるブルースの演奏を集めている。CD2枚組で、一枚目はスタジオ音源、二枚目はライヴ音源からの選曲だ。

『ラスト・ワルツ』（78年）を撮った映画監督マーチン・スコセッシによる『マーチン・スコセッシのブルース：エリック・クラプトン』は、クセの強い選曲が楽しい。デュエイン・オールマンとの「ミーン・オールド・ワールド」、デレク&ドミノスでの「クロスロード」のライヴを選ぶあたりに、彼の趣味があふれ出ている。

2011年の『プレイ・ザ・ブルース：ライヴ・フロム・ジャズ・アット・リンカーン・センター』は、ハービー・ハンコックのバンドなどに在籍していたトランペッター、ウィントン・マルサリスとのコラボレーション作品。ジャズ・オーケストラをバックに、「ジョー・ターナーのブルース」で、土臭く歌うクラプトンの声に重なる、哀感を帯びつつも明るい音色のトランペットのオブリガードや、ジャズ的な解釈で解体されてブルースとしての側面が際立った「レイラ」など、音楽的な興奮に満ちた仕上がりはじっくり聴く価値がある。

14年の『ザ・ブリーズ：アン・アプリケーション・オブ・J.J.ケイル』は、クラプトンがプロデュースして全曲でギターを弾き、ほとんどの曲で歌っている。13年に逝去したケイル作品のカヴァー集だが、マーク・ノップラー、ウィリー・ネルソン、ジョン・メイヤーらによる演奏は、追悼というより、ケイルというソング・ライターの曲を歴史に刻む試みのように響く。トム・ペティと歌う「ロックンロール・レコード」での、抑えつつもドライヴする歌唱とギターが沁みる。

History Of Eric Clapton
英・Polydor：2659 012
発売：1972年3月

Time Pieces : The Best Of Eric Clapton
英・RSO：RSD 5010
発売：1982年4月

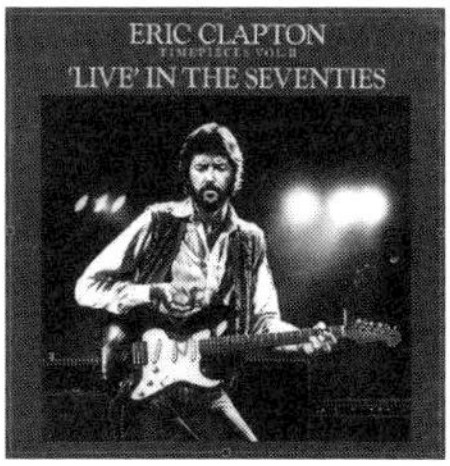

Time Pieces Vol.II 'Live' In The Seventies
英・RSO：RSD 5022
発売：1983年1月5日

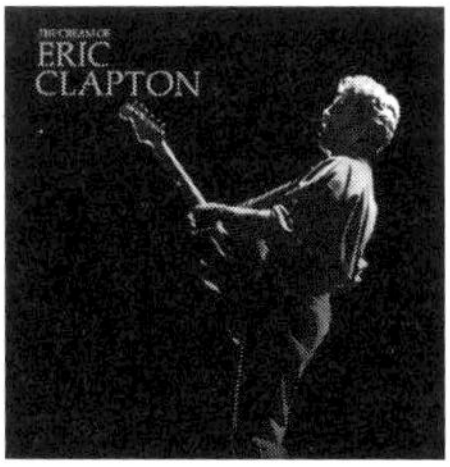

The Cream Of Eric Clapton
英・Polydor：833 519-1［CD］
発売：1987年9月

『ライフ・イン・12バー』は、17年に作られたクラプトンの生い立ちから現在までを追ったドキュメンタリーだが、ウェットに過ぎる構成が鼻につく。むしろ「アイ・ショット・ザ・シェリフ」の長尺版や、チャック・ベリーの「リトル・クイーニー」のカヴァーなどの未発表作品5作を含む同名のサントラ盤をお勧めしたい。

サウンドトラックの仕事

マイケル・ケイメンとの共作による87年のテレビ・ドラマ『エッジ・オブ・ダークネス』（邦題『刑事ロニー・クレイブン』）のサントラ盤は隠れた名作だ。都会的かつ乾いたハード・ロックを伸び伸びと演奏していて、そのクラプトンらしからぬ疾走感には驚く。ケイメンはのちに『ダイ・ハード』シリーズなどの音楽で活躍することになるのだが、このサントラがリチャード・ドナー監督の目に止まり『リーサル・ウェポン』シリーズに起用されたのがサントラ界での出世のきっかけだった。

87年の『リーサル・ウェポン』は、スコアをケイメンとクラプトン、デイヴィッド・サンボーンが書き、メル・ギブソン演じるリッグスの心情をクラプトンのギターで、ダニー・グローヴァー演じるマータフの心理をサンボーンのサックスで表現することで、バディものの名作と言われる評価にも貢献した。

89年の『リーサル・ウェポン2』では、サンボーン、ランディ・クロフォードとともに、ディランの「ノッキン・オン・ヘヴンズ・ドア」、92年の『3』には、スティングとの共演で「イッツ・プロバリィ・ミー」、98年の

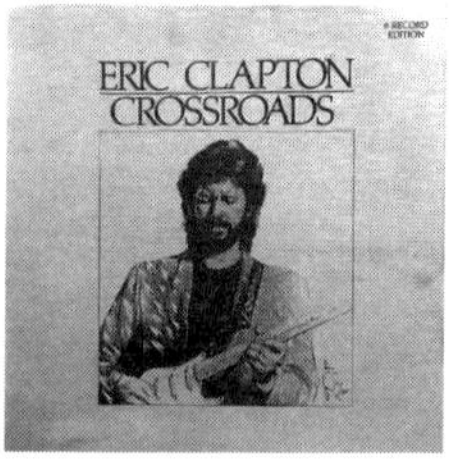

Crossroads
米・Polydor：835 261-2［CD］
発売：1988年4月18日

Blues
米・Polydor：314 547 178-2［CD］
発売：1999年7月27日

Martin Scorsese Presents The Blues：Eric Clapton
米・Polydor：B0000796-02［CD］
発売：2003年9月

WYNTON MARSALIS& ERIC CLAPTON Play The Blues：Live From Jazz At Lincoln Center
米・Reprise：R2-528531［CD+DVD］2011年

『4』には「ピルグリム」が使われている。

88年にはミッキー・ローク主演の映画『ホームボーイ』（マイケル・セレシン監督）の音楽を担当。キーボードにケイメンを起用し、インストゥルメンタルのブルースを聴かせるスコアを書いた。

92年には、ケイメンとのコンビで、映画『ラッシュ』のサントラも担当。のちに『ライフ・イン・12バー』を監督するリリ・フィニー・ザナックによる実話ベースのクライム・ストーリーだが、何より、劇中で流れる「ティアーズ・イン・ヘヴン」が強力だ。

ライヴへのゲスト参加作品など

プラスティック・オノ・バンドの『ライヴ・ピース・イン・トロント1969』は、69年9月13日にカナダで行われたライヴを収録。クラプトンは、ジョン・レノン、ヨーコ・オノ、クラウス・フォアマン、アラン・ホワイトとともにステージに立ち、全曲に参加。

71年には、ロックによるベネフィット・コンサートの嚆矢となった、ジョージ・ハリスンによる『バングラデシュ・コンサート』が開催され、クラプトンも参加。映像作品としても発売された（176ページ参照）。

その後もクラプトンは頻繁にベネフィット・コンサートに出演。82年の『ザ・シークレット・ポリスマンズ・アザー・ボール』もそのひとつだ。アムネスティー・インターナショナルによるコンサートの81年ライヴである。クラプトンはジェフ・ベックと「哀しみの恋人たち」「ファーザー・オン・アップ・ザ・ロード」「クロスロード」

ERIC CLAPTON & FRIENDS
The Breeze : An Appreciation Of J.J. Cale
米・Bushbranch / Surfdog : 55408-2［CD］2014年

Life In 12 Bars
米・UMe : B0028337-02［CD］
発売：2018年6月8日

ERIC CLAPTON with MICHAEL KAMEN
Edge Of Darkness
英・BBC Records And Tapes : 12RSL178［EP］
発売：1985年11月

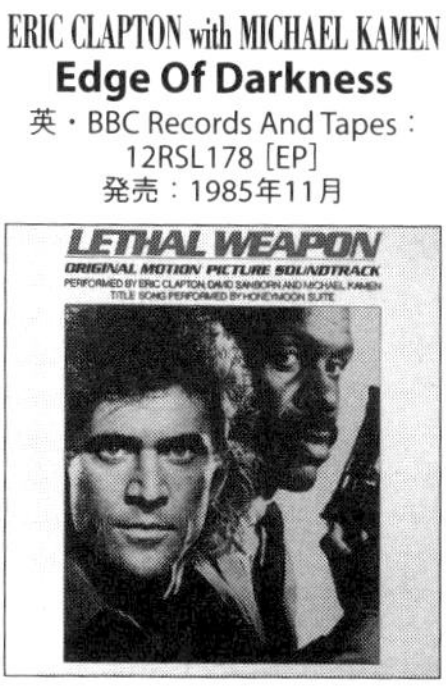

MICHAEL KAMEN
Lethal Weapon
米・Warner Bros. : 9 25561-1
1987年

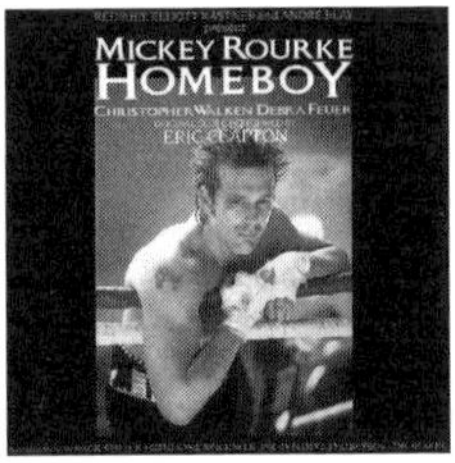

VARIOUS ARTISTS
Homeboy
米・Virgin Movie Music：7 91241-2［CD］1988年

PLASTIC ONO BAND
Live Peace In Toronto 1969
英・Apple：CORE 2001 1969年

ROLLING STONES
Flashpoint
欧・Rolllig Stones/CBS：468135 1 1991年

GEORGE HARRISON with ERIC CLAPTON
Live In Japan
欧・Dark Horse/Warner Bros.：7599-26964-2［CD］1992年

を演奏。ゲスト総出演の「アイ・シャル・ビー・リリースト」にも参加している。

『ノーバディーズ・チャイルド：ルーマニアン・エンジエル・アピール』は、90年にルーマニアを訪れて孤児院の実態に心を痛めたジョージ・ハリスンの妻オリヴィアが提起したチャリティ・アルバム。クラプトンはジョージと『ザット・カインド・オブ・ウーマン』を録音した。

91年のローリング・ストーンズのライヴ・アルバム『フラッシュ・ポイント』では、89年にゲスト出演したアトランティック・シティが収録された。「リトル・レッド・ルースター」で絶妙なオブリガードを披露している。

翌92年には、ジョージ・ハリスン91年末のジャパン・ツアーの実況録音『ライヴ・イン・ジャパン』が出ている。クラプトン自身が企画してバックを務めたツアーだからか演奏も充実していて、とくに「ホワイル・マイ・ギター・ジェントリー・ウィープス」のギター・ソロにはゾクリとさせられる瞬間があった。

99年、シェリル・クロウ&フレンズ名義の『ライヴ・フロム・セントラルパーク』には、クラプトンとシェリルによる「ホワイト・ルーム」を収録。シェリルとの共演は色々あるが、ここで聴ける二人のギターの重なりは新時代のサイケを感じさせてくれるのだ。

トリビュート盤、オムニバス盤

エルトン・ジョンとバーニー・トーピンが書いた曲を、参加ミュージシャンがそれぞれの解釈でカヴァーした、91年のアルバム『トゥー・ルームズ：セレブレイティング・ザ・ソング・オブ・エルトン・ジョン&バーニー・トーピン』には、クラプトン自身がプロデュースした「人生の壁」が収録されている。粘っこいギター・ソロと乾いた哀愁が漂うヴォーカルが素晴らしい。

94年の『ア・トリビュート・トゥ・カーティス・メイフィールド』では、シックのナイル・ロジャーズのプロデュースで「ユー・マスト・ビリーヴ・ミー」をカヴァー。ソウルフルなカッティングを聴かせている。

96年発売の『ア・トリビュート・トゥ・スティーヴィー・レイ・ヴォーン』は、スティーヴィーの実兄で、ファビュラス・サンダーバーズのギタリスト、ジミー・ヴォーンがプロデュースした追悼ライヴ。クラプトンは「エイント・ゴーン・ギヴ・アップ・オン・ラヴ」のほか、ジミーやバディ・ガイ、B.B.キングらとこの夜のために書かれた新曲「シックス・ストリングス・ダウン」「SRV・ブルース」などに参加した。

04年にはジミ・ヘンドリックス・トリビュートの『パワー・オブ・ソウル』に「真夜中のランプ」で参加。93年のジミヘン・トリビュートにも参加し、表題曲「ストーン・フリー」をカヴァーしているが、演奏のレベルも曲の解釈も、こちらの方が尖っていて面白い。

タジ・マハールやピーター・フランプトンらも参加している。05年の『ジェイミー・オールデイカーズ・マッド・ドッグス&オーキーズ』では、アコースティック・ギターで歌う「ポジティヴリィ」が聴ける。『ビハインド・ザ・サン』や『24ナイツ』に参加したドラマーのジェイミーら馴染みのメンバーとの肩の力が抜けたセッションは、曲の良さもあって晴れやかに響く。

SHERYL CROW & FRIENDS
Live From Central Park
米・A&M：069490574-2［CD］
1999年

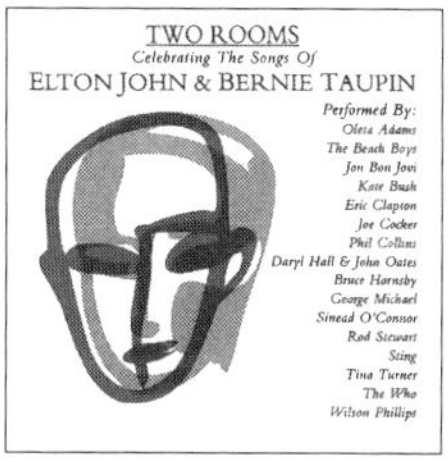

VARIOUS ARTISTS
Two Rooms : Celebrating The Songs Of Elton John & Bernie Taupin
米・Polydor:845 750-2［CD］
1991年

VARIOUS ARTISTS
A Tribute To Stevie Ray Vaughan
米・Epic：EK67599［CD］
1996年

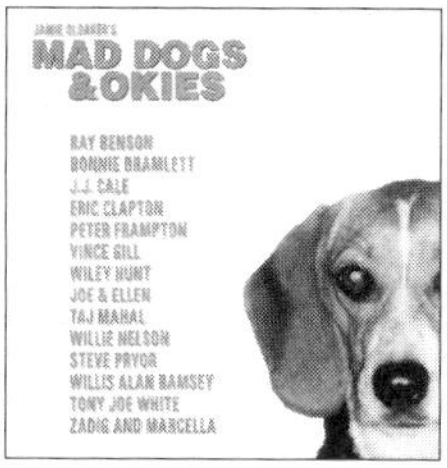

VARIOUS ARTISTS
Jamie Oldaker's Mad Dogs & Okies
米・Concord：CCD-2267-2［CD］
2005年

映像で味わうエリック・クラプトン

納富廉邦

ボブ・ディランやクイーンなどのヒストリー・フィルムを作っているロブ・ジョンストーン監督が２０２０年に制作した『エリック・クラプトン 60sヒストリー』は、写真とニュース映像を中心に、ヤードバーズのクリス・ドレヤ、ボンゾ・ドッグ・バンドのニール・イネスといった、クラプトンと同世代の関係者へのインタヴューを合わせて構成したドキュメンタリー。ＤＶＤにはインタヴュー集が追加されている。

ジョージ・ハリスン&フレンズの『バングラデシュ・コンサート』はアルバムも発売されているが、もともと映画としても公開された作品。バングラデシュ解放戦争のあおりを受けて避難したベンガル難民を支援するために71年に開かれた、ロック・ミュージシャンによる最初のベネフィット・コンサートは、ライヴ・エイドなどの先駆けとなった。主催はジョージ・ハリスンとインドのシタール奏者ラヴィ・シャンカール。ジョージのバックでギターを弾くクラプトンは楽しそうだ。

『エリック・クラプトン 70sヒストリー』は、前述の60年代ヒストリーの70年代版。ジョージ・テリー、ボニー・ブラムレット、ボビー・ウィトロックらが出演して当時の思い出を語る。

70年代のクラプトンの映像として見逃せないのが、ザ・フーのピート・タウンゼント原作、ケン・ラッセル監督のロック・オペラ『トミー』（英・75年）だ。レス・ポールを弾きながら教会を練り歩くマリリン・モンロー教の教祖姿は似合いすぎ。役者っぷりが素晴らしい。

97年発売の『ザ・クリーム・オブ・エリック・クラプトン』は、85年までの映像を集めたベスト・ヒット的な内容。『ライヴ・エイド』や『プリンス・トラスト・コンサート』といった有名どころのライヴが過不足無くまとめられているので入門編として最適だ。

　難病を抱えた人たちのための研究機関であるARMSへの寄付を目的に、自身も難病に苦しんでいたロニー・レインが、83年、ロイヤル・アルバート・ホールで開催したコンサートの模様は『アームズ・コンサート〜三大ギタリスト夢の競演〜』というDVDになっている。クラプトンはソロで「コカイン」など5曲と、出演者全員によるセッションに出演。ジミー・ペイジ、ジェフ・ベックと共に「レイラ」を演奏している。ギター・プレイより、つい、彼らの微妙な距離感に目が行ってしまうが、ロニーも参加しての「グッドナイト・アイリーン」は胸に染みるものとなった。

　ビハインド・ザ・サン・ツアーからの映像を記録した『ライヴ1986』、ティナ・ターナーとの「ティアリング・アス・アパート」を収録した『ザ・プリンス・トラスト・ロック・コンサート1986』、モントルー・ジャズ・フェスティヴァルでの演奏を収めた『ライヴ・アット・モントルー1986』と、なぜか、86年のライヴは3種類も発売されている。しかし、ツアーの記録、ベネフィット・コンサートでのセッション、フェスでの演奏と、同じ時期ながら趣向が違うライヴを見比べられる機会として、この辺のリリースは面白い。

　90年のネブワース・ライヴの映像を収録した『ライヴ・アット・ネブワース』では、ソロで2曲演奏したあと、ダイアー・ストレイツと「ソリッド・ロック」「マネー・フォー・ナッシング」を披露。さらにエルトン・ジョンが加わっての「サクリファイス」「サッド・ソング」と、さまざまな表情のクラプトンを見ることができる。

エリック・クラプトン 60's ヒストリー
日・Pony Canyon：PCBE56388
［DVD］2020年　135分

GEORGE HARRISON＆FRIENDS
コンサート・フォー・バングラデシュ（デラックス BOX）
日・Warner Music Japan/Rhino：WPBR-90532［DVD］
2005年　176分

VARIOUS ARTISTS
アームズ・コンサート
〜三大ギタリスト夢の競演〜
日・バップ：VPBR12014［DVD］
2004年　112分

ERIC CLAPTON＆FRIENDS
Live 1986
米・Eagle Eye Media：EE 19021
［DVD］2003年　58分

アルバムとしても発売されている02年の『ナッシング・バット・ザ・ブルース』は別内容の映像版がある。こちらには、マーチン・スコセッシがエグゼクティヴ・プロデューサーを務め、95年にアメリカで放映されたドキュメンタリーを収録。スコセッシによるクラプトンへの濃〜いインタヴューが興味深い。

01年に発売された『ライヴ・イン・ハイド・パーク』は、96年のロンドンでのコンサートを収めたもの。ここでアンプラグドで演奏された「レイラ」は、MTV版よりも〝芸〟になっていて、とくに歌がグッと来る。

99年にマディソン・スクエア・ガーデンで開催され、その後も続くクロスロード・ギター・フェスティヴァルは、クラプトンの呼びかけによるカリブのリハビリ・センター設立資金を募るコンサートだ。ギタリストのお祭りにしたのが成功し継続性のあるイヴェントになった。その第一回を記録したのが01年発売の『クロスロード・コンサート』。ボブ・ディランやシェリル・クロウらとの共演にフェスならではの楽しさがあるのだ。

『ザ・コンサート・フォー・ニュー・ヨーク・シティ』は01年9月11日、同時多発テロの一年後、マディソン・スクエア・ガーデンで行われた大規模な追悼&チャリティー・イヴェントの記録。クラプトンはバディ・ガイとともに演奏している。出演者全員が素晴らしいパフォーマンスを見せる奇跡のライヴになった。

02年、クラプトンとジョージ・ハリスンの妻オリヴィアを中心に行われたトリビュート・ライヴを収録した映画が、03年公開の『コンサート・フォー・ジョージ』だ。クラプトンの演奏は、ポール・マッカートニーとの共演

VARIOUS ARTISTS
Live At Knebworth
欧・Eagle Vision / Universal：ERSBD3018［Blu-ray］2015年　181分

Live In Hyde Park
米・Warner Reprise：2-38485［DVD］2001年　89分

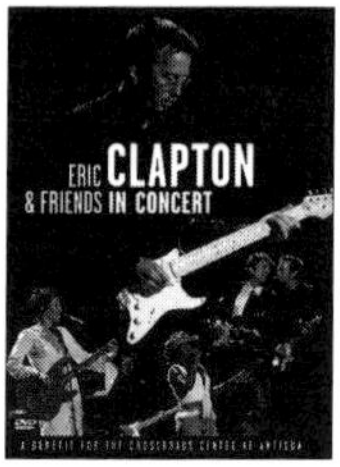

ERIC CLAPTON & FRIENDS
クロスロード・コンサート
日・Warner Reprise：WPBR-90103［DVD］2001年　108分

VARIOUS ARTISTS
The Concert For New York City
日・Sony：SIBP16,17［DVD］2002年　245分

で「サムシング」「ホワイル・マイ・ギター・ジェントリー・ウィープス」、メイン・ヴォーカルでの「ワー・ワー」などが収録されている。

クラプトンの伝記的ドキュメンタリーでは、今のところ、03年制作の『スタンディング・アット・ザ・クロスロード』（ロビン・ベクスター監督）が、いちばん上手くまとまっている。栄光よりも苦悩と人との出会いにフォーカスした構成は、クラプトンの音楽の変化ともシンクロして、ひとつのロック史として見ることができる。

『クロスロード・ギター・フェスティヴァル２００４』では、ソロはもちろん、B.B.キング、バディ・ガイ、J.J.ケイル、カルロス・サンタナらとのセッションでのプレイが冴えていて、クラプトンの人柄が見えるようだ。その意味でも映像で見るべきフェスといえる。

14年の『プレイン・トレイン&エリック：ジャパン・ツアー２０１４』は、14年に、日本、シンガポール、ドバイ、バーレーンを回ったファー・イースト・ツアーからのベスト・テイクを集めたもの。もはや古典芸能のような味わいさえある近年のクラプトン、映像作品を連発しているが、動いている姿もこの人の大きな魅力だから、そのアイドル的な戦略は間違っていない。

『クロスロード・ギター・フェスティヴァル２０２３』は、映画だと2日間のライヴを2時間に編集しているが、DVDには全体が収録されている。サマンサ・フィッシュらによる「レイラ」のカヴァー、バーズのロジャー・マッギン、スティヴン・スティルス、スティーヴィー・ワンダーらとクラプトンの共演など、相変わらずいいパフォーマンスが続くイヴェントだ。

VARIOUS ARTISTS
Concert For George
米・Rhino：BD2 970241
［Blu-ray］2010年　286分

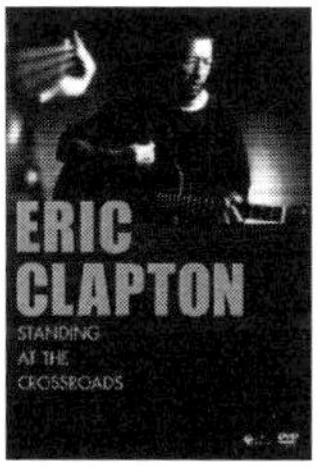

Standing At The Crossroads
日・日本コロムビア：YMBZ10296
［DVD］2011年　92分

Planes, Trains And Eric : Japan Tour 2014
日・Yamaha Music Entertainment：YMXA10556
［Blu-ray］2014年　156分

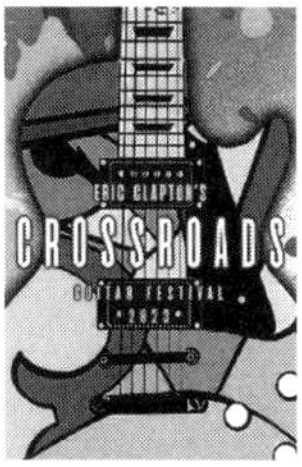

Crossroads Guitar Festival 2023
米・Rhino：R2 727111［DVD］
2024年　250分

梅村昇史
Shoji Umemura

こいつ、美味いが、なんだか不思議な気分だ。ヘンなもの入れてないよな。
エリック、今日は、今考えていることについてみんなと話し合ってみたら。
みんな？
というわけでいろんな年代のECが集まっています。
やあエリック、ずいぶんと老けたな
80歳だって？俺、80まで生きるんだ。
俺なんてまだ23だよ。クリームが解散したばっかりだ
オイ、また日本に行くのかい？
何だこれは？
薬漬けの27歳の俺と、アルコール依存症の40歳の俺が、まだ来てないな。

Clapton Conference 2025
E.C. IS HERE
いい機会だから、俺たちの過去と未来について語り合おう。
アルコールは抜きだぜ、今日はコーヒーだけでいこうぜ。
2025
1978
1972
1968
1985
2001
2010
E.C.
とりあえずお互い何歳なのか確認してね。
1963
1992
みんなギター上手そうだな。
ところで俺とパティはどうなるんだ？
1979年に正式に結婚したよ
マジか！パティはいつジョージと別れたんだ？
俺たちも離婚するけどな。
俺のアルコール依存と不貞のせいだよ。後悔するぜ。
パティて誰？
「いとしのレイラ」は何だったんだ。
その後ずっと演奏するけどな。
けっこう苦しいよ
それで酒や薬漬けになるのか
自分でもよくわからなかったよ。俺に酒をやめろっていう人もいなかった。
きっとイヤなヤツだったんじゃないか？お前が。
っていうか俺か。

まあトラブルがあってもギターとブルースに逃げ込めば何とかなったな。

ああ、それは子供の時からそうだったかも。

そんな人生から、自分が現代のブルースを創造できているかどうかはわからないが。

同感、自分はブルースの創作者じゃなくて解釈者だと思うよ。

シンガー・ソングライターにはなりきらない、ブルース演奏家として終わるのかもな、俺たち。

しかし80すぎても日本で演奏するとはね。

俺なんて30前でヘロヘロでステージに立つのも怪しかったよ。

それで、これからどうしたい？

できることなら、もう一度ブラッキーを弾いてライヴをやってみたいな。

ブラッキーってなんだい？

黒いストラトキャスターだ。85年までの相棒さ。

オークションに出して、すごい金額で落札されたけどね。

オイ、それは本当か？

そうだ!! 俺がナッシュビルで安く買ったストラトが何本もあるから、こいつのいいところを組み合わせて最高の一本を作ろうぜ！

それがブラッキーと呼ばれることになるんだよ。

これ1本100ドルなんだぜ。ジョージへのアメリカ土産にしようと思ってね……

そうだ…ビートにもやろうか……

ストラトってジミが現われて注目を浴びるようになったんだ。ジミはすごいよ
これ、どこのクラフトマンにたのむんだい？・なあ誰かいいクラフトマンを知らないか？・こいつ
夢か、
このコーヒーのせいかな？

NO REASON TO CRY

エリック、めざましのブラックよ。
それからブラッキーがもうすぐここにとどくよ
えっ?
今のは夢じゃなかったのか。
こちら天才ギタークラフト少年のコナー君。
パパ、またブラッキーを弾きなよ。
E.C.
お前、コナーか!。32年前に死んだはずじゃ……

ああ、これはやっぱり夢か……

僕、本当は37歳なんだけどね。天国では評判のギター職人さ。

TEARS IN HEAVEN
またコナーとブラッキーに会えるとはな。これがブルースに依存した俺が見ている夢だとしてもうれしいよ。

TEARS IN HEAVEN
夢じゃないかもしれないよ。

80をすぎたエリックの、この先のクロスロードで何があるのか?、日本公演でエリックはブラッキーをプレイするのか?それはまだわからない。
E.C.
END SHOJI UMEMURA 2025

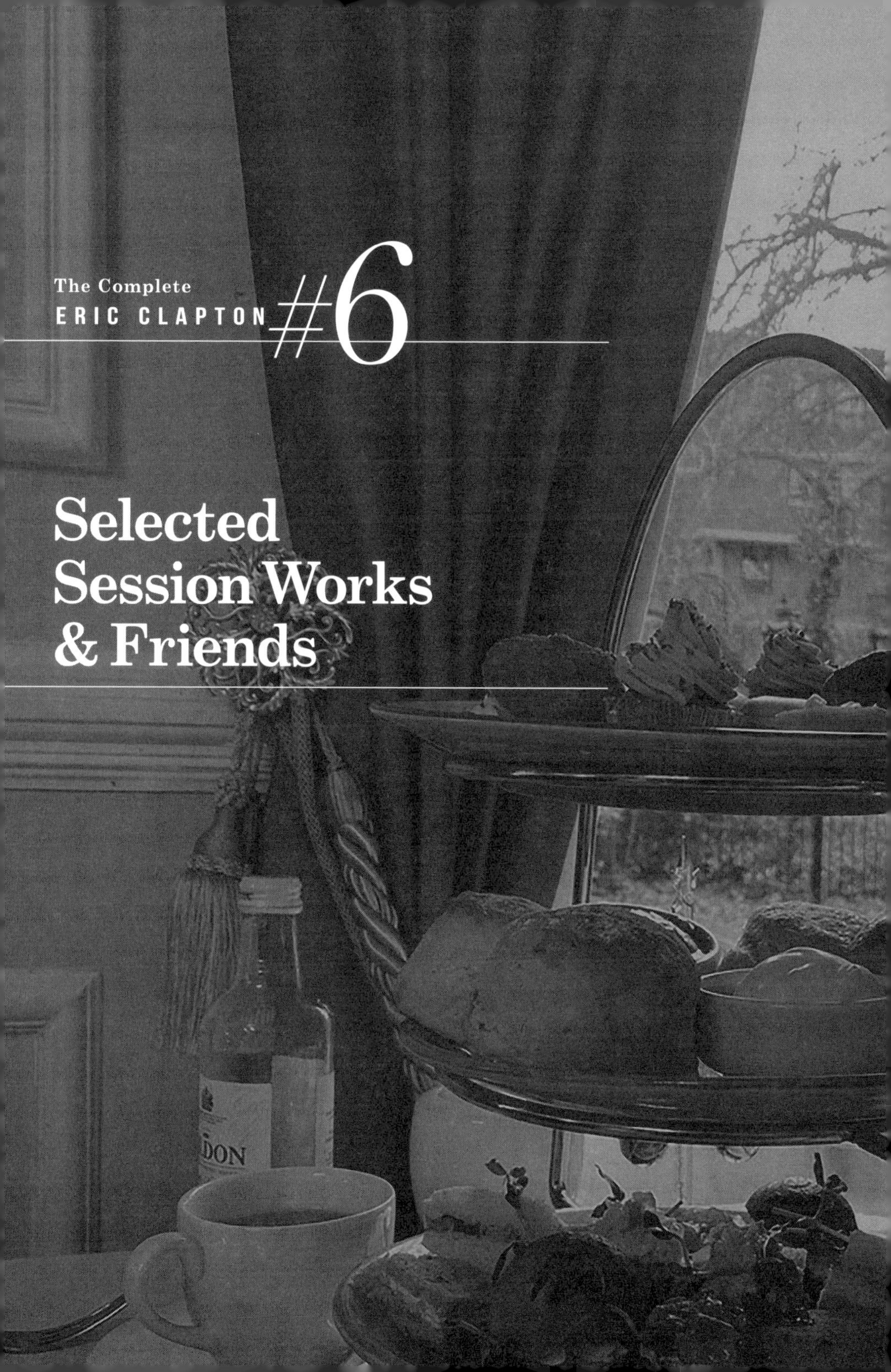

The Complete
ERIC CLAPTON #6

Selected Session Works & Friends

ここで扱うセッション参加作

和久井光司

ご存じのようにエリック・クラプトンのセッション参加作は多岐にわたり、その量も膨大だ。

　看板を張れる一流のロック・ミュージシャンで、これほどセッション・ワークがある人は稀だし、呼ばれればどこにでも出かけていく印象さえある。「友だちだから」とか、「曲を提供してもらった」といった程度で、ノー・ギャラとも思えるセッションにひょこひょこ顔を出すミュージシャンなんて、私はほかに知らない。

　レコーディングの陣中見舞いに行って、みんなで歌うコーラス・パートに加わってくるなんてことは私にも経験があるが、エリックのセッション参加はそういうものではなく、ちゃんと記名性の高いギターを弾いて、参加ミュージシャンのトップに名前が出るようなプレイをしてくるのだ。どう考えても恩を売っているようには見えないし、打算的でもない。「オレがギターを弾いて喜んでくれるなら」という真正直なプレイばかりが残っているのは驚くべきことだと思う。

　けれども、やはりブルース系の曲や、普通のスケールでのソロやオブリガードが多いから、そのすべてを聴く意味はあまり感じられない。一聴してエリックだと判るプレイはさすがだと思うが、〝似たようなもの〟と言ってしまうこともできるから全部聴かなくてもいい。

　ここでは、間違いなくエリックがギター（G）、ヴォーカル（Vo）で参加している曲が収録されたレコードを一覧にし、◎印のみレヴューしてみた。リストの○印のものにもいいプレイはあるが、あまり有名ではない参加作や、人脈的にエリック自身の作品と関係の深いものを厳選したつもりである。

　エリックが参加しているか・いないかで選ぶと、バンドのメンバーのソロ作のほとんどが語られないので、デレク&ザ・ドミノスのカール・レイドルとジム・ゴードン、70年代クラプトン・バンドのコーラス嬢イヴァンヌ・エリマンと、80年代後半以降のバンドで重要な働きをしてきたアンディ・フェアウェザー・ロウ、ネイザン・イーストのソロ作もこの章で取り上げることにした。

E.C. Sessions

リスト作成：吉見 洋

○ OTIS SPANN/Stirs Me Up（英・Decca：F.11972）7″ 1964年9月4日/G
○ JOHN MAYALL & THE BLUESBREAKERS/I'm Your Witchdoctor（英・Immediate：IM 012）7″ 1965年/G
○ CHAMPION JACK DUPREE/From New Orleans To Chicago（英・Decca：LK 4747）1966年/G
◎ ARETHA FRANKLIN/Lady Soul（米・Atlantic：SD 8176）1968年1月22日/G
○ THE MOTHER OF INVENTION/We're Only In It For The Money（米・Verve：V6-5045X）1968年3月4日/Speech
○ FRANK ZAPPA/Lumpy Gravy（米・Verve：V6-8741）1968年5月13日/Cho
○ GEORGE HARRISON/Wonderwall Music（英・Apple：SAPCOR 1）1968年11月1日/G
◎ THE BEATLES/The Beatles（White Album）（英・Apple：PCS 7067/8）1968年11月22日/G
◎ THE ROLLING STONES/Rock 'n' Roll Circus CD（米・Abkco：1268-2）1996年10月/G（68年12月録音）
○ MARTHA VELEZ/Friends And Angels（英・London：SHK 8395）1969年/G
○ JACKIE LOMAX/Is This What You Want?（英・Apple：SAPCOR 6）1969年3月21日/G
○ BILLY PRESTON/That's The Way God Planned（英・Apple：SAPCOR 9）1969年8月22日/G
○ PLASTIC ONO BAND/Cold Turkey（英・Apple：APPLES1001）7″ 1969年10月24日/G
○ SHAWN PHILLIPS/Contribution（米・A&M：SP-4241）1970年/G
○ KING CURTIS/Get Ready（米・Atco：33-338）1970年/G
◎ LEON RUSSELL/Leon Russell（米・Shelter：SHE 1001）1970年3月23日/G
○ DORIS TROY/Doris Troy（英・Apple：SAPCOR 13）1970年9月11日/G
○ BILLY PRESTON/Encouraging Words（英・Apple：SAPCOR 14）1970年11月9日/G
◎ STEPHEN STILLS/Stephen Stills（米・Atlantic：SD 7202）1970年11月16日/G
○ GEORGE HARRISON/All Things Must Pass（英・Apple：STCH 639）1970年11月30日/G
◎ VIVIAN STANSHAL/Labio-Dental Fricative（英・Liberty：LBF 15309）7″ 1970年/G, Composed
○ ASHTON, GARDNER & DYKE/The Worst Of Ashton, Gardner & Dyke（英・Capital：E-ST 563）1971年2月/G
○ LEON RUSSELL/Leon Russell And The Shelter People（米・Shelter：SW-8903）1971年5月3日/G
○ STEPHEN STILLS/2（米・Atlantic：SD 7206）1971年6月30日/G
○ GEORGE HARRISON/Bangla Desh（英・Apple：R 5912）7″ 1971年7月30日/G
○ YOKO ONO/Fly（米・Apple：SVBB3380）1971年9月20日/G
◎ JESSE DAVIS/Jesse Davis（米・Atco：SD 33-346）1971年/G
○ THE CRICKETS/Rockin' 50's Rock'n' Roll（米・Barnaby：Z 30268）1971年/G
○ DR. JOHN/Sun, Moon And Herbs（米・Atco：SD 33-362）1971年/G
○ HOWLIN' WOLF/The London Howlin' Wolf Sessions（米・Chess：CH-60008）1971年/G
○ JOHN MAYALL/Back To The Roots（英・Polydor：2657 005）1971年/G
◎ BUDDY GUY & JUNIOR WELLS/Play The Blues（米・Atco：SD 33-364）1972年/Prod, G
○ BOBBY KEYS/Bobby Keys（英・Warner Bros.：K 46141）1972年/G
○ JOHN & YOKO & PLASTIC ONO BAND/Sometime In New York City（米・Apple：SVBB 3392）1972年6月12日/G
○ DUAN ALLMAN/An Anthology（米・Capricorn：2CP 0108）1972年11月/Vo,G
○ V.A./Music From Free Creek（英・Charisma：CADS 101）1973年/G as King Cool
○ MUDDY WATERS & HOWLIN' WOLF/London Revisited（米・Chess：CH 60026）1974年1月/G
○ RON WOOD/I've Got My Own Album To Do（米・Warner Bros.：BS 2819）1974年9月/unknown
○ GEORGE HARRISON/Dark Horse（米・Apple：SMAS3418）1974年12月1日/G
○ FREDDIE KING/Burglar（米・RSO：SO 4803）1974年/G
○ DR. JOHN/Hollywood Be Thy Name（米・United Artists：UA-LA-552）1975年/Conga
○ KINKY FRIEDMAN/Lasso From El Paso（米・Epic：PE 34304）1976年/G
○ BOB DYLAN/Desire（米・Columbia：PC 33893）1976年1月5日/G
○ JOE COCKER/Stingay（米・A&M：SP-4574）1976年4月23日/G
○ ARTHUR LOUIS/Arthur Louis's First Album（日・Polydor：MP2547）1976年6月/G
○ RINGO STARR/Ringo's Rotogravure（英・Polydpr：2302-040）1976年9月17日/Composed, G
◎ STEPHEN BISHOP/Careless（米・ABC：ABCD-954）1976年10月/G
○ CORKY LAING/Makin' It On The Street（米・Elektra：7E-1097）1977年/G
○ ROGER DALTREY/One Of The Boys（英・Polydor：2442 146）1977年5月13日/unknown
◎ PETE TOWNSHEND・RONNIE LANE/Rough Mix（英・Poldor：2442 147）1977年9月16日/G, Dobro,etc
○ FREDDIE KING/1934-1976（米・RSO：RS-1-3025）1977年/G
○ RICK DANKO/Rick Danko（米・Arista：AB 4141）1977年/G

CHAMPION JACK DUPREE
From New Orleans To Chicago
英・Decca：LK 4747
1966年

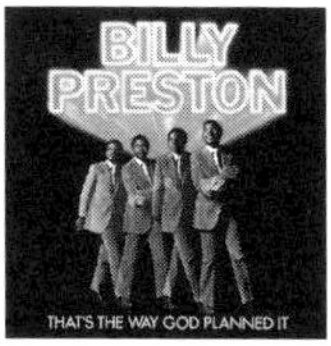

BILLY PRESTON
That's The Way God Planned
英・Apple：SAPCOR 9
1969年

DORIS TROY
Doris Troy
英・Apple：SAPCOR 13
1970年

THE CRICKETS
Rockin' 50's Rock'n' Roll
米・Barnaby：Z 30268
1971年

FREDDIE KING
Burglar
米・RSO：SO 4803
1974年

○ GEORGE HARRISON/George Harrison (米・Dark Horse:DHK 3255) 1979年2月4日/G
○ DANNY DOUMA/Night Eyes (米・Warner Bros.:BSK 3326) 1979年/G, Dobro
○ MARC BENNO/Lost In Austin (米・A&M:SP-4767) 1979年/G,Dobro
○ RONNIE LANE/See Me (英・GEM:GEMLP 107) 1979年/G
○ ALEXIS KORNER & FRIENDS/The Party Album (独・Intercord:INT 170.000) 1979年/G
○ STEPHEN BISHOP/Red Cab To Manhattan (米・Warner Bros.:BSK 3473) 1980年/G
◎ PHIL COLLINS/Face Value (英・Virgin:V2185) 1981年2月13日/G
◎ JOHN MARTYN/Glorious Fool (英・WEA:K 99178) 1981年9月/G
◎ GARY BROOKER/Lead Me To The Water (英・Mercury:6359 098) 1982年/G
○ RINGO STARR/Old Wave (独・Boardwalk:260-16-029) 1983年6月16日/G, Composed
○ COREY HART/First Offence (加・Aquarious:AQR537) 1983年11月11日/G
○ CHRISTINE McCVIE/Christine McCvie (米・Warner Bros.:1-25059) 1984年1月27日/G
○ ROGER WATERS/The Pros And Cons Of Hitch Hiking (英・Harvest:SHVL 2401051) 1984年4月30日/G
○ GARY BROOKER/Echoes In The Night (英・Mercury:MERL 68)) 1985年/G
○ BOBBY WOMACK/Womagic (米・MCA:MCA-5899) 1985年/G
○ LIONEL RITCHIE/Dancing On The Ceiling (米・Motown:6158 ML) 1986年8月5日/G
○ PAUL BRADY/Back To The Centre (欧・Mercury:826 809-1) 1986年/G
○ LIONA BOYD/Persona (米・CBS:AL 42120) 1986年/G
○ BOB GELDOF/Deep In The Heart Of Nowhere (英・Mercury:BOBLP 1) 1986年11月24日/G
○ ROBERT CRAY BAND/Guitar Player, May 87 (米・SoundSpace:#32) ソノシート 1987年4月/G
○ CHUCK BERRY/Hail! Hail! Rock'n' Roll (米・MCA:MCA-6217) 1987年10月/G
○ STING/...Nothing Like The Sun (米・A&M:SP-6402) 1987年10月16日/G
◎ GEORGE HARRISON/Cloud Nine (英・Dark Horse:WX123) 1987年11月2日/G
○ BUCKWHEAT ZYDECO/Taking It Home (米・Island:90968-1) 1987年/G
○ JOHN ASTLEY/Everyone Loves The Pilot (except the crew) (米・Atlantic:81740-1) 1987年/G
○ THE BUNBURYS/Fight (no matter how long) (英・Island:LBW 2) 7" 1988年/G, Vo
○ BOB DYLAN/Down In The Groove (米・Columbia:C 40957) CD 1988年5月30日/G
○ JOHN MAYALL/Archives To Eighties (英・Polydor:837 127-1) 1988年/G
◎ JIM CAPALDI/Some Come Running (英・Island:ILPS 9921) 1988年/G
○ GAIL ANN DORSEY/The Corporate World (欧・WEA:244 045-1) 1988年/G
○ CAROLE KING/City Street (米・Capital:C1-90885) 1988年8月/G
○ JACK BRUCE/Willpower * A Twenty Year Retrospective (1968-1988) (米・Polydor:837 806-1) 1989年/G
○ STEPHEN BISHOP/Bowling In Paris (米・Atlantic:81970-1) 1989年/G
○ ZUCHERO SUGAR FORNACIARI/Oro Incenso & Birra (欧・Polydor:841 125-1) 1989年6月13日/G
○ BRENDAN CLOKER & THE 5 O'CLOCK SHADOWS/Brendan Cloker & The 5 O'clock Shadows
(欧・Silvertone:CLOCK 1) CD 1989年/G
○ PHIL COLLINS/...But Seriously (欧・WEA:256 919-1) 1989年11月7日/G
○ CYNDI LAUPER/A Night To Remenber (米・Epic:EK 44318) CD 1989年5月9日/G
○ MICHAEL KAMEN feat. DAVID SANBORN/Concerto For Saxophone
(米・Warner Bros.:9 26175-2) CD 1990年/G,Compose
○ JOHNNIE JOHNSON/Johnnie B. Bad (米・Nonesuch:9 61149-2) CD 1991年/G
○ BUDDY GUY/Damn Right, I've Got The Blues (米・Silvertone:ZD74979) CD 1991年/G
○ RICHIE SAMBORA/Stranger In This Town (米・Mercury:848 895-2) CD 1991年/G
○ LAMONT DOZIER/Inside Seduction (米・Atlantic:7 82228-2) CD 1991年/G
○ ELTON JOHN/The One (欧・Rocket:512360-2) CD 1992年6月22日/G, Vo
○ THOMAS JEFFERSON KAYE/Not Alone (米・Hudoson Canyon:HCD 8648) 1992年/G
○ KATE BUSH/The Red Shoes (英・EMI United Kingdom:CDEMD 1047) CD 1993年11月1日/G
○ RAY CHARLES/My World (米・Warner Bros.:9 26735-2) CD 1993年/G
○ CHER,CHRISSIE HYNDE & NENEH CHERRY with ERIC CLAPTON/Love Can Build A Bridge
(欧・London:COCD1) CD Single 1995年3月6日/G
○ ALAN MENKEN, STEPHEN SCHWALTZ/The Hunchback Of Notre Dame (英・Walt Disney:WD771902)
CD 1995年/G
○ JERRY LYNN WILLIAMS/The Peacemaker (米・Urge:333) 1996年/G
◎ TAJ MAHAL/Phantom Blues (米・Private Music:0100582139-2) CD 1996年2月27日/G
○ ETERNAL/Someday (英・EMI United Kingdom:COEM439) CD 1996年8月5日/G
◎ BABYFACE/The Day (米・Epic:EK 67293) CD 1996年10月29日/G
○ B.B. KING/Deuces Wild (米・MCA:MCAD-11711) CD 1997年11月4日/G

MARC BENNO
Lost In Austin
米・A&M：SP-4767
1979年

ALEXIS KORNER & FRIENDS
The Party Album
独・Intercord：INT 170.000
1979年

BOBBY WOMACK
Womagic
米・MCA：MCA-5899
1985年

PAUL BRADY
Back To The Centre
欧・Mercury：826 809-1
1986年

BRENDAN CLOKER & THE 5 O'CLOCK SHADOWS
Brendan Cloker & The 5 O'clock Shadows
欧・silvertone：CLOCK 1 [CD]
1989年

BRUCE HORNSBY
Halcyon Days
米・CK 92652［CD］
2004年

MARCUS MILLER
SILVER RAIN
米・Koch：KOC-CD-5779［CD］
2005年

ROBERT RANDOLPH & THE FAMILY BAND
Colorblind
米・Warner Bros.：44393-2［CD］
2006年

DR. JOHN & THE LOWER 911
City That Care Forget
米・Cooking Vinyl：
FOTN177032［CD］ 2008年

P. P. ARNOLD
The Turning Tide
欧・Kundalini：KNDCD2［CD］
2017年

○ THE BAND/Jubillation（米・Rivernorth:51416 1420 2）CD 1998年9月15日/G
○ BILL WYMAN'S RHYTHEM KINGS/Anyway The Wind Blows（欧・RCA Victor：74321 59523 2） CD 1998年12月/G
○ THE TONY RICH PROJECT/Birdseye（米・LaFrance：73008-26042-2）CD 1998年/G
○ JOHN LEE HOOKER/The Best Of Friends（米・Pointblank：7243 8 46424 2 6）CD 1998年/G
◎ SANTANA/Supernatural（米・Arista：07822-19080-2）CD 1999年6月15日/G
○ MARY J. BLIGE/Mary（米・MCA：MCA-11929）CD 1999年8月17日/G
○ PAUL McCARTNEY/Driving Rain（英・MPL / Parlophone：535 5102）CD 2001年11月12日/G
○ RONNIE LANE/Lucky Seven（reissue,including bonus tracks with E.C.）（米・NMC Music：Pilot 115）2002年/G
○ THE CRUSAIDERS/Rural Renewal（米・Verve：440 060 077-2）2003年/G
○ BUDDY GUY/Blues Singer（米・Jive：BMG 41843）CD 2003年/G
○ RINGO STARR/Ringo Rama（米・Koch：KOC-CD-8429）CD 2003年3月25日/G
○ KELLY PRICE/Priceless（米・Def Soul：314 586 777-2）CD 2003年8月29日/G
○ TOOTS & THE MAYTALS/True Love（米・V2：63881-27186-2）CD 2004年/G
○ BRIAN WILSON/Gettin' Over My Head（米・BriMei / Rhino：R2 76471）2004年6月22日/G
○ BRUCE HORNSBY/Halcyon Days（米・CK 92652）CD 2004年8月17日/G,Vo
○ ROD STEWART/Stardust... The Great American Songbook Volume Ⅲ（欧・J Records：82876 64499 2） CD 2004年10月19日/G
○ THE CRICKETS & THEIR BUDDIES/The Crickets & Their Buddies（米・Sovereign Airtists：1952-2） CD 2004年/G
○ HUBERT SUMLIN/About Them Shoes（米・Tone-Cool：TCL-CD-51609）CD 2005年1月25日/G, Vo
○ MARCUS MILLER/SILVER RAIN（米・Koch：KOC-CD-5779）CD 2005年3月8日/G
○ ROBERT RANDOLPH & THE FAMILY BAND/Colorblind（米・Warner Bros.：44393-2）CD 2006年/G, Vo
○ SAM MOORE/Overnight Sensation（米・Rhino：R2 77618）CD 2006年8月29日/G
◎ JERRY LEE LEWIS/Last Man Standing（The Duets）（米・Arista First：AFT-20001-2）CD 2006年9月26日/G
◎ TONY JOE WHITE/Uncovered（米・Swamp：7707243-2）CD 2006年/G, Vo
○ STEPHEN BISHOP/Romance In Rio（米・One Eighty Music：OEM-0021-5）CD 2007年/G
○ STEVE WINWOOD/Nine Lives（欧・Columbia：88697222502）CD 2008年4月29日/G
○ SONNY LANDRETH/From The Reach（米・Landfall：LF-0001）CD 2008年5月20日/G, Cho
○ DR. JOHN & THE LOWER 911/City That Care Forget（米・Cooking Vinyl：FOTN177032） CD 2008年6月2日/G
○ PAUL JONES/Starting All Over Again（米・Collectors' Choice：CCM-2005）CD 2009年/G
○ J.J .CALE/Roll On（欧・Because Music：05186532265）CD 2009年3月6日/G
○ BRUCE HORNSBY & THE NOISEMAKERS/Levitale（米・Verve：B0013115-02）CD 2009年9月15日/G
○ JERRY LEE LEWIS/Mean Old Man（米・Verve Forecast：B0014675-02）CD 2010年9月10日/G
◎ ROBBIE ROBERTSON/How To Become Clairvoyant（米・429/Macrobiotic：FTN17821）CD 2011年4月5日/G
○ PAUL McCARTNEY/Kisses On The Bottom（米・MPL / Hear Music：HRM3369-2）CD 2012年2月7日/G
○ JERRY DOUGLAS/Traveler（米・eOne：EOM-CD-2128）CD 2012年6月26日/G
○ JOHNNY WINTER/Step Back（米・Megaforce：20286 21696）CD 2014年9月2日/G
○ ROLLING STONES/Sticky Fingers：Super Deluxe Edition（欧・Rolling Stones / Polydor：376 484-2） [CD+DVD+Single] 2015年6月8日/G（71年録音）
○ BUDDY GUY & JUNIOR WELLS/The Criteria Sessions（米・Atco：R1 553407）2016年4月16日/G
○ ROLLING STONES/Blue & Lonesome（欧・Rolling Stones：571 494-2）CD 2016年12月1日/G
○ KURT ROSENWINKEI/Caipi（米・Sunnyside：SSC4618）CD 2017年3月10日/G
○ P. P. ARNOLD/The Turning Tide（欧・Kundalini：KNDCD2）CD 2017年10月6日/G, Prod
○ HAWKWIND/Road To Utopia（欧・Cherry Red：CDBRED730）CD 2018年9月14日/G
◎ DOYLE BRAMHALL Ⅱ/Shades（欧・Provogue：PRD75722）CD 2018年/G
○ DANIEL SANTIAGO/Song For Tomorrow（独・Heartcure：HCR10）2021年4月9日/G
○ PEDRITO MARTINEZ/Acertijos（米・Immediate Family：IFR004）2021年5月/G
◎ DION/Stomping Ground（米・Keeping The Blues Alive：KTBA92282）CD 2021年11月5日/G
○ OZZY OSBOURNE/Patient 9（米・Epic：19439932811）2022年9月9日/G
○ MARK KNOPFLER'S GUITAR HEROES/Going Home（Theme from Local Hero）（欧・BMG：BMGCAT837EP） 12" single 2024年3月15日（発掘）
○ PETE BROWN/The Shadow Club（米・Flantiron Recordings：FLAT 2005 CD）CD 2024年6月14日/G（発掘）
○ JESSE ED DAVIS/Tomorrow May Not Be Your Day：The Unissued Atco Recordings 1970-1971 （米・Real Gone：RGM1817）2014年11月29日/G（発掘）

ARETHA FRANKLIN
Lady Soul

米・Atlantic：SD 8176
発売：1968年1月22日
プロデューサー：Jerry Wexler

牧師でゴスペル・シンガーの父を持つサザン・ソウルの女王が、社会的なブラック・パワーの加熱に乗じて〝ニュー・ソウル〟に踏み込んだ名作。全米2位となった。バックは、ロジャー・ホーキンス、スプーナー・オールダム、キング・カーティスら、のちに3614ジャクソン・ハイウェイ＝マッスル・ショールズ・サウンド・スタジオの中枢となる面々。エリックは「グッド・トゥ・ミー」で絶品のオブリガードを弾いている。

ここでの経験が『レイラ』や『461オーシャン・ブールヴァード』に活かされるわけだから、単にギターを弾きに行ったという以上の意味があるのだ。エンジニアはもちろんトム・ダウド。 **吉見**

THE BEATLES
The Beatles (White Album)

英・Apple：PCS 7067/8
発売：1968年11月22日
プロデューサー：George Martin

メンバーの関係性も含め、紆余曲折あっての2枚組。エリックはジョージ・ハリスン作「ホワイル・マイ・ギター・ジェントリー・ウィープス」に、オルガン用のレズリー・スピーカーを通したソロをダビングし、ブルースブレイカーズやクリームを知らないポップ・ファンにも〝世界最高のギタリスト〟と認められた。ここでジョージと親密にならなければ、パティへの横恋慕もなかったかもしれない。〝レイラ〟への火種でもある。

71年8月のバングラ・デシュ救済コンサート、91年12月の日本公演でも再現されたが、34年後のジョージ追悼コンサートでのソロは、とりわけ友情の歴史が感じられて胸に迫るものがあった。 **吉見**

THE ROLLING STONES
Rock And Roll Circus

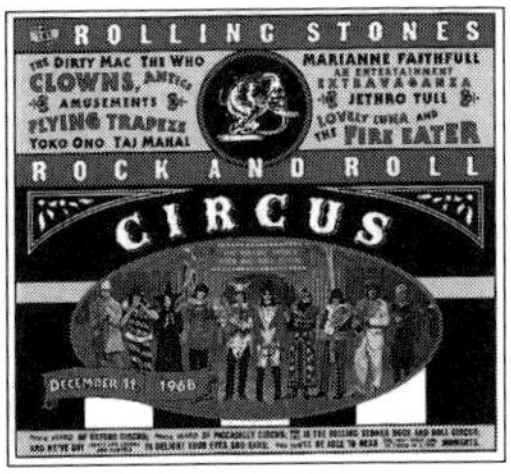

米・Abkco：1268-2［CD］
発売：1996年10月（1968年12月録音）
プロデューサー：Jimmy Miller, Jody Klein, Lenne Allik

96年までお蔵入りになっていたTVショウは、68年12月10、11日にウェンブリーのインターTVスタジオで撮影。ストーンズの演奏がゲストのジェスロ・タル、タジ・マハール、ザ・フーより「見劣りする」という理由で公開はとりやめに。これはDVDで観るべきだろう。

エリックは、ジョンとヨーコが率いるザ・ダーティー・マックの一員として登場。キース・リチャーズ（b）、ミッチ・ミッチェル（ds）と、ジョンが歌う「ヤー・ブルース」、ヨーコが歌ってアイヴリー・ギトリスがヴァイオリンを弾いた即興の「ホール・ロッタ・ヨーコ」でギターを弾いた。プラスティック・オノ・バンドへの布石として重要。 **吉見**

LEON RUSSELL
Leon Russell

米・Shelter：SHE 1001
発売：1970年3月23日
プロデューサー：Denny Cordell, Leon Rissell

セッションマン、アサイラム・クワイア、マッド・ドッグズ&イングリッシュメンを経てのソロ第1作は、デニー・コーデルと設立したシェルター・レコーズから発売された。優れた演奏が楽しめるスワンプ・ロックの名盤として名高い。ディレイニー&ボニー&フレンズでの共演を経て参加したエリックの相性は抜群で、リオンの粋なピアノに乗っかる「デルタ・レディ」での弾きっぷりなど活き活きしたプレイが楽しめる。

このアルバムをCDで聴くなら、93年にDCCから発売されたものがお勧め。未発表セッション含むボーナス・トラックも貴重だし、音質も抜群だ。ただし中古市場の人気盤なので入手困難か。**吉見**

STEPHEN STILLS
Stephen Stills

米・Atlantic：SD 7202
発売：1970年11月18日
プロデューサー：Stephen Stills, Bill Halverson

バッファロー・スプリングフィールド、CSN&Yを経て、いよいよ自らの才能を全開させたファースト・アルバムは、ロンドンのアイランド・スタジオでの録音を含む。シングル・カットされ全米14位のヒットとなった「愛への讃歌」は、のちにアイズリー・ブラザーズやアリサ・フランクリンら黒人シンガーに好んでカヴァーされた。エリックは「ゴー・バック・ホーム」で熱いギター・ソロを弾いて、期待に応えている。

次作『スティヴン・スティルス2』にもエリックが参加した「フィッシュズ・アンド・スコーピオンズ」が収録されているので要チェック。曲づくりの趣向が意外に似ているのもポイントだ。**吉見**

VIVIAN STANSHALL & SEAN HEAD SHOWBAND
Labio-Dental Fricative

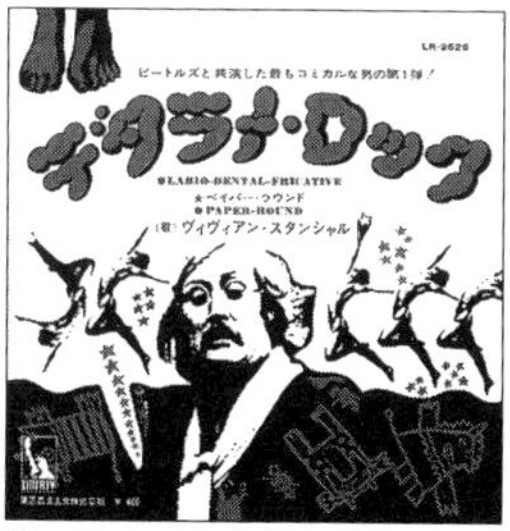

英・Liberty：LBF 15309［7″］
発売：1970年
プロデューサー：Vivian Stanshall

ボンゾ・ドッグ・バンドが活動を停止していた時期に、スタンシャルのソロ名義で出したシングルだが、ニール・イネス（アレンジ）もいるアコースティック編成。ボンゾズ関係のコンピ盤でも聴けるA面、その発展形と言ってもいいB面「ペイパー・ラウンド」ともカントリー・テイストのナンバーだが、エリックは両面でイントロから彼のプレイと判るギターを弾きまくっている。おそらくストラトのアンプ直結だろう。

なぜこのシングルが生まれたかは不明だが、スティーヴ・ウィンウッドやキース・ムーンの親友だったスタンシャルに声をかけられれば断れないはずだ。しかし日本盤が出ていたのは驚き。**和久井**

JESSE DAVIS
Jesse Davis

米・Atco：SD 33-346
発売：1971年
プロデューサー：Jesse Edwin Davis Ⅲ

リヴォン・ヘルムのバンドでプロ・キャリアをスタート、リオン・ラッセルやタジ・マハールともゆかりのあるネイティヴ・アメリカンは、エリックの仲介でアトコからのソロ・デビューとなった。

詳細なクレジットはないが、エリックは大半の曲に参加。おそらく左チャンネルが彼だろう。A面はホーンも交えたバンド・スタイルで、サーヴィス満点の熱演が続く。B面はややしっとりした仕上がり。ヴァン・モリソンの「クレイジー・ラヴ」など、上手くはないが味のあるジェシのヴォーカルが心に染みる。ギタリストとしての優秀さと、ソングライターとしての二流っぽさが相通じた様子で、スワンプの名盤が生まれた。

吉見

BUDDY GUY&JUNIOR WELLS
Play The Blues

米・Atco：SD33-364
発売：1972年
プロデューサー：Ahmet Ertegun, Eric Clapton, Michael Cuscuna, Tom Dowd

バディ・ガイとクラプトンは69年3月に収録されたTV番組『スーパーショウ』で初共演、70年にはローリング・ストーンズのツアーの前座を務めていたガイとジュニア・ウェルズを、アトランティックのアーメット・アーティガンに推薦した。その結果、実現したのが本作であり、「レイラ」を録音したマイアミのクライテリア・スタジオで行われたセッションには、クラプトンも全面参加している。

ヘロイン中毒が深刻化する直前ながら、クラプトンはガイの影響で手にしたと言われるフェンダー・ストラトキャスターを、歪みのないナチュラルなトーンで弾きまくっている。70年代ブルースの名盤中の名盤と言っていい。

犬伏

BOBBY KEYS
Bobby Keys

英・Warner Bros.：K 46141
発売：1972年
プロデューサー：Bobby Keys, Andy Johns, Jim Gordon

43年テキサス州生まれ。ストーンズのサポートで知られるサックス奏者の唯一のソロ作。キーズのキャリアは十代で参加したバディ・ホリーのバックから始まっている。ロック畑で名前が売れたのはリオン・ラッセルとの交流からだ。本作ではプロデューサーとしてジム・ゴードンの名前がクレジットされていることからも、デラボニ流れの作品と考えられ、エリックの参加は当然と思える。

ホーン（アレンジはトランペットのジム・プライス）で押し切る豪快さに圧倒されるアルバムだが、エリックのバッキングもよく聴くとタフ。ほとんどが歌伴の上手さが買われてのセッション参加の中で、インスト作は珍しい。

吉見

STEPHEN BISHOP
Careless

米・ABC：ABCD-954
発売：1976年10月
プロデューサー：Henry Lewy, Stephen Bishop

サンディエゴ出身、AORの第一波を牽引したシンガー・ソングライターのファースト。「ジャマイカの月の下で」がニック・デ・カロに取り上げられたのがデビューのきっかけだった。

オリジナル曲の出来もいいが、自身のアコギを中心としたアンサンブルが素晴らしいアルバムだ。エリックは「オーシャン・オブ・ティアーズ」「雨の日の恋」に参加。目立ちはしないが、彼らしいフレーズで演奏にスパイスを効かせている。

ここでエリックがコンサバな音楽への対応の高さを示したことが転機となって、セッション仕事の幅も拡がった。そしてAOR的な曲づくりが彼の作品にも見られるようになっていくのだ。 **吉見**

PETE TOWNSHEND・RONNIE LANE
Rough Mix

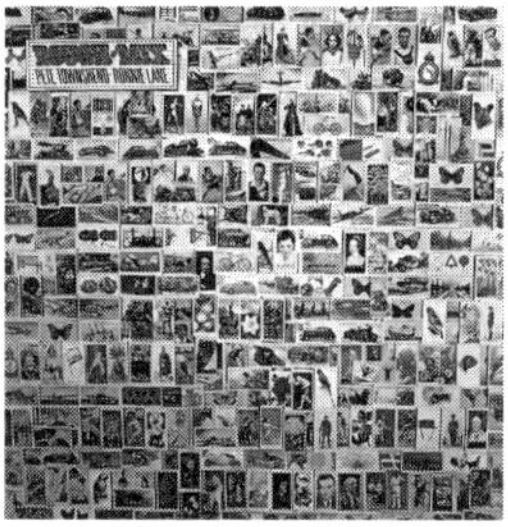

英・Polydor：2442 147
発売：1977年9月16日
プロデューサー：Glyn Jones

60年代にはロンドンのモッズの中心者だったふたりが、英国の田舎の匂いがするコラボ作をつくったのは、彼らなりの〝レイド・バック〟を表現したかったからだろう。ここに並べられた歌と演奏には彼らの人間的な温かみが感じられる。

和気あいあいのセッション、エリックは弓弾きのダブル・ベースがいい「エイプリル・フール」で渋いドブロのソロを聴かせるほか、「ラフ・ミックス」「アニー」「ティル・ザ・リヴァーズ・オール・ラン・ドライ」に参加した。

2枚目はなかったが、ロニーは81年、スティーヴ・マリオットと同趣向のアルバム〝Majik Mijits〟を録音している（これは00年まで発売されなかった）。 **吉見**

PHIL COLLINS
Face Value

英・Virgin：V 2185
発売：1981年2月13日
プロデューサー：Phil Collins

ジェネシスのドラム兼ヴォーカルと言えばこの人。初ソロ・アルバムは英1位、米7位のヒットになった。直後の「恋はあせらず」に代表されるポップ・シンガー的な面は抑えめで、打ち込みと生音を巧みに融合させた、ある意味では内省的なサウンドに意欲が見えた力作である。

エリックは「甘い囁き」に参加しているが、注意深く聴かないと気づかないくらい地味なプレイだ。しかし〝歌える楽器奏者〟として通じ合うものがあったのか、85年の『ビハインド・ザ・サン』、86年の『オーガスト』でフィルはプロデュースを引き受けることになる。ライヴ・エイドではクラプトン・バンドでもドラムを叩いたのが忘れられない。 **吉見**

JOHN MARTYN
Glorious Fool

英・WEA：K 99178
発売：1981年9月
プロデューサー：Phil Collins

「メイ・ユー・ネヴァー」の作者として知られる英国のシンガー・ソングライターのヒット作。プロデューサーのクレジットはTownhouseとなっているが、実質的にはフィル・コリンズで、マーヴィン・ゲイに迫ったようなソウルフルなAORナンバー「クドゥント・ラヴ・ユー・モア」でエリックの的確なプレイとギター・ソロが聴ける。フランジャーとコーラスのかけ方がいかにもこの時代だけれど、アラン・トムソンのフレットレス・ベース、マックス・ミドルトンのキーボードとも相性がいい。

　マーティンのアルバム群の中では水準以下の出来なので、ほかの曲での共演も残しておいてほしかったと思う。　**和久井**

GARY BROOKER
Lead Me To The Water

英・Mercury：6359 098
発売：1982年
プロデューサー：Gary Brooker

プロコル・ハルムの中心者のソロ・セカンド。エリックは80年4月のアルバム未収シングル「リーヴ・ザ・キャンドル／キャッシング・ザ・チョップ」に続いての参加で、「ホーム・ラヴィング」でギターを弾いた。このアルバムには、ジョージ・ハリスン、アルバート・リー、クリス・スタイントン、ティム・レンウィックらが参加しているからか（気をつかったのかな?）、プレイは地味。

　しかし85年の『エコーズ・イン・ザ・ナイト』のタイトル曲への参加は一聴の価値がある。後半のソロはいかにもエリックで、思わず「さすが！」と唸らされるのだ。これ、中古市場に出れば安いのだが、あんがい見つからない。　**和久井**

GEORGE HARRISON
Cloud Nine

英・Dark Horse：WX123
発売：1987年11月2日
プロデューサー：Jeff Lynne, George Harrison

5年振りのソロ9作目は米8位、英10位のヒットになった。プロデュースを任されたジェフ・リンによる〝ビートルにFAB4的な曲をやらせる〟というコンセプトが効いた名作である。

　エリックは全曲に参加。ジョージとの弾き分けも比較的聴き取りやすい。冒頭の「クラウド・ナイン」のイントロからツイン・リードが聴けるから自然と昂まってしまう。エリックは押し引きのハッキリしたお手本のようなプレイだ。

　これが90年の日本公演にもつながったので、『ライヴ・イン・ジャパン』でのプレイが二人が揃ったときの到達点とも思える。このアルバムを単体で聴いて、エリックがどうとは言いたくない。　**吉見**

JIM CAPALDI
Some Come Running

英・Island：ILPS 9921
発売：1988年
プロデューサー：Jim Capaldi etc.

トラフィックの〝じゃない方〟（私はウィンウッドより全然好きなのだが）の後期の傑作ソロ。エリックは「アー・ユー・ザ・ワン」に参加し、「オー・ロード、ホワイ・ロード」ではジョージ・ハリスンとギター・パートを分け合った。双方ともそれほど目立つプレイはしていないが、ブラインド・フェイスで抜け落ちたものが掬い上げられた、英国ロック史研究には欠かせない一枚となった。

キャパルディは遺作となった01年のアルバム〝Living On The Outside〟が素晴らしかったが、あまり聴かれていないのが残念。ハリスンとゲイリー・ムーア、ウィンウッドも参加しての〝生前葬〟と言える内容なのだが。

和久井

TAJ MAHAL
Phantom Blues

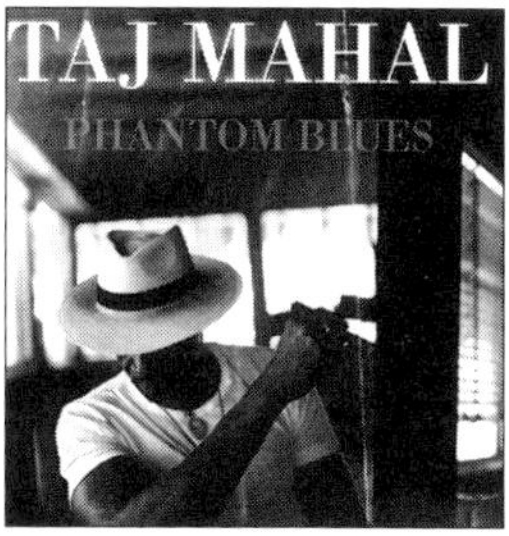

米・Private Music：0100582139-2［CD］
発売：1996年2月
プロデューサー：John Porter

タジ・マハールとクラプトンの出会いは、68年12月にロンドンで収録されたストーンズの『ロックン・ロール・サーカス』だった。リハーサル中、クラプトンはマハールやジェシ・エド・デイヴィスとジャム・セッションを繰り広げたという。

その後もマハールは精力的に活動を続け、現在も現役だが、96年に豪華ゲストを迎えて制作された通算22枚目となる本作では、クラプトンが「ヒア・イン・ザ・ダーク」「（ユーヴ・ガット・トゥ）ラヴ・ハー・ウィズ・ア・フィーリング」に参加、どちらの曲でもオブリガートからソロに至るまで、全編にわたって艶のあるギターを聴かせてくれた。

犬伏

BABYFACE
The Day

米・Epic：EK 67293［CD］
発売：1996年10月29日
プロデューサー：Babyface

80年代後半から90年代にかけて最も成功した黒人音楽家の代表作。数ある作品の中でも、エリックの90年代後半最大のヒット「チェンジ・ザ・ワールド」をプロデュースしたのは功績だ。

シンガーとしてもヒット曲があるが、エリックは本作収録の「トーク・トゥ・ミー」に参加。かわいい女声コーラスにスワンピーなギターを絡めたのはなかなかオシャレなアイディアだったと思う。

しかし、R&Bなのにフォーキーというベイビーフェイスの作風は（テリー・キャリアーを意識したのかもしれないが）、スライ&ザ・ファミリー・ストーンやカーティス・メイフィールドを聴いて育った世代には物足りないだろう。

吉見

SANTANA
Supernatural

米・Arista：07822-19080-2［CD］
発売：1999年6月15日
プロデューサー：Carlos Santana, Clive Davis

グラミー賞9部門を独占、売り上げは2500万枚を越えた世界的なヒット作。

収録時間の限界（74分）まで収められたサンタナ印の真向勝負は〝ラテンの血〟の成せる業か、サーヴィス満点だ。コンガやティンバレスが重層的なリズムを醸し出すさまは、かつてのヒット曲「僕のリズムを聞いてくれ」を思い出させる。

エリックはラスト・チューン「ザ・コーリング」に参加。打ち込みも混じえたタイトなバック・トラックの中で、二人のプレイの生々しさが光っているのがいい。イロモノ的に捉えている輩もいるが、これこそが〝正統派〟の在り方だと思う。

2000年4月には武道館のサンタナ公演にエリックがゲスト出演した。 **吉見**

JERRY LEE LEWIS
Last Man Standing (The Duets)

米・Arista First：AFT-20001-2［CD］
発売：2006年9月26日
プロデューサー：Jimmy Rip, Steve Bing

ロックンロールのレジェンドは35年生まれ。メンフィスのサン・レコードでキャリアをスタートさせた。

本作はルイスを慕う当代のロック・スターとの共演盤で、ミック・ジャガー、ジミー・ペイジ、ロッド・スチュアート、ニール・ヤング、ブルース・スプリングスティーンらが参加している。

このアルバムの最大の特徴は、ルイスがゲストの持ち歌を取り上げていること。それをブルースやカントリーの有名曲と並べると、〝歴史〟が見えるわけだ。

エリックは戦前ジャズのスタンダード「トラブル・イン・マインド」で文句なしのギター・ソロを披露しているが、ここは歌も唄ってほしかったな。 **吉見**

TONY JOE WHITE
Uncovered

米・Swamp：7707243-2［CD］
発売：2006年
プロデューサー：Jody White, Tony Joe White

「ポーク・サラダ・アニー」の作者として知られるスワンプの帝王、トニー・ジョー・ホワイトの06年作。

マーク・ノップラー、J.J.ケイルら腕利きのベテラン勢が結集した渋みある作品で、エリックは「ディド・サムバディ・メイク・ア・フール・アウト・オブ・ユー」のリテイクに、歌とギターで参加。滑らかなトーンで得意のカウンター・フレーズを弾いたほか、リード・ヴォーカルも分け合っていて、懸命にタメ具合を真似ているのが可愛らしい。

アウトロー・カントリー界の重鎮、ウェイロン・ジェニングスとのアウトレイジばりの極悪デュエットが聞ける「シェイキン・ザ・ブルース」も必聴だ。 **森山**

ROBBIE ROBERTSON
How To Become Clairvoyant

米：429/Macrobiotic：FTN17821［CD］
発売：2011年4月5日
プロデューサー：Robbie Robertson

ロビー・ロバートソンがギター・サウンドに回帰したことで話題となったソロ5作目。エリックは12曲中7曲に参加（うち3曲は共作）、デュエット・アルバムと呼んでいいほどの貢献ぶりである。

随所にエリック印が刻まれているが、とくに胸アツなのが、ザ・バンド脱退劇をテーマにした「ディス・アイ・ホエア・アイ・ゲット・オフ」。後半のロビーとの掛け合いソロが絶品だ。間合いを取らずにお互い弾きまくっているのに、自然と溶け合う名人芸をご堪能あれ。

アンプラグド好きには生ギターでの「フィアー・オブ・フォーリング」や、エリックが単独で書いた「マダムX」のガットも聴き逃せない。

森山

DOYLE BRAMHALL Ⅱ
Shades

欧・Provogue：PRD75722［CD］
発売：2018年
プロデューサー：Doyle Bramhall Ⅱ, Andrew Trube, Derek Trucks

ツアー・メンバーとして、20年近くエリックに帯同しているギタリスト／シンガー・ソングライター、ドイル・ブラムホール2世の現時点での最新アルバム。コンテンポラリーで上質なサウンド・プロダクションが心地よい力作だ。

エリックはリード・トラックとなった「エヴリシング・ユー・ニード」でフィーチャリングされている。音の立ち上がりの早さが抜群で、リヴァーブはそこまで深くないにせよ、「バッド・ラヴ」あたりのアプローチを現代に蘇らせてみせた。サビの8分フレーズも効果的だ。

クリームへのオマージュ全開のグレイハウンズとのコラボ曲「リヴ・フォエヴァー」も愛おしい。

森山

DION
Stomping Ground

米：Keeping The Blues Alive：KTBA92282［CD］
発売：2021年11月5日
プロデューサー：Dion DiMucci, Wayne Hood

ホワイト・ドゥーワップの代表格として50年代末に登場したディオン&ザ・ベルモンツを経て、多くのソロ作を残してきたシンガーの21年作。前年の『ブルース・ウィズ・フレンズ』の続編だ。

ピーター・フランプトン、ビリー・ギボンズ、ブルース・スプリングスティーン、マーク・ノップラー、リッキー・リー・ジョーンズといった名前が並ぶ中、エリックはディオンが書き下ろした「イフ・ユー・ウォナ・ロックンロール」に参加。自身のアルバムにはないような太い音でイントロからギターを弾き、ソロもとっている。このアルバム、ライナーノーツをピート・タウンゼンドが書いていることにも注目したい。

吉見

Carl Radle

カール・レイドル

和久井光司

48年6月18日にオクラホマ州タルサで生まれたレイドルは、LAで早くからスタジオ仕事をしていた同郷のリオン・ラッセルに誘われて、彼がアレンジを手がけていたゲイリー・ルイス&ザ・プレイボーイズのベーシストとなり、65年にプロのキャリアをスタートさせた。

67年には、ジャック・ダルトン（g）、ロブ・エドワーズ（g）、ゲイリー・モンゴメリー（pf）、チャック・ブラックウェル（ds）と結成したカラーズでドットからデビューを果たしたが短命に終わり、すぐさまセッションマンに戻っている。そして、リオンとマーク・ベノのアサイラム・クワイア、ディレイニー&ボニー&フレンズ、ジョー・コッカーのマッド・ドッグズ&イングリッシュメン、デレク&ザ・ドミノスへの参加で世界的なベーシストと認められた。手堅いプレイと出しゃばらない人柄が多くのミュージシャンを安心させるのか、行った先で知り合ったミュージシャンの次のセッションに誘われるというスタンスで充分に食べていけたようだ。

デラボニ／リオン流れのデイヴ・メイスン『アローン・トゥゲザー』や、リタ・クーリッジの初期作も重要だが、リオン・ラッセル&シェルター・ピープルの一員としての参加だったバングラ・デシュ救済コンサートで顔が売れたのは大きかったと思う。74年から長きに渡ったエリック・クラプトン・バンドと、ザ・バンドの『ラスト・ワルツ』への参加がハイライトになったが、ジョニー・ティロットソンの“Tears On My Pillow”（69年）、クライディ・キングの“Direct Me”（70年）、ジョン・サイモンの“John Simon's Album”（71年）と、J.J.ケイルの“Naturally”をはじめとする全盛期のシェルター・レコーズの諸作（フレディ・キング、ジム・ホーン等々）は忘れられない。80年5月30日没。

COLORS
Colors

米・Dot：DLP 25854
発売：1968年
プロデューサー：Richard Delvy etc.

正式メンバーとして関わった数少ないバンド、カラーズのファースト。真ん中で牧師のような顔をしているのがレイドルだ。翌年、残滓のような2枚目が出たが、サイケがかったポップ・バンドをレコード会社に〝やらされた〟のだろう。探してまで聴くようなバンドではないと思う。似たようなものにドン・プレストン&ザ・サウスが69年に出した"Hot Air Though A Staw"（A&M：SP-4174）があるが、ソングライターがダメなのか、カラーズはそこまで至らない。

　これじゃあリオンを頼って彼のセッションで食っていこうと思うよね。レイドルの判断は正しく、アサイラム・クワイアやデラボニが待っていたわけである。

ASYLUM CHOIR
Look Inside Asylum Choir

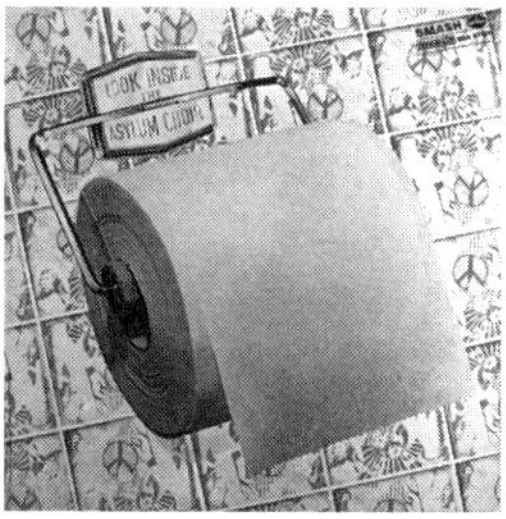

米・Smash：SRS 67107
発売：1968年
プロデューサー：Leon Russell, Marc Benno

マーキュリー傘下のスマッシュでこのアルバムが制作された経緯はよく知らないが、スワンプ・ロック勢による『サージェント・ペパーズ』とも言えるポップの万華鏡だ。リオン・ラッセルとマーク・ベノ以外はノンクレジットで、別のベーシストもいそうだが、『Ⅱ』では正式メンバーとなり、裏ジャケのスタジオ風景の写真までレイドルの仕事になった。

　次がデラボニになるのだけれど、リオンのアレンジやプロデュース力をここで見せつけたことで歴史が動いたという面もあったはずだ。しかしこれはそういうことを意識しなくても楽しめる大傑作。２０１６年以降の日本盤ＣＤにはボートラ9曲が追加されている。

DAVE MASON
Alone Together

米・Blue Thumb：BTS 19
発売：1970年7月
プロデューサー：Tommy Li Puma

デイヴがグラム・パーソンズを頼ってアメリカに渡ったのは69年4月のことで、すぐにブラムレット夫妻の世話になりながら本作のセッションが始まったのだという。デラボニ&フレンズのヨーロッパ・ツアー（69年12月）のときに、ラフ・ミックスをエリックやジョージ・ハリスンに渡したそう（本人談）だが、トミー・リ・ピューマがミックスの機会をすぐ与えなかったために大幅に発売が延びてしまったのである。だから事情を知っている人たちは『エリック・クラプトン』を〝二番煎じ〟と言い、お互いに嫌な気持ちになった、と話してくれた。

　つまり、これこそがデレク&ザ・ドミノスの原型。近年の再評価は嬉しい。

JIM GORDEN

ジム・ゴードン

和久井光司

ロサンゼルスのサンフェルナンド・バレーで45年7月14日に生まれ、ハル・ブレインに弟子入りして17歳でエヴァリー・ブラザーズのバックを務めたジム・ゴードンは、ビーチ・ボーイズの『ペット・サウンド』やバーズの『名うてのバード兄弟』への参加でロック・ファンに知られるようになったが、デラボニ&フレンズに入る前は何でもござれの売れっ子セッションマンだった。

デラボニ流れでデイヴ・メイスンの『アローン・トゥゲザー』、ジョージ・ハリスンの『オール・シングス・マスト・パス』、ジョー・コッカーの『マッド・ドッグズ&イングリッシュメン』に参加し、デレク&ザ・ドミノスのあとは、トラフィックの2枚、ハリー・ニルソンの『ニルソン・シュミルソン』、ヘレン・レディの『私は女』、カーリー・サイモンの「悪いあなた」などでプレイし、フランク・ザッパのグランド・ワズー、プチ・ワズーを経て74年の『アポストロフィ』にも参加した。

その後もセッションマンとして大活躍していたが、70年代末に統合失調症を患い、やがて幻聴に悩まされるようなる。83年6月3日、ゴードンは実の母親を殴打したあと包丁で刺して殺害。裁判では「母親を殺せ」という声が聞こえたと主張したため精神異常が認められ、84年7月10日に16年の禁固系を宣告された。91年には仮釈放の機会が与えられたが聴聞会に一度も出席しなかったために取り下げられ、２０１４年に再び聴聞会のチャンスが与えられたときには辞退。ロサンゼルスの副地方検事は「彼はまだ深刻な心理的無能力であり、薬を服用していないときは危険である」と判断し、21年3月に取得した11回目の仮釈放まで却下され続けた。

23年3月13日、ゴードンは精神科刑務所であるカリフォルニア医療施設に収監されたまま死去。77歳だった。

JOHNNY RIVERS
L.A.Reggae

米・United Artists：UAS 5650
発売：1972年
プロデューサー：Johnny Rivers

60年代からLAのポップ・シーンで活躍していたスターがいち早くレゲエに取り組んだアルバム。ゴードンとクリケッツのジェリー・アリスンがドラム、ベースはジョー・オズボーン、ギターはラリー・カールトンとディーン・パークス、鍵盤はラリー・ネクテル、ジミー・ウェブ、マイケル・オマーティアン、サックスにジム・ホーン、トランペットにチャック・フィンドレイという布陣の演奏は協力で、タイトルに相応しいシティ・レゲエを完成させている。

これをエリックが聴かないはずはなかったと思うから、「アイ・ショット・ザ・シェリフ」のアイディアの元はあんがいこれなのかもしれない。

FRANK ZAPPA
Apostrophe (')

米・Diskreet：DS 2175
発売：1974年3月
プロデューサー：Frank Zappa

72年に組織された20人編成のグランド・ワズー、その縮小版である10人編成のプチ・ワズーを経て参加した72年11月のジャム・セッションで生まれたのが、ザッパ、ジャック・ブルースとゴードンの共作とクレジットされた「アポストロフィ」である。ザッパはステージでゴードンを紹介するときに、しばしば彼を〝スピッキー〟と呼んだが、それは若々しい容姿をからかってのことだったようだ。

このころのザッパのメイン・ドラマーはアインズリー・ダンバーだったからあまり必要とされなかったのだろうが、ゴードンがいるザッパ・バンドをもう少し聴いてみたかった。まぁ、ここに爪痕を残しただけでも充分か。

STEELY DAN
Pretzel Logic

米・ABC：ABCD 808
発売：1974年2月20日
プロデューサー：Gary Katz

最初のシングル・ヒット「リキの電話番号」のおかげで全米8位まで上がったスティーリー・ダンの傑作サード・アルバム。出世作となった「リキ〜」ほか、ほとんどの曲でドラムを叩いたのがジム・ゴードンだった。

73年から75年までゴードンはサウザー／ヒルマン／ヒューレイ・バンドにいたし、76〜77年にはアリス・クーパーの『ゴーズ・トゥ・ヘル』と『レースとウイスキー』に続けて参加したが、どうやらその辺りから幻聴に悩まされるようになったらしい。野口五郎の76年作『GORO IN LOS ANGELS』や、竹内まりやの80年作『LOVE SONGS』でもゴードンのドラムが聴ける。

YVONNE ELIMAN

イヴォンヌ・エリマン

和久井光司

74年の『４６１オーシャン・ブールヴァード』に参加して以来、5年に渡ってエリック・クラプトン・バンドのバック・シンガーを務めたイヴォンヌ・エリマンは、同時期に在籍したマーシー・レヴィとは違って、ソロでのキャリアも輝かしい人だ。彼女はＲＳＯレコーズのＣＥＯとなるビル・オークスと72年に結婚したため、スティグウッドに招かれてクラプトン・バンドのメンバーとなり、ＲＳＯでは3枚のソロ・アルバムを残すことになる。しかし彼女の最大のヒットは、映画『サタデイ・ナイト・フィーヴァー』のサントラ盤からシングル・カットされた「イフ・アイ・キャント・ハヴ・ユー」で、これはビルボード1位になっている。

51年12月29日にハワイのホノルルで生まれたイヴォンヌは、日系人の父とアイリッシュ系の母のあいだに生まれ、ロウティーンのころからウクレレを持って歌っていたそうだ。19歳でロンドンに渡ると、すぐにミュージカル『ジーザス・クライスト・スーパースター』の主役に抜擢され、マグダラのマリアは当たり役となった。舞台に映画にと活躍しながらソロ・キャリアもスタートさせたが、ミュージカル女優のイメージが強かったためか、ロック・シンガーとしては認知されにくかったから、クラプトン・バンドは渡りに船だったのかもしれない。

ＲＳＯ時代はソロ・アルバムからもヒット曲が出ていたが、80年にオークスと離婚したため、干されたような格好となり、活動の場を失ってしまったのだ。

イヴォンヌは81年にソングライターのワド・ヘイマンと再婚して二児をもうけ、２００４年には久しぶりのアルバム『シンプル・ニード』を発表したが、ヘイマンともやがて離婚。16年にアレン・アレクサンダーと結婚したのを機にグァム、ハワイで音楽活動を再開している。

ORIGINAL CAST
Jesus Christ Superstar

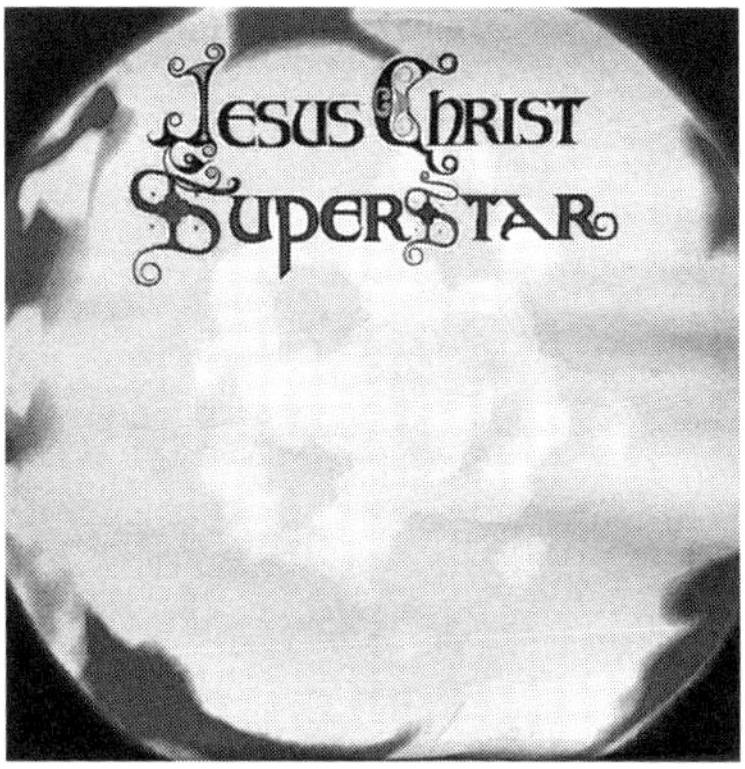

英・MCA：MAPS2011/2
発売：1970年10月16日

プロデューサー：Andrew Lloyd Webber, Tim Rice
エンジニア：Martin Rushent, Alan O'duffy
参加ミュージシャン：Neil Hubberd(g), Henry McCulough (g), Chris Spedding (g), Alan Spener (b), John Marshall (ds), Bruce Roland (ds), Mick Weaver (or), Maderine Bell (cho), Lesley Duncan (cho), Sue & Sunny (cho), Tony Ashton (cho)etc.

OST
Jesus Christ Superster

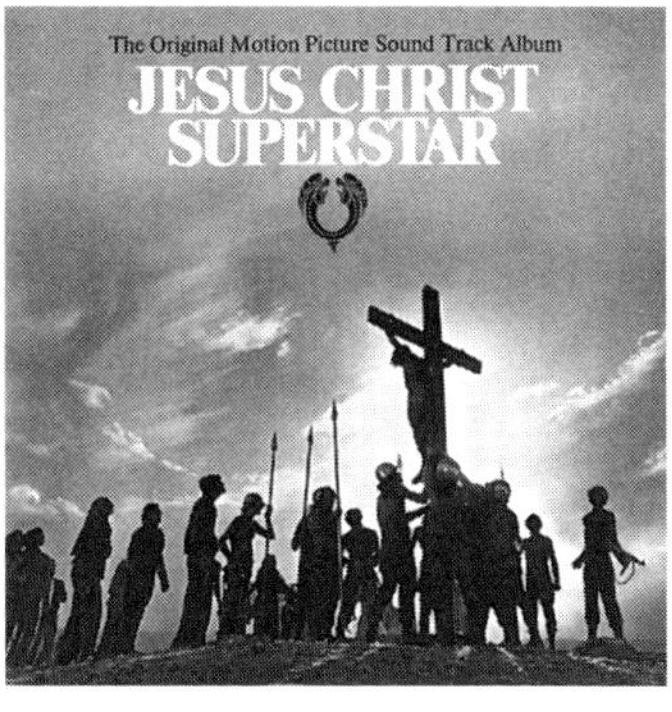

英・MCA：MDKS 8012/3
発売：1973年

プロデューサー：Andrew Lloyd Webber, Tim Rice

ティム・ライス（作詞）とアンドリュー・ロイド・ウェバー（作編曲）によるミュージカル『ジーザス・クライスト・スーパースター』は70年秋にロンドンで初演。イアン・ギランがジーザス、イヴォンヌ・エリマンがマグダラのマリア、マイク・ダボがヘロド王、マレイ・ヘッドがユダを演じたため、『ヘアー』以上のロック・ミュージカルとして英国やヨーロッパでは大きな話題となった。イヴォンヌが歌った「アイ・ドント・ノウ・ハウ・トゥ・ラヴ・ヒム」はそこそこヒットしたが、ヘレン・レディによるカヴァーがビルボード14位まで上がったことでアメリカでも注目を集め、73年の映画版でもイヴォンヌはマリアを演じることになるのだ（ジーザスはティム・ニーリーに交代）。彼女はゴールデン・グローブ賞にもノミネートされたほどだから、クラプトン・バンドへの加入は、けっこうな大物が動いたじゃん、という印象だったはず。

オリジナル・キャスト版の2枚組ＬＰが日本で発売されたのは73年になってからで、封筒型の特殊ジャケではなく、文字だけのジャケの2枚組だ。イアン・ギランもいるし、錚々たるミュージシャンによる録音なのに、まともに語られたことがないのである。

　映画のサントラ盤の方は日本でも売れたから中古市場に安価ででるが、オリジナル・キャスト版の〝ロック・ミュージカルらしさ〟には及ばない。

YVONNE ELLIMAN

I Don't Know How To Love Him

英・Polydor：2383 141
発売：1972年
プロデューサー：Tim Rice

ソロ第1作は『ジーザス・クライスト・スーパースター』流れで制作されたもので、ティム・ライスがプロデュース。ロイド・ウェバーとデイヴィッド・スピノザが音楽監督を務めている。

　デイヴ・メイスンの「ルック・アット・ユー、ルック・アット・ミー」、ウィンウッドの「キャント・ファインド・マイ・ウェイ・ホーム」、マーク・ベノの「スピーク・ユア・マインド」、スティヴン・スティルスの「シュガー・ベイビー」、ジョン・コンゴスの「アイ・ウッド・ハヴ・ア・グッド・タイム」といった選曲は、リタ・クーリッジを意識してのことだったかも。ギターはスピノザとヒュー・マクラッケン。悪くない。

Food Of Love

英・Purple：TPS 3504
発売：1973年
プロデューサー：Rupert Hine

ジョン・ロードの『ジェミニ組曲』でヴォーカルを務めたご褒美でパープル・レコーズで制作されたソロ2枚目。当時は同レーベルにいたルパート・ハインがプロデュースにあたり、エンジニアはジョン・パンターとスティーヴ・ナイだから音はしっかりしている。ドラムスはマイク・ジャイルズ、ギターはカレブ・クウェイ、ミック・グラブハム、ピート・タウンゼンドにサイモン・ジェフスという布陣に目が行ってしまうし、ザ・フーの「アイ・キャント・エクスプレイン」なんて歌ってたら、自作の「ハワイ」なんて曲が霞むのはしょうがない。

　80年代に大プロデューサーとなるハインも初期はダメだったのね、という盤。

Rising Sun

米・RSO：SO 4808
発売：1975年
プロデューサー：Steve Cropper

旦那の力とクラプトン・バンドで名を売ったおかげでRSOに移籍、年一作のペースで4枚のアルバムを発表した70年代後半がイヴォンヌの黄金時代だ。

　スティーヴ・クロッパーのプロデュースによるアーデント・スタジオ録音となった本作が内容はいちばんだと思うのだが、これがあんまり売れなかったから路線変更せざるをえなかったのだろう。ルーフトップ・シンガーズの「ウォーク・ライト・イン」、トッド・ラングレンの「スウィーター・メモリーズ」のカヴァーもいいのだけれど、オリジナル曲が書ける人ではないから、どうしても〝歌のお姉さん〟という印象なのだ。素直なヴォーカルで損をしたかもしれない。

Love Me

米・RSO：RS-1-3018
発売：1977年
プロデューサー：Freddie Perren

　このアルバムのあと『サタデイ・ナイト・フィーヴァー』のサントラから「イフ・アイ・キャント・ハヴ・ユー」が全米1位のヒットになり、追いかけるように売れたアルバムだった。タイトル曲はバリーとロビンのギブ兄弟作だから、もっとイヴォンヌの歌を聴きたいという人にはうってつけ。カーリー・サイモンを意識したのか、ここからジャケットはノーマン・シーフが撮影するようになり、イメージ戦略も変化している。

　しかし、フレディ・ペーレンのプロデュースがポップス寄りなのが食い足りない。キャロル・ベイヤー・セイガーとメリサ・マンチェスターが書いた「グッド・サイン」は違う気もするのだ。

Night Flight

米・RSO：RS-1-3031
発売：1978年
プロデューサー：Freddie Perren

「イフ・アイ・キャント・ハヴ・ユー」を収録したことで、イヴォンヌのソロ・アルバムでは最大のヒットになった。ドラムはジム・ケルトナー、ラス・カンケル、リッチー・ヘイワード、ベースはリー・スクラーとディー・マレー、ギターはダニー・クーチマー、ローウェル・ジョージ、デイヴィ・ジョンストン、スティーヴ・ハンターらだから音は悪くないが、いい曲が集められなかったのが痛い。

　サンセット・サウンドとバーバンク・スタジオでの録音で、A&Mマスタリングなのに、この程度っていうのはプロデューサーが悪いでしょ。気持ちよく聴けるのだが、心に残るアルバムにはならなかったというのが欠点だろう。

Yvonne

米・RSO：RS-1-3038
発売：1979年
プロデューサー：Steve Barri, Rober Appere

　プロデューサーを変えてのメジャー最終作は、ディスコ受けを意識したもので、売上は前作に遠く及ばなかった。

　ドラムはケルトナーとジェフ・ポーカロ、ベースはスクラーとポール・スタルワース、ギターはジョンストンとリー・リトナー、鍵盤はビル・ペイン、マイケル・オマーティアンに、デイヴィッド・ピルチ、ホーンはジム・ホーン、チャック・フィンドリーらで、ドクター・ジョンとエリック・カルメンが提供曲に参加しているのだが、主役が弱い日本のシティ・ポップみたいになっちゃったのが残念。これだとレーベル幹部の旦那と別れたらリリースのチャンスはなくなるよね。〝女のみち〟を感じてしまう。

ANDY FAIRWEARHER-LOW

アンディ・フェアウェザー・ロウ

池上尚志

48年ウェールズ生まれ。67年に7人組バンド、エイメン・コーナーのシンガーとしてデビューした。アイドル的な売り出し方をされてシングルヒットを連発。69年には「ハーフ・アズ・ナイス」が全英ナンバー1になったが、同年に解散。69年に2人のサックス奏者を除く5人でフェア・ウェザーを結成し、アルバムを1枚リリースするも（解散後にもう1枚出た）、活動は約1年で終了してしまう。アンディは引退を考えていたようだが、しばしの沈黙のあとソロで復活。74年から76年にかけてA&Mから“Spider Jiving”“La Booga Rooga”“Be Bop 'n' Holl”の3枚、80年にワーナーから“Mrga-Shebang”というアルバムをリリースした。

当時はスワンピーなサウンドやカントリー・テイストのナンバーが玄人受けしていたが、ヒットは出せなったためか、70年代後半になるとセッションマンとしての仕事が増えていく。83年にはジョージー・フェイム&ブルー・フレイムスのアルバム“My Favourite Songs !”にゲスト参加している。バックの仕事では、ロジャー・ウォーターズのブリーディング・ハート・バンドに85年から07年まで、20年以上に渡って在籍していた。

そして91年末のジョージ・ハリスンの来日公演からクラプトン・バンドに加わり、『アンプラグド』以降は現在まで断続的に参加。フィンガー・ピッキングのシブいプレイが特徴で、クラプトンのライヴでも、時に自身の持ち曲「ジン・ハウス・ブルース」をハスキーなハイトーン・ヴォイスで披露している。

ゼロ年代後半からは再びソロ活動に力を入れるようになり、クラプトン・バンドにも在籍したことがあるベースのデイヴ・ブロンズと共に自身のバンド、ロウライダーズを結成。ブルージーなロックを聴かせている。

AMEN CORNER
Farewell To The Real Magnificent Seven

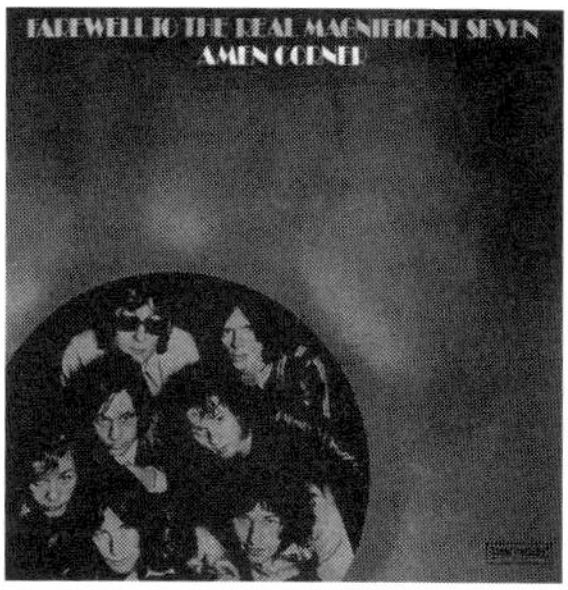

英・Immediate：IMSP 028
発売：1969年

[A] 1. Lady Riga / 2. Hello Susie / 3. Proud Mary / 4. At Last I've Found Someone To Love / 5. Scream And Scream Again / 6. Sanitation / 7. Mr. Nonchalant
[B] 1. The Weight / 2. (If Paradise Is) Half As Nice / 3. Welcome To The Club / 4. Recess / 5. When We Make Love / 6. Things Ain't What They Used To Be / 7. Get Bac
プロデューサー：Andy Fairweather-Low, Shel Talmy

エイメン・コーナーは66年12月に結成。67年7月にベッシー・スミスの「ジン・ハウス・ブルース」でデラムからデビューした。サックス奏者2人とキーボードを含む7人編成で、ポップ・バンドとして活躍。メンバーのルックスからのアイドル的な人気もあり、ヒットを連発した。アンディはソウルフルなヴォーカルを聴かせていたが、バンドがよくなかったのだ。

　マネジメントの都合でイミディエイトに移籍すると、イタリアのアンブラ・ボレッリのカヴァー「ハーフ・アズ・ナイス」が全英ナンバー1に。ロイ・ウッドが書き下ろした「ハロー・スージー」も6位まで上がっている。これはその2曲を含むセカンド・アルバム。CCRの「プラウド・メアリー」やザ・バンドの「ザ・ウェイト」など、当時の最新ロックに目配せしつつもダンヒル・サウンド的なポップスを聴かせている。ファーストよりも明らかに骨太なロックなので、悪くない。

FAIR WEATHER
Beginning From An End

英・RCA Victor：SF 8165
1970年

[A] 1. God Cried Mother / 2. Don't Mess With Cupid / 3. Dead And Past / 4. I Hear You Knockin'
[B] 1. You Ain't No Friend / 2. Sit And Think / 3. Looking For The Red Label / 4. Poor Man's Bum-A-Run
プロデューサー：Andy Fairweather-Low
参加ミュージシャン：Blue Weaver (org), Dennis Bryon (ds), Clive Taylor (b), Neil Jones (g)

イミディエイトの倒産騒動に巻き込まれ解散の道を選んだエイメン・コーナーだったが、サックスの2人を除く5人で再出発、バンド名をフェア・ウェザーと変えた。しかしトラブルが解決しないことに嫌気がさしたアンディが故郷に戻ってしまったため、新興レーベル〝ネオン〟からアルバムを出したにもかかわらず、フェア・ウェザーは1年ほどの活動で解散してしまう。

　このファーストも発売まで紆余曲折があった。最初は宇宙のイラストのジャケのRCA盤がカタログに載ったが（ドイツなどでは出た）、英国では内容をブラッシュアップすることを要求され、RCA傘下にできたネオン・レーベルの第1弾としてリリースされたのだ。米盤のジャケはメンバーのポートレイトである。エイメン・コーナー末期のポップ感をスワンプ方向に転がし、オルガンやブラスでプログレ風味を加えたものになったが、〝名盤〟と呼ばれるようになるのは後年のことだ。

ANDY FAIRWEATHER-LOW
Spider Jiving

米・A&M：SP 3646
発売：1974年

[A] 1. Spider Jiving / 2. Drowning On Dry Land / 3. Keep On Rocking / 4. Same Old Story / 5. I Ain't No Mountain / 6. Every Day I Die
[B] 1. Standing On The Water / 2. Mellow Down / 3. The Light Is Within / 4. Reggae Tune / 5. Dancing In The Dark

プロデューサー：Elliot Mazer
参加ミュージシャン：Denny Seiwell (ds), Chris Stewart (b, per)...etc

A&Mからの初ソロ作。プロデューサーにニール・ヤング『ハーヴェスト』でも知られるエリオット・メイザーを迎えてのサンフランシスコ録音だ。

ドラムスにデニー・セイウェル、ギターにヘンリー・マックロウと、初期ウィングスの二人が参加。ベースはクリス・スチュワート、キーボードはワインダー・K.フロッグことミック・ウィーヴァーで、この布陣がフランキー・ミラーのバンドへとつながっていく。ハーモニカのチャーリー・マッコイやペダル・スティールの名手ウェルドン・ミリック、フィドルのバディ・スパイカーらナッシュヴィル勢が加わっているのは、メイザーがプロデュースしたエリアコード615からの流れだろう。メンフィス・ホーンズの参加にも注目である。多少はポップな要素があるが、英国スワンプの傍系に位置づけられることも少なくない。「レゲエ・チューン」が英国で10位まで上がるヒットになった。

ANDY FAIRWEATHER-LOW
Sweet Soulful Music

米・Proper American：PRPACD003［CD］
発売：2006年8月

1. One More Rocket / 2. Hymn 4 My Soul / 3. What'd You Take Me To Be / 4. Ashes And Diamonds / 5. Bible Black Starless Sky / 6. Don't Stand / 7. Life Ain't No Competition / 8. Zazzy / 9. The Low Rider / 10. Unbroken Lov / 11. I Don't Need / 12. Sweet Soulful Music / 13. Life Is Good / 14. When I Grow Too Old To Dream

プロデューサー：Glyn Johns
参加ミュージシャン：Dave Bronze (b), Henry Spinetti (ds, per)...etc

長年サイドマンに徹してきたアンディが出した、実に26年ぶりのソロ・アルバム。グリン・ジョンズのプロデュースのもと、レコーディングは05年4月に行われた。デイヴ・ブロンズ（ベース）、ヘンリー・スピネッティ（ドラムス）、ケイティ・キッスーン（コーラス）はクラプトン・バンドから。キャロル・ケニオン、PPアーノルドは、ロジャー・ウォーターズのバンドで一緒だった。鍵盤のジョン・バンドリックは『コゾフ・カーク・テツ・ラビット』のラビットだ。このころアンディがビル・ワイマンのリズム・キングスに参加していたこともあってか、サウンドはそれに通じる。レパートリーは小気味いいロックンロールやR&Bナンバーが中心。

70年代のソロ作は肩に力が入ったところがあったが、ここではリラックスしたムードの中、スウィートなヴォーカルを聴かせている。あまり話題にならなかったが、これは〝傑作〟と言える。お薦めしておきたい。

ANDY FAIRWEATHER LOW & THE LOWRIDERS
Zone-O-Tone

英・Proper：PRPCD110［CD］
発売：2013年9月

1. Dance On / 2. Deep River Blues / 3. Let Me Be Your Angel / 4. Roll Ya Activator / 5. Hard Way To Go / 6. Breakin' Chains / 7. Love, Hope, Faith & Mercy / 8. La La Music / 9. Unclouded Day / 10. Mother Earth / 11. You'll Never Beat The Devil / 12. Blood Toys / 13. Unclouded Day (Slight Return)

プロデューサー：Andy Fairweather-Low, Dave Bronze

07年ごろに結成したと思われる、自身の名を冠したバンド、ロウライダーズの初スタジオ作（この前年に通販と会場限定で販売されたライヴ・アルバムがあった）。メンバーは、アンディ、ベースのデイヴ・ブロンズ、ドラムのポール・ビーヴィスと、元ウィザードのサックス奏者ニック・ペンテロウである。11年の5〜6月にはこのバンドでクラプトンのオープニング・アクトも務めている。

基本的には前作から連なるロックンロール／R&B路線だが、バンドを名乗ったことで意思統一がなされたのか、音に勢いがある。全曲アンディのオリジナル曲ということもあって、前作以上にパブ・ロック（＝バー・バンド）的だ。アメリカで言えばNRBQとかの感じ。

エンジニアリングをブロンズが担当していることからも、家内製手工業的な風景が想像されるが。ポール・キャラックが3曲で鍵盤をプレイ。英国らしい人脈に心をなごませる。

ANDY FAIRWEATHER-LOW
The Invisible Bluesman

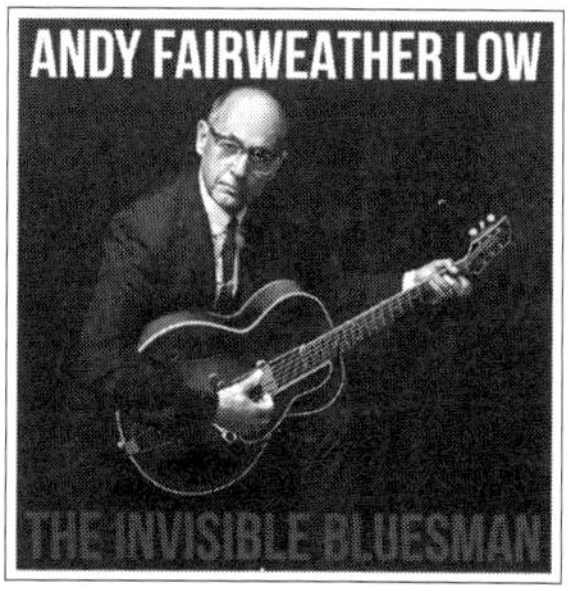

英・The Last Music Company：LMCD247［CD］
発売：2024年

1. My Baby Left Me / 2. Rollin' And Tumblin' / 3. Got Love If You Want It / 4. Gin House Blues / 5. Baby What You Want Me To Do / 6. When Things Go Wrong Matchbox / 7. Mystery Train / 8. So Glad You're Mine / 9. Bright Lights, Big City / 10. Lightnin's Boogie / 11. Life Is Good

最新ソロ作はキャリア初となるブルース・アルバム。ほとんどが有名ブルース・ナンバーのカヴァーだが、スタジオ録音とライヴ録音、アコースティックとエレクトリックを織り混ぜながら、ロックじゃない〝ガチにブルース〟な演奏を聴かせる。スタイルを先に持ってきたようなところがあるクラプトンのブルースと比べると、感情がストレートに出た演奏だ。

70年代の作品では黒っぽく聴こえるように力んでいたヴォーカルは、キャリアを重ねる中で、程よく力が抜けたままでも深みとブルースが匂うようになり、実に味わい深い。

クラプトンのライヴでも披露することがあったベッシー・スミスの「ジン・ハウス・ブルース」は、エイメン・コーナーのデビュー曲。ラストの「ライフ・イズ・グッド」のみオリジナル曲だ。この選曲をみると、「本当はエルヴィス・プレスリーが好きだったんだよね？」と思えてくるのが微笑ましい。

NATHAN EAST

ネイザン・イースト

池上尚志

55年、フィラデルフィア生まれ、サンディエゴ育ちのセッション・ベーシスト。最初の楽器はチェロで、14歳でベースに転向。カリフォルニア大学サンディエゴ校で音楽の学士号を取っている。エレクトリックだけでなくアップライト・ベースもプレイ。ソウルやジャズ／フュージョンからロックやポップスまで、ジャンルの壁を超えたセッション・ワークで重宝されてきた。

16歳だった71年にバリー・ホワイトに見出され、ツアーに同行してプロのキャリアをスタートさせた。80年代にはクインシー・ジョーンズからの誘いでホイットニー・ヒューストン、マドンナ、マイケル・ジャクソンらの作品に参加。ほか、フィル・コリンズ、ロッド・スチュワート、スティーヴィー・ワンダーほか、数多くのトップ・アーティストをサポート。クラプトンのバンドには86年から現在に至るまで断続的に参加し、必要不可欠なメンバーとなっている。

とくに貢献度が高かった作品としては、フィル・コリンズがプロデュースした、フィリップ・ベイリーの84年のヒット作『チャイニーズ・ウォール』がある。シングルとなった「イージー・ラヴァー」は全米2位の大ヒットとなった。また、グラミー賞で5部門を獲得し、世界中にディスコ・ブギー・ブームを巻き起こしたダフト・パンクの13年作『ランダム・アクセス・メモリーズ』では、シングル「ゲット・ラッキー」ほか、主要曲のベースをすべて弾いている。日本通としても知られ、来日回数は実に80回を超える。渡辺貞夫や野呂一生のレコーディングから、シング・ライク・トーキングのサポート、松田聖子のプロデュース、そして、20年以上に渡ってサポートを続けている小田和正との深い絆も知られている。“寧山東”という日本名を持つ。

NATHAN EAST
Nathan East

米・Yamaha Entertainment Group Of America：086792327938［CD］
発売：2014年

キャリア40年を超えての初のソロ・アルバム。コンテンポラリー・ジャズ路線のインスト作品だが、歌モノ感覚の楽曲が中心。テクニカルな演奏よりもサウンド全体で聴かせようとするところは、多くのシンガーのサポートをしてきたイーストならではだろう。いつもよりも情感豊かに、時に静かにメロディ・ラインを奏でるベースが美しい。

小田和正が提供した「ファイナリー・ホーム」ほか、イースト自身がヴォーカルを取る曲がいくつかあるのはソロ作ならでは。ブラインド・フェイスの「キャント・ファインド・マイ・ウェイ・ホーム」ではクラプトンがリード・ギターを弾くなど、ゲストも多数参加。

JACK LEE & NATHAN EAST
Heart And Soul

米・Truspace Records：UCCU-1680［CD］
発売：2023年

アメリカで活動する韓国人ギタリスト、ジャック・リーとの連名によるコンテンポラリー・ジャズのスタイルのインスト・ゴスペル・アルバム。イーストのプレイは完全にバックに徹したものだが、音数の少なさが敬虔さを饒舌に語る。イーストは黒人だがカトリックの信者で、このあたりがブラック・ゴスペルとは違った雰囲気の理由なのかもしれない。

バッハに始まり、オリジナル曲とゴスペル・スタンダードに混じって、スティーヴィー・ワンダーの「神とお話し」やS&Gの「明日に架ける橋」、ユン・ボクヒの79年の韓国産ゴスペルの有名曲を平原綾香が日本語で歌った「イッツ・ユー」など、聴きどころは多い。

FOURPLAY
Fourplay

米・Warner Bros. Records：9 26656-2［CD］
発売：1991年

ボブ・ジェイムズの90年作『グランド・ピアノ・キャニオン』に参加したイースト、リー・リトナー、ハーヴィー・メイスン、ジェイムズの4人で結成。フュージョンからコンテンポラリー・ジャズへと橋渡しをするように登場した。

スムーズなサウンドと心地よくも黒いグルーヴのバランスが絶妙で、このジャンルのお手本のような作品となっている。マーヴィン・ゲイの「アフター・ザ・ダンス」では、エル・デバージがヴォーカル、コーラスにパティ・ラベルとフィリップ・ベイリー。グループは15年に渡ってリリースを続けたが、3代目ギタリストのチャック・ローブが亡くなって以降、活動が止まっているようだ。

クラプトンの足元（撮影：前むつみ）

The Complete
ERIC CLAPTON #7

A Journey To Follow Clapton's Life

クラプトンの足跡を旅する

前 むつみ

✡イントロ

小学校高学年のころ、土曜日は学校から帰ると、3時に始まる洋楽のヒット・チャート番組『ビート・ポップス』を観るのが楽しみだった。当時大好きだったグループ・サウンズのバンドが演奏するからだ（当時ヴィデオ・クリップはほとんどなく、チャートに入った曲をグループ・サウンズが演奏するか、曲を流してゴー・ゴー・ガールと呼ばれていた女性たちが踊る姿を映していた）。それが洋楽にのめり込むきっかけになった。

　クリームというバンド名を知ったのはその番組の「今年の10大ニュース」でクリーム解散のことが取り上げられていたときだった。〝10大ニュースになるくらいだからすごいバンドなんだろう〟と思い、とりあえずバンド名をノートに書き留めた。中学になるとラジオを聴きまくり、気に入ったバンド名や曲名を片っ端からノートに書き、『ミュージック・ライフ』を隅から隅まで読んだ。エリック・クラプトンとかクリームという名前は雑誌にも頻繁に出てきたし、〈ホワイト・ルーム〉や〈サンシャイン・ラヴ〉をラジオで聴くことはあったが、あまりピンとこなかった。ブラインド・フェイスのアルバムを学校に持って来た男子がいて、放課後音楽室に忍び込んで聴いたが、良さがわからなかった。しかし〝私はロック少女だ〟と自慢していたので、わからないなんて言ったら沽券にかかわる。彼らの前では「やっぱりクラプトンはすごいよねー」と見栄を張った。

　それでもルックスは抜群にカッコ良かったし、ブラインド・フェイスも聴きこむうちに好きになった。実際日本で私がこのアルバムを聴いていたころはとっくに彼らは解散していて、ドミノスが『レイラ』をレコーディングしているころだったのだが……。当時は本国での発売日よりかなり遅れて日本でアルバムが発売されることは珍しくなかったし、海外からの情報が日本に入ってくるのは半年遅れ、というのはざらだった。今でこそ『レイラ』はクラプトンの代表的なアルバムだが、発売当時はほとんど話題にならなかったような気がする。それより私は『グッバイ・クリーム』や『クリームの素晴らしき世界』をよく聴いていた。『素晴らしき世界』は2枚組ではなく金と銀のジャケットでバラバラに発売されたので私が金のライヴ盤、友達が銀のスタジオ盤を買った。当時のお小遣いは５００円だったので２０００円のレコードの値段はサラリーマンで言えば4か月分の給料に匹敵する。お年玉はすべてレコードにつぎ込み、クリスマスや誕生日のプレゼントもすべてレコードだったが、まだまだ聴きたいレコードが山ほどあったので、友達と分担してレコードを買い、友達のレコードを録音した。テープ・デッキにラインでつなぐ時代はもっと先のことだ。間違っても「ごはんよー」なんて言いながら部屋に入ってこないように母親に何度もお願いしたあと、ステレオのスピーカーの前にテープ・レコーダーのマイクを置いて録音した。

１９７２年にＮＨＫの『ヤング・ミュージック・ショー』でクリームの解散コンサートが放送されたときはすっかりクラプトンの虜になっていてテレビの前にかじりついて観た。写真を撮ったのだが、現像されてきた写真には走査線が写っていて台無しだった。そして待ちに待った初来日は74年。日本で初めて演奏するクラプトンのギターの音を聴かなくてはならないので、初日のチケットを買った。コンサートが始まる前はステージの前まで行って、置いてあるギターを眺めた。ところが登場したクラプトンはアコギを抱えていて、始まった曲は〈スマイル〉だった。ずっとあとになってこれがチャーリー・チャップリンの曲だということを知った。エレキでガーンと音を出すところを期待していた私はがっかりした。とは言え、ナマのクラプトンを観たのは生まれて初めてで、コンサートが終わる頃はかなり興奮していた。そのとき以来、来日公演に通い続けて、働くようになってからは東京はもちろん、地方や海外の公演にも行くようになった。

クラプトンの魅力はライヴに尽きる。同じツアーのコンサートを何回も観る理由は毎回プレイが違うからだ。手癖で弾いてつまらないソロだと思うときもあるが、次の日には見違えるような素晴らしいプレイを披露してくれる。見逃したコンサートがすごかったと聞いたら悔しいではないか。
ライヴはもちろんだが、これからも出来る限りクラプトンのゆかりの地を訪ねて、彼のルーツのようなものを感じられればと思っている。

✡クラプトンの生家

エリック・クラプトンは英国サリー州のリプリーという小さな村で生まれた。母親はパトリシア、父親はカナダ人のエドワード・フライヤーというリプリーに駐屯していた軍人だった。

ここはロンドンから南西に約40キロ、メイン・ストリートは１キロ弱の、のどかで、人通りはほとんどない静かな村だ。２０２１年の人口は１７１０人だと書いてある。クラプトンが生まれた１９４５年は一体どのくらいの人が住んでいたのだろうか？　住民はみんな知り合いだったと言っても過言ではないだろう。そんな村で16歳の未婚の女性が子供を産んだのだからきっと村中の噂になったに違いない。しかも母親はクラプトンの父親と別れたあと、別のカナダ兵と結婚して村を出てしまったんだから彼の祖父母は相当肩身の狭い思いをしたと思われる。

クラプトンの生家はメイン・ストリートから１本入ったザ・グリーンという通りにあり、その名の通り家の前は広大な緑地だ。10年ほど前まで１階にはガラス工芸の工房があり、作品を販売していたので何度か入ったことがあるが、初めて中に入った時はあまりの狭さに驚いた（多分10畳くらいだったと思う）。そこがリビング・ルーム兼キッチンだった。２階にはクラプトンと祖父母の部屋があり、トイレは屋外、お風呂はなかったので週に１度、近くの親戚の家に行って入浴していたそうだ。

こんな話を聞くとずいぶん貧乏な家だったと思うかもしれないが、今から80年近く前の英国の田舎の家はこんなものだったのではないか。母親に捨てられた孫を不憫に思った祖父母はかなり彼を甘やかし、漫画が好きだというと、毎週発売されているすべての漫画を買い与えたり、ほかにも欲しいものは何でも買ってあげたりしたそうなので、決して貧しくはなかったはずだ。

祖父母は幼いクラプトンに自分たちが両親だと伝え、母親が帰国した時は彼女を姉ということにしたそうだが、すでに９歳になっていたクラプトンは真実を知っていて、ある日母親に「お母さんと呼んでもいいか」と訊ねると

クラプトンが住んでいた当時は中央の白いフロント・ドアとその上の窓の部分のみだった。
白いドアから右は後年増築されたそうだ。

ブッシュブランチ。少年時代のクラプトンの架空の友人。
クラプトンの会社名になっている。
絵は当時クラプトンが描いたもので文字もクラプトンの直筆。

「Ｎｏ」と言われたそうだ。９歳で母親に拒絶されたことがその後何十年にも亘って女性に不信感を抱く原因になったのではないか、とパティ・ボイドは言っていた。

　友達はほとんどいなかったそうで、家で好きな漫画を描いたり、ブッシュブランチという想像の友達（馬のような動物）と遊んだりしていた。ブッシュブランチは現在クラプトンのマネージメントや法的な事務を行う会社の名称になっている。ルースターズやヤードバーズ時代もまだここに住んでいたはずなので、この家がエリック・クラプトンというギタリストのルーツだと思うと、この聖地を何度も訪れたくなる。

✡祖母ローズの家、教会

　生家から歩いて数分の、メイン・ストリートに面した家は１９７０年11月に祖父、ジャックが亡くなったあと、祖母ローズのためにクラプトンが購入した（正確な情報ローズの家。1994年12月にローズが亡くなったあと売却された。

セント・メアリー・マグダレン教会

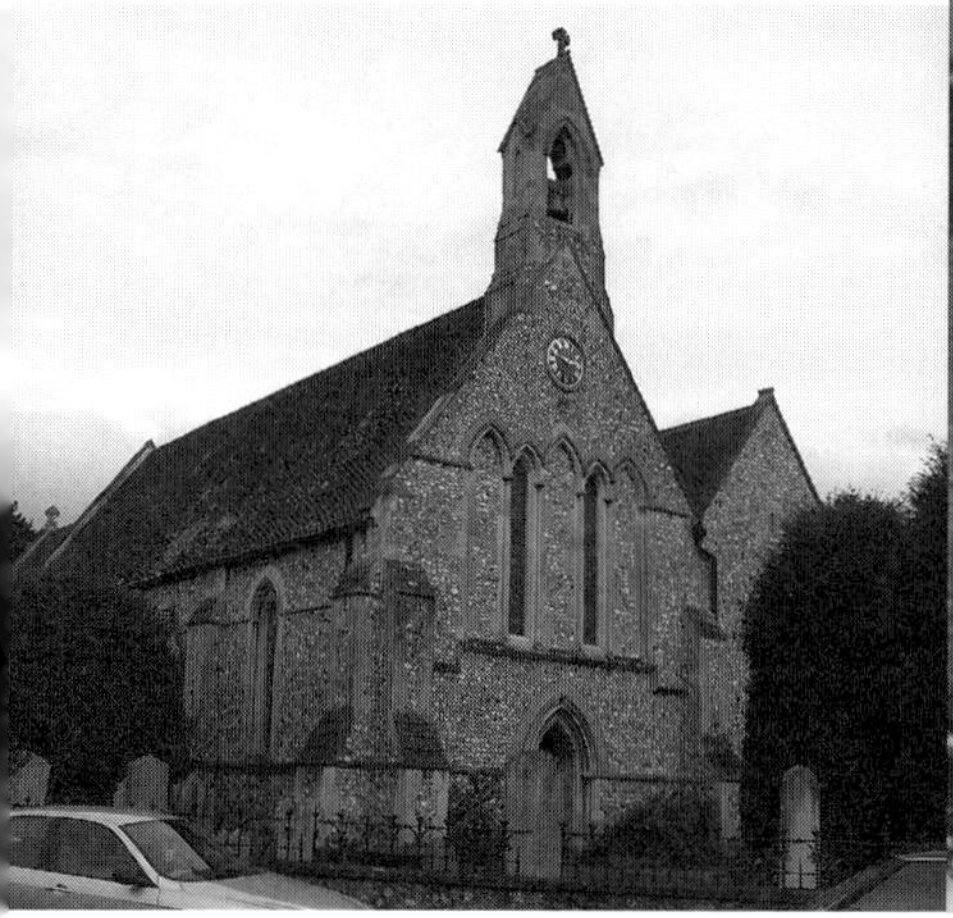

ではないが、ここにジャックが住んでいたという情報はない）。クラプトンはすでにハートウッド・エッジ住んでいたのだが、頻繁にローズを訪ねていたようだ。ローズは孫の活躍が嬉しくて、突然ファンがドアを叩いても快く迎え入れ、お茶をふるまい、クラプトンの話をしたそうだ。その頃私も行ってみたかった！

隣は小さな教会で、その墓地には息子のコナーやローズが眠っている。クラプトンも死んだらここの墓地に埋葬されるんだろう。２００２年１月１日には今の妻のメリアとの結婚式がここで執り行われた。

✡フェザントリー

ロンドンのクラブ『スピークイージー』でオーストラリア人のポップ・アート・デザイナー、作詞家、画家のマーティン・シャープと知り合い、意気投合したクラプトンは１９６７年にここの最上階に引っ越してきた。地下鉄スローン・スクエアの駅から歩いて５分ほど、キングス・ロードに面したこの建物は現在も残っており、『ピザ・エクスプレス』というレストランになっている。地下はライヴ・ハウスだ。

正面玄関

オリジナルの建物は大部分が取り壊され、19世紀に現在の形になった

18世紀半ばに建てられ、１９３２年までは家具製造会社、アーティストのスタジオ、バレエ学校などがあったが１９６６年にフラットに改装された。地下はナイト・クラブになり、ルー・リードやホークウインド、初期のクイーン、スパークスなどが出演した。無名時代のイヴォンヌ・エリマンはここで歌っている時にスカウトされた。

実家を出て点々としていたクラプトンだが、ここには当時付き合っていたシャーロット・マーティンと約２年住んでいる（シャーロットはその後クラプトンと別れ、長年ジミー・ペイジのパートナーとなった）。スウィンギング・ロンドン真っ只中のキングス・ロードは音楽やファッションの中心地で、22歳のクラプトンは毎晩のようにパーティを開いて、飲んだくれていたようだ。すでにスーパースターだったので、食料や日用品はマネージメント・オフィスのスタッフが玄関に届けてくれ、お金がなくなるとマネージャーに電話をして持ってきてもらっていた。住民の中には〈ホワイト・ルーム〉や〈サンシャイン・ラヴ〉ほか、数多くクリームの曲の歌詞を手がけたピート・ブラウンもいた。

そんな楽しい日々を送っていたクラプトンだが、ノーマン・ピルチャーという、ミュージシャンをターゲットにした麻薬取締班の警部補が彼を逮捕しようと躍起になっていて、ある日郵便配達員を装ってアパートに押し入ってきた。間一髪で逃げ出したクラプトンだが、ピルチャーの執拗さに辟易し、また、クリーム・メンバー間のゴタゴタにも嫌気がさして田舎に引っ越そうと思い、ハートウッド・エッジを購入した。

✡ハートウッド・エッジ

１９６９年、クラプトンがクリームの印税で買ったサリー州ユーハーストにあるイタリア式の邸宅で、現在もここに住んでいる。この家を雑誌で見かけた彼は、一目で気に入ったそうだ。しかも祖母の住むリプリーから車で30分、ジョージとパティの家からも40分ほどの距離だ。購入後に彼が書いた〈プレゼンス・オブ・ザ・ロード〉では〝ようやく安住の地を見つけた〟と歌っている。

この家で撮影された写真は数多くあり、87年に放送されたＢＢＣの『サウス・バンク・ショウ』の映像ではテラスでジャック・ブルースと一緒に演奏するシーンを観ることができる。２０１８年に公開された映画『12小節の人生』にもしばしばここで撮影された映像が出てくる。ドミノスのメンバーはここに居候しながら『レイラ』の曲作りやリハーサルをしたり、『オール・シングス・マスト・パス』のレコーディングに参加するためにジョージの家に通ったりした。ジョージ・ハリスンはここのテラスに座っているときに〈ヒア・カムズ・ザ・サン〉のアイディアを思いついた。クラプトンがヘロイン中毒になり、恋人のアリス・オームスビ・ゴアと一緒に隠遁生活を送ったのもこの家だった。

私が初めてこの家のことを知ったのは70年にミュージック・ライフに掲載されたメロディ・メイカー紙のインタヴューだった。その記事はインタヴューアーがクラプトンの家を訪ねるところから始まる。彼は人に聞きながらクラプトンの家をさがし、ウインドミルというパブの横の道を入ると彼の家があると教えてもらって行くのだが、それを読んだ私は将来英国に行って、絶対ここを探し当てようと思った。その後、ミュージック・ライフに掲載されたアーチ状の窓の前に立つクラプトンの写真を見たとき、屋内で撮影されたアメリカ盤のブラインド・フェイスのジャケットに映っていた窓と同じ形だったの

ハートウッド・エッジ正面

ハートウッド・エッジの現在の門

テラス

テラスに面した窓にはレイラのステンド・グラスがはめ込んであった

パティとの結婚祝いにもらったベンチ。
Eric&Pattieと彫ってある

で、そのジャケット写真がハートウッド・エッジで撮影されたことがわかった。また、楽器屋でクラプトンの楽譜を見つけ、そこに掲載されていた正面から映した家の写真を見たときは、毎日それを眺めながらますますここに行きたいという気持ちを強くした。

それから10年以上経った83年、ロンドンにARMSコンサートを観に行き、大興奮している私に友人がクラプトンの家はハートウッド・エッジという名前で、ユーハーストというところにあると教えてくれた。だがそれだけでは「東京都渋谷区ハートウッド・エッジ」という感じなのだから、場所の見当はつかない。だが、85年にライヴ・エイドのノー・カットの録画をロンドンの友人宅で観ていたとき、あまりにもカッコいいクラプトンの姿に感動して、ハートウッド・エッジを探しに行く計画を実行することにした。

早速友人とコヴェント・ガーデンの地図専門店に行き、ユーハーストという地名を探し、とりあえず一番近い電車の駅まで行くことにして、天気の良い日にロンドンを出発した。駅に着くとそこは無人駅で、訊く人もいない。近くの不動産屋さんに入って、ハートウッド・エッジとかエリック・クラプトンの家のことを尋ねても誰も知らない。仕方なくそこで電話を借りてタクシーを呼んだ。

タクシーの運転手は地図を見ながら30分ほど車を走らせ、「わかった」とつぶやいた。その約10分後、ウインドミルという看板が目に入った。〝これはあの、ミュージック・ライフに書いてあったパブだ！〟と思う間もなくタクシーはその横の道を入り、ハートウッド・エッジと書いてあるゲートから中に入った。私たちをその家のお客さんだと思ったらしい。フロント・ガラス越しにクラプトンの楽譜で長年見続けた家が見えた時のことは一生忘れられないだろう。

タクシーを降りて我に返り、最初に思ったのは〝これって不法侵入？ヤバイ！〟だった。すると犬が現れ、こちらに来た。「その犬は嚙まないから大丈夫だよ」という声が聞こえ、オジサンがやってきた。ますますヤバイ。とっさに「この犬はこの家の犬ですか？」と訊くと「イエス」「ここはハートウッド・エッジですよね？」「イエス」「ということはこの犬の飼い主はエリック・クラプトンですか？」「イエス」心の中で「ギャーッ」と叫び、「実は私たちは日本から来たエリック・クラプトンのファンで、ゲートが開いていたのでタクシーの運転手がここまで入ってきてしまったんです」と言うと「僕はここの庭師なんだ。エリックとパティは休暇で留守だけど、良かったら庭だけでも見て行くかい？」と言ってくれた。

　庭師のオジサンが去ってから約2時間、庭を見たり、クラプトンの犬を撫でまわしたり、家の中を覗いたりしながら至福のときを過ごしたことは言うまでもない。部屋の中にはブルースの本や、BBキングの写真、サッカー・ボールが飾ってあった。

『フロム・ザ・クレイドル』のジャケットはこの門の下のわずかに空いている部分を中から撮影したもの。
玄関のベルが鳴って出て行くとの隙間から当時付き合っていた彼女の靴が見えて嬉しくなったとクラプトンは言っている。
隣りはクラプトンの事務所になっている

　そこがどこかもわからなかったし、2度と来ることはないと思いながら帰途についたのだが、その10年後に日本のファンを連れてクラプトンゆかりの地を巡るツアーを始め、それ以来20回以上訪れている。ただし、ゲートの前までだ。そのゲートが開いていることはなかったし、中が見える鉄の扉から木のゲートになり、最近ではカメラが取り付けられている。

✡ロンドンの自宅

　1991年3月に息子のコナーがわずか4歳半でニューヨークのタワー・マンションから転落して亡くなってからしばらくハートウッド・エッジに引きこもっていたクラプトンだが、環境を変えるべきだと思い、マネージャーのロジャー・フォレスターと車でロンドンを周って、この家を見つけ、購入した。60年代後半に住んでいたフェザントリーからキングス・ロードを西に歩いて10分ほどの角を曲がった閑静な住宅地だ。

95年にやっと通りの名前がわかり、『フロム・ザ・クレイドル』のジャケット写真がクラプトンの自宅のドアだという情報だけを頼りに1件1件ドアを見ながら探した。するとあのジャケットに映っている黒いドアがあるではないか！　ドアといっても敷地に入るためのゲートで、家は中庭の向こうに建っている。ドアの隙間から見ると庭と家が見えたが、職質されると困るのでそそくさと立ち去った。

✡ベル楽器店

ベル・ミュージカル・インストゥルメンツは、クラプトンの故郷のリプリーから約20キロのサービトンという町にあり、創業は１９４７年ころ。当初はアコーディオンの製造と販売を行っていて、ロンドンやその周辺の地域からアコーディオン奏者が集まる人気店だったが、61年にドイツのホーナー社に買収された。

13歳のクラプトンはジャズやフォーク、ロックンロールに夢中で、テレビで見たバディ・ホリーがヒーローだった。好きな音楽のほとんどがギター・ミュージックだったので自分もギターを弾けるようになりたいと祖父母にねだった。地元で人気のベル楽器店は彼が通っていた学校の近くにあり、毎日ウインドウを眺めながら目をつけていたのがホイヤーのスパニッシュ・ギターだった。

しかしこのギターは彼には大きすぎた上に弦高が高く、弾きにくかった。同じ店で買ってもらったグルンディッヒ社のオープン・リールのテープ・レコーダーに練習中の曲を録音して何度も聴き返しながら頑張ったが上達せず、挫折しそうになった。そんなとき蚤の市の露店でウォッシュバーンを見つけ、お金をどこからか〝工面して〟手に入れた。

フォーク・ソングが弾けるようになるとイール・パイ・アイランドにあるダンス・ホールで、のちにホークウインドを結成するデイヴ・ブロックと一緒に演奏したりするようになった。当時お手本にしていたのはビッグ・ビル・ブルーンジーだったそうだ。今でもライヴのレパートリーになっている〈キー・トゥ・ザ・ハイウェイ〉はそのころコピーした中の1曲だ。

その後ラジオ番組『アンクル・マック』で聴いたブル

ースの虜になり、ギターばかり弾いていたのでアート・スクールを退学になってしまい、建設現場で祖父の手伝いをしながら取りつかれたようにエレクトリック・ブルースを聴き、エレキ・ギターがどうしても欲しくなった彼は再びベル楽器店でケイのギターを手に入れた。1961年製のケイ・レッド・ネヴィルだ。これはギブソンのES－335に似たダブル・カッタウェイのギターで、ボディはメイプル材、指版はローズウッドで、ビグズビーのトレモロ・ユニットが搭載されていた、しかししょせんナンチャッテ335だ。トラスロッドがないので弾いているうちにネックが曲がってきた。

だが彼はこのギターで練習を重ね、やがてルースターズに加入する。その後ケーシー・ジョーンズ・アンド・ジ・エンジニアーズを経てアンソニー〝トップ〟トッパムの後任ギタリストとしてヤードバーズのメンバーとなり、やっと本物のギブソンES－335を手に入れた。

クラプトンはこのギターをデンマーク・ストリートかチェアリング・クロス・ロードの店で買ったと言っているが、これはチャリング・クロスロードとデンマーク・ストリートの角にあったセルマーズの事だと思われる。

現在はレストランになっている

64年に買ったこのチェリー・レッドの335は2004年のオークションに出品されるまで長年クラプトンのメイン・ギターの1本として活躍した。

✡クラプトン・イズ・ゴッド

これは何の変哲もない壁に見えるが、クラプトン・ファンにとっては歴史的な場所だ。「CLAPTON IS GOD」とスプレーで落書きされた壁の写真はロック・ファンなら一度は見たことがあるだろう。

1960年代のなかばにロンドン北部のイズリントンで、ファンが吹きつけたと思われるこのフレーズは、その後ロンドン中のいたるところで見られるようになった。当時クラプトンはブルースブレイカーズに在籍しており、そのテクニックとサウンドで脚光を浴びていた。とは言え、「クラプトンは神だ」なんてことを書かれたら20歳そこそこの若者はプレッシャーに押しつぶされてしまうのではないかと思っていた。ところが自伝を読むと「頭のどこかで、この騒ぎは良いことだったと思っていた」と書いてある。何というメンタルの強さ！

落書きが吹きつけられたのは通りの名前が書かれたプ

『CLAPTON IS GOD』という落書きが吹きつけられた場所。当時この木のフェンスは縦張りだったが、私が行った時は横張りだった。
beyondthestreetsart,rogergastmanのインスタより

レートの横の、工事現場のトタンのような塀だったが、行ってみるとそこはごく普通の住宅地だった。喜び勇んでその前で写真を撮る変なアジア人を通行人が不思議そうに眺めていた。

2023年にチェルシーのサーチ・ギャラリーでグラフィティの展覧会が催されたとき、この落書きの写真が展示され、近所に住んでいるクラプトンがここを訪れ、その前で笑いながら立っている写真が話題になった。

✡クライテリア・スタジオ

マイアミにあるクライテリア・レコーディング・スタジオではイーグルスの『ホテル・カリフォルニア』やフリートウッド・マックの『噂』、ビージーズの『サタデイ・ナイト・フィーヴァー』など数えきれないほどの名盤がレコーディングされた。しかしなんと言っても『レイラ』だ。クラプトンのアルバムで一番好きな作品が録られたレコーディング・スタジオは、私にとって常に「死ぬまでに行きたい場所リスト」のベスト3に入る聖地中の聖地だった。『レイラ』のサウンドは特別で、なんとも言えない乾いたような音は、明らかにそれまでイギリスで録音されたものとは違う。それはメンバーの違いもあるだろうけれど、このスタジオが大きな要因になっているのではないかと、私は思っていた。

レコーディング・スタジオに行くといつも〝ここであのアルバムが作られた〟と、ワクワクするし、感動するし、神聖な気持ちになる。そこはミュージシャンたちが長い時間を過ごし、ときにはケンカをしながら自分たちが目指す作品を作るとてもクリエイティヴな場所なのだ。スタジオに行ったあとでアルバムを聴くと、そこの情景や空気を思い出して、以前よりそのアルバムを楽しむこ

当時と変わっていないスタジオの入口。
正面に受付があり、受付左手のドアを入ると『レイラ』をレコーディングしたスタジオがある。

とができる。
〝死ぬまでに行くことは出来るんだろうか？　いや、どうにかして行きたい、行かなくては！〟と思い始めて数十年が経った２０２３年、ついにそのチャンスがやってきた。ある雑誌の取材でここに行くことになったのだ。と言っても取材の交渉は自分でやらなくてはならない。アメリカにいる知り合いに頼んでクライテリアの責任者の連絡先を調べてもらい、交渉を始め、ついにＯＫをもらって6月27日（火）に長年の夢が実現することになった。

　約束の日の前夜、見学がドタキャンになった夢を見た。本当に行くまでは安心できない。クライテリアの駐車場に車を停めたときは足が震えた。外に出ると2階のベランダにマグ・カップを持った男の人がいて、手を振っている。責任者のトレヴァーだった。中に入ると壁中にアルバムが飾ってある。『レイラ』のジャケットは失礼なことに観葉植物に隠れていた。私はそっとその観葉植物の鉢を移動させた。

『レイラ』が録音されたスタジオ

実際に『レイラ』が録音されたスタジオは今ではラウンジになっているが、その広さと、雰囲気は充分伝わってきた。フェンダーのチャンプを置いて、ブラウニーを演奏するクラプトンの姿を思い描き、廊下を行き来するメンバーの様子や、ラウンジでくつろぐ姿を想像して隅から隅までなめるように見て回った。入り口と受付の部分は昔のまま残っていると聞いて、ミュージシャンたちがそこから出入りしたり、受付のデスクのあたりにたむろしていた姿を想像して、自分が同じところに立っていると思うと感動した。『レイラ』のスタジオはなかったが、『461オーシャン・ブールヴァード』がレコーディングされたスタジオが残っていたのは嬉しかった。

当時エンジニアを務めた兄弟の話によると彼らはコントロール・ルームに入って何気なくテープ・マシンのスイッチを押したあと、部屋を出たらしい。録音していることを知らないバンドはジャム・セッションのように演奏を続け、それをトム・ダウドが編集し、まとめた。世紀の傑作はそうやって生まれたのだ。

サセックス・ハウスの外見

サセックス・ハウスのロビー

✡サセックス・ハウス

デレク&ザ・ドミノスが『レイラ』のレコーディングの時に宿泊したマイアミのサウス・ビーチにあるホテル。当時このエリアは中南米のドラッグ・ディーラーたちが頻繁にビジネスを行っていて、このホテルでも希望のドラッグを注文すると売店にブツが届くというシステムになっていたそうだ。ドミノスの連中は酒と、簡単に手に入る薬でヘロヘロになり、まともにレコーディング出来る状態ではなく、アトランティック・レコーズの会長のアーメット・アーティガンが心配してスタジオを訪ねたこともあったらしい。

サウス・ビーチはその後荒廃して行ったが、１９８４年から始まったテレビ・シリーズ『マイアミ・ヴァイス』のロケのために建物がパステル・カラーに塗り替えられ、このシリーズが大ヒットしたおかげで活気を取り戻し、今ではおしゃれな店やレストランが並ぶ魅力的なエリアになっている。

✡４６１オーシャン・ブールヴァード

１９７４年、ドラッグ中毒から立ち直ったクラプトンは再びクライテリア・スタジオでアルバムを録音することになった。その時滞在した家の住所がオーシャン・ブールヴァードの４６１番地だ。ここはマイアミの北のゴールデン・ビーチという町にあり、スタジオからは車で20分ほどだ。

当時クライテリアはアーティストのためにこの家を借り、ホーム・フォー・ライフ（自宅のように過ごせるという意味）という会社に依頼してシェフや、身の回りの世話をするスタッフを提供してもらっていた。住所をアルバムのタイトル、家をジャケットに使うくらいだからクラプトンはここがよほど気に入ったのだろう。レコーディングが終わるとこの家を同じマネージメントに所属しているビージーズに推薦した。バリー・ギブはクラプトンからアメリカでレコーディングすることを勧められ、「環境が変われば何かが変わるかもしれない」とアドヴァイスされたことを感謝していると言っている。

低迷していたビージーズは75年からクライテリアでレコーディングを始め、ヒット・アルバムを量産するようになる。クラプトンにとっても『４６１オーシャン・ブールヴァード』はターニング・ポイントになった作品で、ナッシュヴィルのショー・バッドという楽器店で購入した6本のストラトキャスターの中の3本の一番良いパーツを組み合わせて作ったブラッキーを初めて使ったのもこのアルバムだ。

オーシャン・ブールヴァードはその名の通り、海に面した通りで（ブールヴァードというのはストリートやアヴェニューより広い、大通りのこと）超高級住宅が建ち並んでいる。４６１番地の前で写真を撮ろうと思っていたが、そこには歩道がなかった。この通りに住む住人やゲストは道路から車で直接玄関まで行くのだろう。歩いて行く人などいないのだ。町の入口にはゲートがあり、そこを入って海沿いに歩いて行けば家の裏側を見られるが、そこはプライヴェイト・ビーチだ。灼熱の海岸を延々と歩いた挙句に住民に通報されては困る。

結局車から家を見るしかなかった。この通りは非常に交通量が多いため、スピードを緩めることはできない。何度行き来したことか。ジャケットでは白だった家は、まるで別物の、くすんだピンク色になっていたが、〝この場所に来ることに意味がある〟と満足してマイアミ・ビーチのホテルに戻った。

✡ パロット

１９７９年に米国人メンバーとの最後の公演を終えたクラプトンはハートウッド・エッジから車で5分ほどのフォレスト・グリーンにあるパブ、パロットに偶然入った。そこでオーナーの旧友ゲイリー・ブルッカーと再会し、それ以来ほぼ毎日ここに入り浸るようになった。彼は週に数回行われるブルース・セッションを心から楽しみ、セッションに参加していた英国人ミュージシャンたちとバンドを結成する。キーボードはゲイリーが担当した。彼らはその後ツアーに出て、日本でのライヴは『ジャスト・ワン・ナイト』というタイトルで発売された。ゲイリーとの友情はその後も続き、お互いのアルバムに参加したり、パロットでチャリティ・コンサートを行ったり、様々なイ

あとから調べたら当時の家は取り壊されたそうだ。
数年前はフロリダ州知事が住んでいたらしい。

ゴールデン・ビーチの入口から入るとこの建物がある。
『461　オーシャン・ブールヴァード』の内ジャケット
にここの写真が使われている。
また、ここに座ってギターを弾いている写真も有名

可愛いパブで食事が美味しい

パブの看板

ヴェントで共演したりした。また、ゲイリーから教えてもらったフライフィッシングを一緒に楽しんだ。

２０２２年にゲイリーが亡くなると、その年のツアーではオープニングに彼のソロ・アルバムの楽曲〈リード・ミー・トゥ・ザ・ウォーター〉を演奏し、大晦日にはゲイリーを追悼する年越しライヴを行った。

✡ロイヤル・アルバート・ホール

クラプトンのファンならだれでも一度は訪れてみたい聖地。このホールの建設を計画したヴィクトリア女王の夫のアルバート公が１８６１年に亡くなったあと、彼の遺志が受け継がれ、71年2月に完成した。それ以来毎日のようにクラシックのコンサートやボクシングやテニスなどのスポーツ、バレエ、卒業式などのイベントが開催されてきた。客席の数は５２７２。

近年になってからは頻繁にロックやポップスのコンサートが行われるようになったが、クラプトンの公演数はダントツ。チャリティ・コンサートを含めると64年から2025年の5月までトータル222回このステージに立つことになる。中でも90年は1月〜2月に18公演、91年は1月〜2月の24公演というとてつもない数のコンサートを行い、それをまとめたのが『24ナイツ』だ。

この『24ナイツ』をはじめ、クリームの『フェアウェル・コンサート』、『リユニオン・ライヴ』、ほかにも『スローハンド・アット70』などここで撮影された映像は多いが、実際行ってみると映像や写真で見るより100倍素晴らしい。外見はもちろんだが、特に内部は息を呑むほど美しくて圧倒される。

ロンドンのさまざまな会場でコンサートを行なってきたクラプトンだが、ここでは毎回初日に登場すると、ステージから会場を見渡して嬉しそうに「また帰って来たよ」と言う。ここは彼にとってのホームなんだろう。

2011年、150周年記念を迎えたアルバート・ホール

アルバート・ホールの内部。
2、3、4階は鍵がかかる個室になっている

執筆者プロフィール／アンケート

❶生年月日、出身地、肩書き
❷経歴
❸エリック・クラプトン、全アルバムから3枚選ぶと？（拡大版は除外）
❹思い入れのある5曲（カヴァー含む）は？
❺改めて想うこと

池上尚志（いけがみ・たかし）

❶1971年新潟県生まれ、ライター。

❷某外資系の輸入盤屋さんから雑誌編集者を経てライター。編著に『ジャパニーズロック80's』。

❸デレク&ザ・ドミノス『レイラ』、『ジャーニーマン』『アンプラグド』。

❹「恋は悲しきもの」「レット・イット・グロウ」「フォーエヴァー・マン」「ハード・タイムス」「アルバータ」。

❺ギターよりも歌が好き。ポップで力が抜けている時が最高で、イキってブルースやってる時がいちばんダメ。

犬伏 功（いぬぶし・いさお）

❶1967年大阪生まれ、大阪市在住の音楽文筆家／グラフィック・デザイナー。

❷2000年より音楽雑誌やライナーノーツの執筆、リイシュー監修等を手掛ける。英米産のポップ・ミュージックを軸に広く執筆活動を展開、地元大阪ではトークイベント『犬伏功のMusic Linernotes』を隔月開催している。

❸『スローハンド』『アンプラグド』『ミーンホワイル』。

❹「バッジ」「プレゼンス・オブ・ザ・ロード」「レット・イット・レイン」「ピーチズ・アンド・ディーゼル」「ムーン・リヴァー」。

❺隙のない演奏と、隙だらけの発言……。ダメなひとだと思うこともしばしば。しかし、嫌いになれないひと。最新作『ミーンホワイル』を聴いて、同じ時代を生きることができてよかったと、心から思った。

梅村昇史（うめむら・しょうじ）

❶1961年名古屋生まれ、グラフィック・デザインとイラストを生業とする。在野のフランク・ザッパ研究家。

❷書籍、CD等のデザインやイラストを制作。フランク・ザッパの国内盤発売の周辺作業に関わる。

❸『E.C.Was Here』、『ノー・リーズン・トゥ・クライ』、『カラフル・クリーム』。

❹実はクラプトンの全作品の10分の1くらいしかちゃんと聴いていないので、ちょっと選べません。YMOのカヴァー「ビハインド・ザ・マスク」がいろんな意味で興味深いかな。

❺ルックス、スタイル、テクニック等の総合点から、ブルース演奏家を超えたポピュラー・スターであることに異論なし。

小川真一（おがわ・しんいち）

❶1950年代生まれ、愛知県出身。音楽評論家。

❷レコード・コレクターズ誌、MUSIC MAGAZINE誌、ギター・マガジン誌などに定期的に寄稿。再発盤を中心にCD解説多数。著書には『フォークソングが教えてくれた』（マイナビ新書）などがあり。

❸『461オーシャン・ブールヴァード』、『ノー・リーズン・トゥ・クライ』、『ミーンホワイル』。

❹『461オーシャン・ブールヴァード』の「レット・イット・グロウ」、「プリーズ・ビー・ウィズ・ミー」、「ギヴ・ミー・ストレングス」、『レイラ』の「レイラ」、『ノー・リーズン・トゥ・クライ』の「オール・アワ・パスト・タイムズ」。

❺いつまでもギター少年。ヴォーカリストとして目覚めてからのシンガー・ソングライターぶりがいい。

塩野章彦（しおの・あきひこ）

❶1963年茨城県生まれ。現在東京在住の音楽愛好家。

❷1987年から23年間某CDチェーン店に勤務。その後、楽器販売業を経て現在は映像制作作業／レコードショップ勤務。現在は中断しているが、「歌謡グルーヴ・ナイト」などの和モノ中心のDJイベントもオーガナイズ。

❸『バックレス』『ピルグリム』『レプタイル』。

❹「プレゼンス・オブ・ザ・ロード」、「ワンダフル・トゥナイト」「フォーエヴァー・マン」「ドント・レット・ミー・ビー・ロンリー・トゥナイト」『24ナイツ』から「アイ・ショット・ザ・シェリフ」（順不同）。

❺以前は、ロイ・ブキャナンやマイク・ブルームフィールドなどの早世したどちらかというと不器用なタイプのギタリストが好みだったが、最近のエリックを見るとそれとは違った「生き残った者の凄み」のようなものが感じられ、たまらなく惹かれる。

納富廉邦（のうとみ・やすくに）

❶1963年6月22日、佐賀市生まれ。フリーランス・ライター。

❷大学在学中からノン・ジャンルに様々な媒体へ寄稿。美術評論、書評、映画評など。著書に『40歳からのハローギター』『二十一世紀の名品小物101』『見ようぜ！浮世絵』、『菊月千種の夕映』など。その他、『ローリング・ストーンズ完全版』『レッド・ツェッペリン完全版』への寄稿ほか。

❸『エッジ・オブ・ダークネス』、『プレイ・ザ・ブルース：ライヴ・フロム・ジャズ・アット・リンカーン・センター』、『ミーンホワイル』。

❹エルトン・ジョンのカヴァー「人生の壁」、トム・ペティとの「ロックンロール・レコード」、オールデイカーズとの「ポジティヴリィ」、シェリル・クロウとの「ホワイト・ルーム」、『プレイ・ザ・ブルース』での「レイラ」

❺誰かの後ろでギターを弾く姿が、こんなにも様になる人はいない。その上で、ギターもヴォーカルも自己を主張して、でも邪魔にならない。それでいて、今もスーパー・スターというのは本当に凄いことだと思う。

前 むつみ（まえ・むつみ）

❶東京都出身。通訳／翻訳家。

❷大学卒業後1年間英国で暮らす。5年間英国留学カウンセラーとして働いたあと、87年に設立されたヴァージン・レコードの日本支社ヴァージン・ジャパンに入社。92年に日本支社が閉鎖されると同時にフリーランスになり、来日ミュージシャンの通訳や書籍の翻訳を手掛ける。

❸『いとしのレイラ』『461オーシャン・ブールヴァード』『エリック・クラプトン』（ファースト・ソロ・アルバム）。

❹「レイラ（エレクトリック・ヴァージョン）」「クロスロード（クリームの素晴らしき世界）」「プリーズ・ビー・ウィズ・ミー」「恋は悲しきもの（イン・コンサート）」「エニイデイ」。

❺音楽を聴き始めたときにすでにデビューしていた数少ないギタリストで、現在生きている中で一番好きなミュージシャンかもしれない。クラプトンの音楽は自分の人生のサントラのようなもの。すごく身近でもあり、一番遠い存在の人。

森山公一（もりやま・こういち）

❶1973年12月11日。大阪府大阪市東成区。ミュージシャン。

❷「オセロケッツ」のヴォーカリストとして97年にメジャー・デビュー。大阪を拠点にした「ザ・ソカイ」や、京都が誇る老舗カントリー・バンド「永冨研二とテネシーファイブ」での歌唱／演奏、楽曲提供、プロデュース、音楽評論、専門学校講師など、活動は多岐に渡る。

❸『いとしのレイラ』『安息の地を求めて』『ミーンホワイル』。

❹「バッジ」「アイ・ルックト・アウェイ」「ベル・ボトム・ブルース」「レット・イット・グロウ」「ワンダフル・トゥナイト」。

❺幼い頃の境遇からか、劣等感の強い方なんだと思います。自分は〝ホンモノ〟じゃないという気持ちが常にある感じ？　近年は嫉妬も憧れも消化して、ご自身の表現に辿り着かれたようで、何よりです。

吉見 洋（よしみ・ひろし）

❶1961年山口県で生まれ、福岡で育つ。無職の古参ハロヲタ。

❷86年某化学メーカーに入社。大半を営業担当として過ごし、20年に早期退職。

❸ウィンウッド贔屓の僕としては、ブラインド・フェイス『スーパー・ジャイアンツ』。エリックが自ら〝エリック・クラプトン〟であり続けることを受け入れた内省的な作品『ピルグリム』。関連作ではデラボニの『モーテル・ショット』に圧倒的ラヴです。

❹「プレゼンス・オブ・ザ・ロード」「メインライン・フロリダ」「心の平静」「ハロー・オールド・フレンド」「ピルグリム」。

❺70年代初頭から洋楽を聴き始めた僕にとって、楽曲的な意味でのブルースを身近に感じさせてくれたのはストーンズでも初期フリートウッド・マックでもなく、エリックのソロ・アルバムに1～2曲収められたブルース・ナンバーたちでした。

和久井光司（わくい・こうじ）

❶1958年10月2日に東京・渋谷の並木橋で生まれ、横浜のはずれで育つ。総合音楽家。

❷81年にスクリーンを率いてデビュー。翌年キティレコードと作家契約し、以来メジャーとインディを股にかけて音楽活動。代表作は07年の『ディランを唄う』と『愛と性のクーデター』（ともにソニー）。現在は、東京暮色、スースー&バンチョーズ、桃電を率いる。著書に『ビートルズはどこかに来たのか』『ヨーコ・オノ・レノン全史』など。

❸『安息の地を求めて』、『E.C.Was Here』、『ミーンホワイル』。

❹『レインボウ・コンサート』の「バッジ」、「イージー・ナウ」、『レイラ』の「リトル・ウィング」、「ドント・ブレイム・ミー」、「ワンダフル・トゥナイト」（順不同）。

❺やっぱり最高のギタリスト。バッキングの上手さと「間」は天下一品だ。ダメなところに人間味を感じる。

執筆	池上尚志　犬伏 功　梅村昇史 小川真一　塩野章彦　納富廉邦 前 むつみ　森山公一　吉見 洋 和久井光司
進行	納富廉邦
データ作成	犬伏 功　納富廉邦 森山公一　吉見 洋
アート・ディレクション	和久井光司
デザイン	和久井光司　梅村昇史
フロント・カヴァー写真	©Jan Persson / gettyimages
中扉写真	前 むつみ

エリック・クラプトン完全版

2025年3月20日　初版印刷
2025年3月30日　初版発行

責任編集　和久井光司
発行者　小野寺優
発行所　株式会社河出書房新社
〒162-8544 東京都新宿区東五軒町2-13
電話 03-3404-1201（営業）
03-3404-8611（編集）
https://www.kawade.co.jp/
組版　坂本芳子
印刷・製本　株式会社暁印刷

Printed in Japan
ISBN978-4-309-25790-7

全国書店、各種通販サイトにて発売中

David Bowie Sound + Vision Complete
デイヴィッド・ボウイ完全版

生誕75周年、
グラム・ロック発火50周年記念出版

ボウイの音楽作品を録音順の編年体で並べ、編集盤、シングル、参加作、映像作品も網羅した全世界待望の生涯ディスコグラフィ。

All Things About Canterbury Rock
カンタベリー・ロック完全版

英国ケント州の古都市で誕生した
「永遠のプログレッシヴ・ロック」の60年史

ソフト・マシーン、ケヴィン・エアーズ、ロバート・ワイアット、キャラヴァン、ゴング、スラップ・ハッピー、ヘンリー・カウらによって地球に振り撒かれて、ジャズとロックとアヴァン・ポップを自由奔放に融合させてきたカンタベリー・ロックを総括。

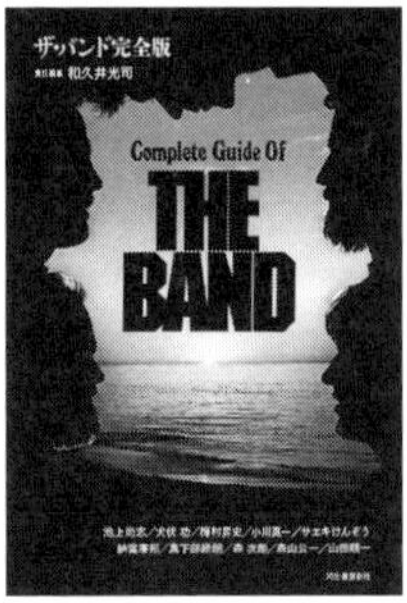

Complete Guide Of The Band
ザ・バンド完全版

伝説の正体はロビー・ロバートソンが
つくりあげた「幻想のアメリカ」だった

ソロ作や発掘音源、50周年エディションを整理し、「その後、現在まで」にこだわって、アメリカン・ロックの最高峰の何たるかを徹底的に語り尽くしたヒストリカル・ディスコグラフィ。

from Horses To American Utopia
NYパンク以降のUSロック完全版

いいかげんオールド・ウェイヴとは
おさらばしよう。

「パンク以後の半世紀」をいまこそ語るべきだ。NYパンクの主要バンドから、ノー・ウェイヴ一派、パワー・ポップ、その後のUS型ニュー・スタンダード・ロックまで掲載した究極のディスコグラフィ。

河出書房新社

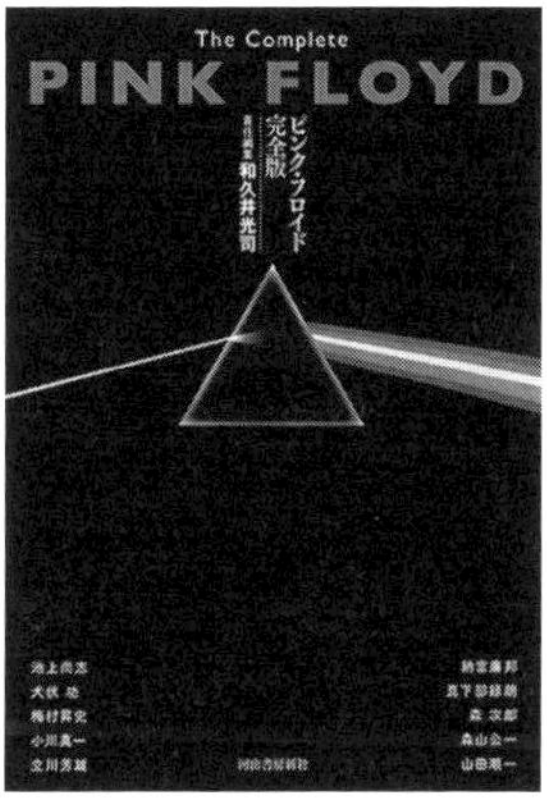

The Complete PINK FLOYD

ピンク・フロイド完全版

名盤『狂気』発売50周年記念出版

ピンク・フロイドをプログレ・バンドに含めていいのか？英国ロックを代表するバンドの全作品を、シングルや拡大版、ソロ作を含めて網羅。ヒプノシスの仕事にまで言及した画期的な一冊。

60years of The Rolling Stones

ローリング・ストーンズ完全版

祝！デビュー60周年！

チャーリー・ワッツを失ってもなお転がり続ける不屈のロック・バンドの歴史を網羅した完全ガイド。60年代の英米アルバムから最新のリリースまで徹底的に語り尽くす。

The Complete BOB DYLAN

ボブ・ディラン完全版

あの日のディランがここにいる。

日本独自企画『コンプリート武道館』発売記念！『ブートレッグ・シリーズ』を網羅して録音順に並べた完全ディスコグラフィと、“日本におけるディラン”にスポットを当てたヴァラエティ・パートを合体させた究極の書。
ボーナス・トラック：アル・クーパーも併録。

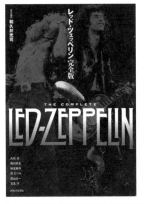

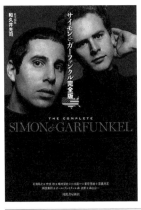

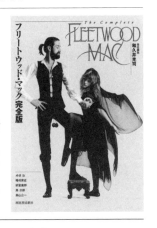